디지털 신자유주의를 살다

감수성, 정체성 그리고 신화

디지털 신자유주의를 살다

감수성, 정체성 그리고 신화

살다

양정혜 지음

리북

■감사의 말

제작현장의 경향과 경험담, 문화산업현황 등 이 책의 내용에 많은 도움을 주신 대한민국 대표 오디션 프로그램 〈K 팝스타〉의 제작자 SBS 남승용 CP님께 심심한 감사의 마음을 전합니다.

기꺼이 표지디자인을 맡아준 최정은 학생에게도 진심으로 감사 드립니다.

아울러 자료수집과 조사에 기여해준 계명대학교 광고홍보학과의 노의훈, 복창민, 안지혜, 우선빈, 유민정, 유상권, 윤효정, 이슬아, 이윤경, 정수영, 정혜영 학생에게도 깊은 고마움을 전합니다.

본 저술은 계명대학교 비사연구비 지원으로 이루어졌습니다.

대중문화와 시대적 감정구조
그리고 신화

한 사회에 대한 이해는 그 사회에 현저하게 나타나는 문화적 징후들을 읽음으로써 가능하다. 문화적 징후들은 당대를 살아가는 사람들이 공유하고 있는 가치관과 정서, 정체성 등을 반영하는 거울과 같기 때문이다. 한 시대에 존재하는 지배적인 정서를 레이몬드 윌리엄즈(Raymond Williams)는 "감정구조(structure of feelings)"라 불렀고, 그로스만은 "집단적 사고"라 지칭했다.

대중문화가 드러내 보이는 집단적 정서는 도도히 흘러가는 강물의 메타포를 빌려 오면 설명이 쉬워진다. 상류부터 하류까지 흘러가는 동안 강물은 표면적으로는 고요하게 보이지만 그 내부는 매우 역동적이다. 수많은 유입물들이 흘러들어오며 그 중 일부는 바닥으로 가라앉기도 하고, 주변으로 밀려나 바위나 수초 군락 주변에 정체되기도 한다. 상류부터 하류까지 줄기차게 물줄기를 이루며 흘러가는 것들도 있고 중간쯤 가다가 침전물이 되는 것들도 있다. 그리고 강 중간 중간에 바깥으로부터 흘러들어와 새 물줄기에 합류하는 것들도 있다.

문화도 강의 흐름과 유사하다. 사회구성원들에게 핵심적이라고 받아들여지는 가치나 실천 행위는 시간과 무관하게 거의 변하지 않고 대중의 일상에 지대한 영향력을 행사한다. 마치 상류의 물줄기가 바다까지 가듯이. 자본주의 경제체제, 가부장적 사회 구성, 자유와 인권, 도덕심 등과 같은 가치는 오랜 세월이 지나고 또 IMF 구제금융사태와 같은 극적인 경험을 하더라도 여전히 강물의 본류를 형성하며 유장하게 흘러간다. 그러나 당연한 것으로 간주되다가 외부적 압력에 의해 혹은 자발적으로 자취를 감추어 조류의 변방으로 밀려나는 생각들이나 삶의 방식들도 존재한다. 오래 근무한 선임이 후임자보다 책임 있는 직급을 맡는 것이 관행이었던 시뇨리티(seniority)가 점차 사라지면서 부장을 제치고 과장이 팀장이 되는 일터의 새로운 관행, 때가 되면 가정을 꾸리고 아이를 가지는 것이 의심할 바 없는 인생 단계(life stage)라 여겼던 가치관이 희석되면서 나타나는 결혼과 출산에 대한 소극적인 태도, 판사나 의사 등 권위와 전문성을 갖춘 직업을 선호하다가 언제부턴가 셀레브리티(celebrity)처럼 대중적 인기와 부를 선망하게 된 직업관의 변화 등 단기간에 걸쳐 나타나 언제까지 지속될지 예측하기 힘든 사회적 조류들이 대거 유입되고 있다.

강물의 역동적 움직임을 만들어 내는 데는 여러 가지 요인들이 작용하지만 아마도 경제적 제도와 기술적 변화가 그 중 큰 역할을 한다고 할 수 있을 것이다. 특히 디지털 기술에 기반한 신경제의 패러다임을 도입한 현재의 사회에서는 더더욱 그러하다. 과거를 돌아보면 한 사회의 가치관과 세계관은 물질적 토대를 가지고 있다. 마르크스주의자들이 이야기 하는 것처럼 경제적 토대가 정신세계와 문화를 완전히 결정짓지는 못하더라도 물리적 환경을 초월해 자유롭게 사고하고 행동하는 개개인들을 상상하는 것은 거의 불가능하다.

물론 개인은 언제나 자율성을 가진 합리적인 주체이며 개인의 의식적, 무의식적 신념과 행동이 때로는 큰 사회변화를 가지고 올 수 있다. 그럼에도 불구하고 당대의 정서와 지배적 가치관 그리고 이를 집합적으로 표출하는 대중문화는 경제시스템, 산업형태, 기술 등 여러 가지 물질적 토대에 의해 상당한 영향을 받는다.

간단한 예를 들어 보자. 구텐베르크가 활자를 발명하고 인쇄기술이 발전하게 됨에 따라 많은 서적들이 출간되었고, 성경만이 유일한 서책이었던 중세 사람들은 책이 주는 재미에 빠져 더 많은 읽을거리를 요구하게 되었다. 그리하여 당시에는 금기시되었던 그리스·로마 시대의 고전작품들이 출판업자들에 의해 빛을 볼 수 있었디. 인간은 죄인이며 신의 구원만이 삶의 목표라고 생각했던 중세인들은 고전작품들을 읽으면서 인간의 지적인 능력과 창의적 능력에 감탄하게 되고 르네상스라고 불리우던 고전의 재발견기를 꽃피운다. 그리스·로마 문명을 새롭게 수용하는 시대적 정신운동은 마침내 중세의 붕괴에 일조하게 되었다. 합리적인 인간, 창소적 능력을 가진 인간에 대한 믿음 등의 새로운 가치관이 사회 전반에 걸쳐 확산되어 신 중심의 가치관에 대항하는 저항 담론을 형성했기 때문이다.

물론 금속활자가 유일한 원인은 아니다. 문자해독률 증가, 종이 기술의 유럽전파 및 발전 등 여러 가지 요인들이 복합적으로 작용하여 르네상스와 근대 사회로의 이전을 촉진시켰다. 그러나 큰 그림을 그려본다면 기술적 발전이 정치적, 경제적 변화와 맞물려 합리주의, 계몽주의와 같은 사상적 담론을 끌어내면서 하나의 세기를 종식시킨 것을 역사는 보여주고 있다.

이후 전보기술의 발명이 이루어졌을 때도 유사한 관찰을 할 수 있다. 전보가 발명되자 영국은 바다 밑에 전선을 매립해 인도, 호주, 남아메리카를 전보망으로 연결했고 신속한 통신 인프라는 대영제국의 신화를 낳으면서 식민주의를 확산시키는 데 크게 기여하였다. 식민주의는 서구 중심의 가치관과 동양을 타자로 바라보는 집단적 인식을 형성했으며 글로벌라이제이션과 다문화를 논하는 현 시점에서도 우리는 오리엔탈리즘적 가치관에서 자유롭지 못하다.

이처럼 당대의 지배적인 기술이나 경제제도와 사회와의 관계는 밀접하게 연결되어 있으며 서로가 서로에게 영향력을 미치는 역동성을 보여준다. 경제체제는 아마도 더 큰 힘을 발휘한다고 할 수 있다. 산업혁명과 더불어 근대 자본주의가 등장하면서 중세와는 달리 시장이 중요한 사회적 제도로 정착했고 사고 팔수 있는 상품들이 경제적 가치를 지니면서 대량으로 생산되기 시작했다. 넘쳐나는 상품은 구매를 촉진시키는 소비주의적 태도와 라이프스타일이 새로운 미덕으로 간주되도록 하였다.

시장의 원활한 움직임에 도움이 되는 가치관들, 예를 들면 적자생존, 효율성, 근면 등이 다른 가치를 제치고 개인이 갖추어야 하는 중요한 덕목이 되었다. 적자생존은 경쟁을 당연한 것으로 만들고 효율성은 시간관리, 자기관리 등을 개인에게 은연중에 강요하며, 근면은 근무시간과 퇴근시간의 경계가 허물어진 노동 시간을 장려하게 되었다.

1990년대부터 본격 경험하는 디지털 기술의 확산과 신자유주의 경제제도의 전지구적 전파 역시 이 시대를 살아가는 사람들의 가치관과 삶의 조건에 많은 변화를 불러일으키고 있다. 진지함과 이성을 대신해 재미와 감성이 중요한 가치로 부상하고 있으며, 탈규제와 노동시장의 유연화는 경쟁을 일상화시키면서 인간의 기본 욕구 중 하나인 안정성을 위협하고 불안과 피로를 양산하고 있다. 디지털 기술이 가능하게 해준 수많은 자기표현의 플랫폼들은 세상과 연결되어 있고 소통하고 있다는 신화를 만들면서 외롭고 고립된 개인들로 하여금 타인을 의식한 이상화된 사이버 정체성 만들기에 몰두하도록 하고 있다.

책 제목을 '디지털 신자유주의'라고 붙이게 된 것은 우리 시대가 공유하는 감정구조에 가장 큰 영향력을 행사하는 키워드가 신자유주의 경제체제와 디지털 기술에 기반한 정보자본주의라는 생각에서이다. 디지털 기술과 신자유주의는 제각각 존재하는 별개의 영역이라기보다는 유기적으로 통합된 거대한 추진력이다. 이 힘은 우리 삶의 모습을 규정하고 나아가 나는 누구인가? 어떻게 살아야 하는가?와 같은 정체성 고민의 구심점을 형성한다는 것이 저자의 믿음이다. 모든 것을 시장의 원칙에 맡기자는 신자유주의의 기조는 보이지 않는 수요·공급 법칙의 손이 시장을 조절하도록 정부 간섭을 최소화하자는 고전적 자유방임경제(laisez-faire economy)의 21세기판 귀환이다. 케인즈주의로 대표되는 서구 복지국가는 산업자본주의의 위기를 지나 오면서 '요람에서 무덤까지' 삶의 질을 보장하는 것이 매우 힘에 부치는 프로젝트라는 것을 인식하게 되었다. 그리고 쇠퇴해가는 경제를 살리기 위해 자유주의 경제 정신을 한층 강화한 '신자유주의'라는 새로운 옷을 입혀 복귀시켰다. 이제 정치, 문화, 교육, 의료 등 시장의 원리를 도입하지 않은 사회 영역은 없다고 해도 과언이 아니다. 신자유주의 정신은 디지털 정보통신 기술의 발전과 맞물려 더욱 큰 힘을 얻는다. 시공을 초월해 네트워크화를 가능케 하는 디지털 기술은 전지구를 하나의 커뮤니티로 묶어 베네딕트 앤더슨(Benedict Anderson)의 주장처럼 국가는 상상 속의 공동체로나 존재하게 만들었고 전 세계를 하나의 시장으로 통합해 가고 있다. 의도한 바는 아니지만 칠레의 포도생산 농가가 대한민국 영동의 포도생산 농가와 경쟁해야 하고 애플은 연일 삼성과 소송을 불사해야 하며, 케이팝 스타는 헐리우드와 경쟁한다. 삶의 모든 영역이 시장 논리에 편입되고 그 시장은 디지털 기술의 발전으로 더 강력해지며, 연일 다양한 신상품들을 쏟아내는 시점에서 이 시대를 살아가는 개인의 경험은 어떤 것인지를 읽어보고자 했기 때문에 '디지털 신자유주의'라는 다소 생소한 용어를 굳이 사용하였다.

이 책의 목표와 짜임을 좀 더 구체적으로 논하자면 저자는 대중문화의 영역에서 새롭게 부상하는 현상들을 읽어봄으로써 대중문화가 반영하는 개인들의 집단적 정서와 경험을 규명해 보고자 한다. 현상에 대한 기술(description)보다는 현상을 낳은 원인과 사회적 함의를 짚어보고자 하였는데, 알다시피 하나의 사회문화적 현상은 다양한 요인들이 중층적으로 작용해 생겨나는 것이기 때문에 이 책이 제공하는 설명은 다소 제한적일 수 있다. 동시에 정밀한 데이터를 근거로 논의가 이루어지는 것이 아니기 때문에 설명의 일반화에 한계가 있을 수도 있다. 그러나 페이스북 사용자들이 과연 더 나르시시스트적인 성향을 가지고 있는가 아닌가를 통계적으로 테스트해 유의미성 여부를 입증하는 실증적 설명도 중요하지만 나르시시스트적인 자기표현이 왜 성행하고 있으며 어떤 양상을 띠는지, 그 사회적 결과는 무엇인지 등을 살펴보는 보다 근원적인 시도는 의미가 크다고 할 수 있다.

네 개의 장을 통해 저자는 디지털 신자유주의가 만들어 내는 집단적 감정구조를 읽어내고 우리 시대가 만들어 내고 있는 신화(myth)들을 찾아보고자 시도하였다. 시대적 정서는 사회구성원들이 자기 정체성을 만들어 나가는데 일종의 재료 역할을 수행하고 감수성과 정체성들은 하나의 거대한 이야기, 즉 신화를 탄생시킨다. 신화는 거짓된 이야기이다. 그러나 대다수 사람들이 은연중에 진실이라고 받아들이는 이야기다. 그리고 신화 속에 내재된 이데올로기는 스스로가 자연스러운 것, 바람직한 것으로 사회 구성원들에게 정당성을 확보하게 된다. 프랑스의 지성 롤랑 바르트(Roland Barthes)는 우리 주변의 거의 모든 것들이 신화적인 의미를 가지고 있다고 이야기한다. 하나의 사물, 의례, 운동 경기 등 모든 것이 그 자체로 존재하는 것이 아니라 오랜 시간을 두고 지배적 가치관과 조응하며 부여된 의미로 채워져 대중에게 삶의 진리 혹은 상식으로 받아들여지고 있다는 것이다.

바르트는 와인을 예로 들고 있다. 와인은 프랑스적인 것의 상징으로 인식되고 있지만 사실은 북아프리카에서 이슬람 노동자들의 인력을 착취해서 생산된 프랑스와는 아무런 관련이 없는 상품이다. 그럼에도 불구하고 와인이 식문화가 최고로 발달한 프랑스적인 취향의 상징으로 의미화된 것이 일상의 사소한 신화라는 것이다. 빌 게이츠나 마크 주커버그는 대자본이나 오랜 경영 경험과 무관하게 디지털사회에서는 열정과 아이디어만 있어도 꿈은 실현된다는 현대판 신화를 만들어 냈다고 할 수 있다.

한편 모든 문화에 단골로 등장하는 것은 영웅과 관련된 신화들이다. 왕과 초인적 능력을 가진 영웅들은 대중의 구원자로 숭배와 경탄의 대상이 된다. 현대의 영화나 드라마에도 모든 역경을 딛고 정의를 구현하는 배트맨, 슈퍼맨 등과 같은 시민 영웅들이 존재한다. 그러나 서바이벌 오디션 문화가 대세가 된 오늘날에는 휴대폰을 수리하거나 자장면을 배달하던 극히 평범한 우리 이웃들도 영웅이 될 수 있다. 폴포츠(Paulpotts)가 그러하고 허각이 그러하다. 계층의 벽을 따라 형성되는 교육의 벽을 통과할 수 있는, 그리하여 문화자본을 충분히 축적하고 성공적으로 상류사회에 진입하거나, 기존 상류사회 구성원으로서의 기득권을 유지할 수 있는 사람들의 숫자가 극소수에 불과한 현실에서 오디션이 만들어 내는 '보통 사람의 신화'는 개천에서도 여전히 용이 날 수 있다는 믿음을 확산시키는데 기여한다.

직접 경험하는 현실보다는 매개된 현실이 더 큰 비중을 차지하는 현대 사회에서는 그 어느 때보다 많은 신화가 생산된다. 신화로부터 위안을 얻는 것과는 별개로 우리 시대가 만들어 내는 신화를 규명하는 것은 우리 사회의 이해를 위해 중요한 작업이다.

제1장에서는 디지털 기술의 역사를 추적하고 디지털 기술이 가지고 온 라이프스타일과 감수성의 변화를 살펴보고자 한다.

기술은 가치중립적인 것이 아니며 기술을 낳은 시대의 사회적, 경제적 요구를 반영한다. 제1, 2차 세계대전이 레이더 기술 등 전쟁수행에 필요한 기술들을 탄생시킨 사례는 기술의 사회적 결정을 극명하게 보여준다. 디지털 기술도 마찬가지이다. 산업 자본주의의 성장이 한계에 이르자 정치인들과 미래학자 그리고 재계는 새로운 형태의 상품을 개발하는 것이 해법이라는 인식을 하게 되고 자동차, 선박, 비누, 치약과는 근본적으로 다른 혁신적 신상품을 찾게 된다. 그 결과 컴퓨터 기술이 가능하게 해 줄 수 있는 정보의 생산, 분배가 굴뚝산업의 대안제로 고안되고 정보 고속도로(information highway)가 산업도로를 대치하게 되었다.

인터넷과 스마트폰의 바다에 얼마나 생산적이고 유용한 정보 가 존재하는가라는 질문은 접어두고 대중들은 정보의 이름을 가 진 각종 오락과 소비에 몰두한다. 이제 정보관련 산업들은 의식 주에 버금가는 상품들을 생산하면서 황금알을 낳는 거위가 되었 고 이렇게 본다면 기술은 기획된다고 해도 큰 과장은 아닐 것이 다. 'Information at your fingertips'라는 빌 게이츠의 선언처럼 손가락 하나면 누구나 정보에 접근권을 가질 수 있다고 믿고 있 는 정보사회는 역사상 그 어느 시대 보다 빈부의 차별이 두드러 지는 시대라고 할 수 있다. 왜냐하면 중요한 정보, 재미를 주는 정보는 유료로 구매해야 하고 인터넷 자체가 전 세계를 하나로 묶어주는 거대한 쇼핑몰이며 모바일 세상은 강력한 시장 이데올 로기의 압축판이다. 한편 인터넷과 모바일 정보기기가 가지는 하이퍼텍스트성은 재미가 동반되지 않은 집중을 힘든 것이 되게 한다. 진지함 대신 가벼운 재미와 오락이 정보사회의 감수성을 구성하는 원소들이다. 1장은 이처럼 디지털 기술의 기획과 상용 화까지의 궤적을 추적하고 새로운 정보기반 경제가 변화시키고 있는 대중의 라이프스타일과 가치관을 살펴볼 것이다.

제2장은 점차 대중의 일상에 스며들고 있는 '치유문화'를 살펴보고 있다. 치료, 치유, 힐링 등 여러 가지 표현이 공존하지만 상처 입은 내면을 어루만지고 어긋난 관계를 바로잡는 목표를 지향한다는 점에서는 차이가 없다. 우리 문화에서는 다소 생소한 공적 영역에서의 감정 드러내기를 촉진시키는 데는 신자유주의의 전지구적 확산이 큰 역할을 하고 있다. 신자유주의의 세계화는 개인의 삶에 상당한 혼란을 야기시켰으며 특히나 오늘날 비지속적인 계약노동은 개인의 감정적인 내면세계가 표류하게 하는데 결정적 역할을 한다.

사회학자 세넷(Sennett)[1]에 의하면 파트타임 형태의 일시적이고 '유연한' 고용은 사람들이 자신의 일에 관해 일관성 있는 이야기를 생산하거나 자신의 사회적 개인적 가치에 대해 예측 가능한 내러티브를 생산할 능력을 앗아간다. 지금으로부터 10년 후 나는 무엇이 되어 있을지, 어떤 지위에 도달해 얼마만큼의 수입을 얻고 있을지를 예측하는 것은 훨씬 더 어려워졌다. 개인의 정서적 안정에 결정적 역할을 하는 예측가능성의 부재는 개인의 정신적 웰빙에 큰 장애물이 된다. 게다가 고용기간 자체가 짧아져 조기 퇴직이 늘어나고, 대학졸업자들은 직장에 만족감을 얻지 못한 채 보다 나은 조건을 찾아 빈번한 이직률을 보인다.

미국의 연구사례를 보면 근무시간과 가족을 위한 시간의 분리가 희미해지면서 아이들에 대한 돌봄 태만이 증가하고 어른들의 우울증 단계가 올라가는 것이 관찰되었다. 불안정한 고용제도가 수반하는 유연성은 개인이 사적 영역에서 뿌리를 내리고 안정을 얻을 수 있는 기반을 침식하는 결과를 낳는다. '계속 전진하라 그러나 헌신하지는 말라'는 것이 오늘날 하이테크 경제의 정신이라고 세넷은 말한다.

집단적으로 생산된 불안과 좌절, 우울은 위안을 갈망하게 하였고 치유 혹은 힐링이 높은 문화적 공명도를 얻는 영역으로 부상하도록 했다. 그러나 치유의 언어는 정도의 차이는 있지만 근본적으로는 별개의 영역으로 간주되어 왔던 공적 영역과 사적 영역의 경계를 허물어뜨리면서 사회구조적 문제를 개인적 문제로 치환시켜 버리는 위험을 안고 있다. 게다가 단기간에 걸쳐 이루어지는 '감정 드러내기', '위안 받기로'는 디지털 신경제가 달려가고 있는 노동의 종말을 해결할 수 없다.

치유문화의 확산은 개인의 자율성 위축이라는 또 다른 우려를 낳게 한다. 자신이 원하는 것을 스스로 알고 있으며 구조를 변화시킬 힘을 가지고 있는 합리적인 주체로서의 개인(agency)에 대한 믿음이 점차 빛을 잃어가고 있다. 대신 스스로를 희생자로 간주하면서 치유전문가에 의존해 감정적 웰빙을 구해야 하는 존재로서의 개인이 부각되고 있는 점은 모두가 고민해야 할 이 시대의 새로운 쟁점이다. 치유와 관련해 또 한 가지 주목해야 할 측면은 치유가 상업적 이윤을 창출하는 하나의 산업이 되어가는 추세이다. 성형미용산업, 각종 치료전문가자격증을 가진 졸업생을 양산시키는 교육계, 넘쳐나는 의사들로 경쟁이 치열해진 의료산업 등 각종 치유 거점들은 불만스러운 외모, 인성적 미성숙 등 온갖 문제를 치유 정신과 연결시켜 치료의 대상으로 삼고 있다.

제3장은 대중문화 장르의 대세를 이루고 있는 서바이벌 오디션의 범람 현상의 원인을 규명해 보고 오디션이 만들어 내는 사

회적 신화를 살펴볼 것이다.

　오디션 열풍은 매체의 증가로 수용자들이 세분화되고 파편화된 대중문화 시장에서 안정적으로 시청자를 확보하려는 방송사들의 이해관계가 신자유주의 시대 대중들이 형성해 있는 경쟁에 대한 감정구조와 결합해서 생겨난 산물이라고 할 수 있다. 오디션 문화가 대세가 되는 일차적 원인은 미디어 산업의 특징에서 찾아야 할 것이다. 텔레비전 산업에 대해 논의하면서 텔레비전 시청은 과연 무료인가에 대한 논의가 예로부터 있어 왔다. 텔레비전 수상기만 구입하면 뉴스와 오락, 드라마 등 엄청난 제작비가 투입되는 프로그램을 24시간 볼 수 있기 때문에 사람들은 텔레비전이 공익을 위한 무료 서비스라고 생각하기 쉽다. 그러나 방송사들은 광고주들에게 수용자의 관심과 시간을 팔아서 이윤을 창출하며 그렇기 때문에 수용자의 시간을 붙들어 놓기 위해 재미있는 프로그램들을 개발한다. 텔레비전을 위시한 대중문화 산업에서 가장 중요한 자원은 수용자의 시간과 관심이다.

　오디션은 프로그램 포맷이 가지는 여러 가지 장치들이 작동해 시청자들을 떠나지 못하게 하는 특징을 가지고 있다. 그런 이유로 모든 채널은 앞다투어 온갖 종류의 오디션 프로그램들을 개발한다. 전 세계를 네트워킹하는 디지털 기술은 오디션 참가자들과 시청자 확보에 큰 기여를 하는 일등 공신이다. 각종 오디션 스타들이 탄생하면서 대중들은 셀레브리티(celebrity) 신화를 새롭게 만들어 내고 있다. '꿈은 이루어진다' 등 기존의 지배적 가치관이 여전히 핵심 요소로 남아 있지만 오디션 시대의 집단적 감정구조가 녹아든 오디션의 각종 신화들을 3장의 말미에서 살펴볼 것이다.

제4장은 젊은 세대를 중심으로 특히나 두드러지는 대중문화 속 나르시시즘적 요소의 증가를 살펴볼 것이다.

공공장소에서 커다란 거울을 당연하다는 듯이 들여다보는 사람들이 많아지고 있다. 불과 몇 년 전까지만 해도 작은 손거울을 책상 아래로 살짝 보고 후다닥 치우던 모습이었던 것 같은데 팔을 쭉 내밀어 공주거울을 높이 들고 요모조모 얼굴을 점검하는 젊은이들의 모습을 점점 자주 접하게 된다. 아주 소수이기는 하지만 수업 중에도 거울보기는 매우 자연스럽고 당당해 가끔 정상적인 수업의 모습인 것 같은 착각이 들 정도다. 커피 집을 가도 마찬가지다. 테이블 위 필수품은 전화기와 커다란 손거울이다. 대화를 하면서도 끊임없이 전화기를 확인하고 틈틈이 거울보기를 잊지 않는다. 마주보고 앉아 있을 뿐이지 아예 각자의 단말기에 열중하는 사람들도 적지 않다. 물리적인 공간을 공유하는 관계와 정서적, 인지적 공간을 공유하는 관계가 공존하는 것은 분명히 새로운 현상이며 포스트모더니스트들이 이야기하는 정신분열적(schizophrenic) 경험이 더욱 강화된 디지털 포스트모던 현상이다.

휴대전화는 이미 오래전부터 신체의 일부가 되었다. 10년 전에는 '휴대폰 없이 일주일 살기' 과제가 가능했는데 사흘, 하루로 줄어들다가 최근에는 그런 이벤트를 아예 폐지해 버렸다. 접속 단절을 요구하는 것은 숨 쉬지 말라고 요구하는 것처럼 무리한 요구가 되어버렸기 때문이다. 모바일기기가 통로를 제공하는 또 다른 세상에서 대세를 이루는 것은 나르시시스트적인 자기표현들이다.

개인 웹사이트(소셜미디어)는 이론적으로는 전 세계인들에게 저비용으로 원하고 싶은 것은 무엇이든지 표현할 수 있는 장을 제공한다. 동시에 소셜미디어는 개개인이 다양한 정체성을 만들고 실험할 수 있는 장이기도 하다. 공부 밖에 모르는 모범생 이미지를 가진 대학생이 카카오 스토리에는 노출이 심한 옷을 입고 클럽에서 신나게 즐기는 사진을 올림으로서 가족이나 가까운 학우들에게는 낯선 정체성을 표현할 수도 있다.

젊은 사람들이 소셜미디어를 사용하는 이유를 조사한 일련의 연구들은 온라인에 포스팅하는 사진들이 있는 그대로의 현실을 전달하기보다는 자신의 외모나 지위를 이상적으로 표현하는 매개물로 사용된다는 이야기를 하고 있다. 파라다이스(Paradise, 2012)는 대학생들의 페이스북 사용을 조사한 연구에서 사진을 올리는 일곱 가지 이유를 찾아냈다.[2] '매력적으로 보이기(looking good)', '이상적이라고 생각하는 자기 이미지 투사하기(projecting a desired self-image)', '특별한 순간의 재현(representing a special occasion)', '과시(showcasting)', '우정(friendship/relationships)', '편의성(convenience)', '얼굴숨김(얼굴의 일부에 그래픽처리를 해서 부분적으로만 보여주는 사진)' 그리고 '팬덤 사진들(자신이 좋아하는 스타 사진)'이었다.

프로필 사진으로 어떤 사진에 우선 순위를 부여하는가를 조사한 휘티(Whitty, 2007)는 "자신에 관한 아름다운 신체적 이미지가 어떤 요소보다 중요하다"고 생각한다는 것을 발견하였다.[3] 1980년대 스튜어트 홀(Stuart Hall)이 사진에 관한 고전적인 논의를 전개하면서 강조한 논점 중 하나는 사진이 현실의 반영이라고 생각하는 일반적 인식은 신화적인 것이며 동일한 현실이라도 어떤 각도에서 포착하느냐에 따라 완전히 다른 의미를 생산할 수 있다라는 것이었다.[4] 그러나 소셜미디어 시대로 깊숙이 진입한 현재에는 사진이 현실을 구성하느냐 반영하느냐라는 논쟁자체가 별 의미가 없어 보인다. 사진은 현실을 보여주기 보다는 사용자들의 내면세계를 드러내 보이며 그것도 이상적이라고 생각하는 현실을 투사해 보이는 역할을 하고 있다.

소셜미디어와 자기중심적 성향이 강한 'Me세대'이 만났을 때 그 어느 시대보다 강력하고 광범위한 나르시스틱한 문화가 생겨난다. 존재감이 중요한 키워드로 부상하며 남에게 더 매력적이고 더 돋보이는 자신을 만들기 위한 허세문화가 하나의 재미처럼 퍼지고 있다. 대중적 매력의 집결체인 셀레브리티들이 그 어느 때보다 선망의 대상이 되고 또 모방의 대상이 되고 있기도 하다. 나르시스틱한 요소들은 치유문화의 확산과 마찬가지로 성형미용산업의 프로모션에 의해 더욱 촉진된다. 4장에서는 나르시시스틱한 문화를 낳게 한 배경 요인들을 실펴보고, 대중문화 속 나르시시즘의 양상들을 제시할 것이다.

이 책은 위에서 열거한 네 가지 문화적 징후들을 중심으로 신자유주의와 디지털 기술이 만나 탄생시킨 전지구적 정보화사회가 이 시대를 살아가는 사람들의 일상 경험을 어떻게 구조화하는지 잠정적 결론을 내리고 있다. 대부분의 논의가 비판적인 시각에서 이루어졌기 때문에 대중들을 미디어의 영향력에 휘둘리는 수동적이고 나약한 존재로 인식하는 프랑크푸르트학파적 시각을 가진 것처럼 보일 수도 있다. 그러나 위키피디아와 같은 집단지성의 가능성, 인증샷 문화가 보여준 정치참여와 시민사회의 가능성 등 디지털 기술이 있기 때문에 가능한 주체성과 자율

성의 발휘도 도처에 존재한다. 그렇기 때문에 이 책이 시도한 비
판적 문화읽기가 의미가 있는 것이다. 급속도로 전개되는 문화
적 현상의 원인과 사회적 함의를 이해할 때 네트워크화된 시민
이 주체가 되는 이상적인 디지털 정보사회의 구현이 앞당겨질
것이기 때문이다.

2012년 여름 계명동산에서
양 정 혜

Notes

[1] Sennett, R. (2006), *The Culture of New Capitalism*, Yale University Press.

[2] Paradise, A. (2012), "Picture Perfect? College Students' Experiences and Attitudes Regarding Their Phto-Related Behaviors on Facebook," *Cutting-edge Technologies in Higher Education*, 5: 261-292.

[3] Whitty, M.T. (2007), The Art of Selling One's self on an online dating site: the BAR approach, in M. Whitty, A. Baker and J. Inman (eds). *Online matchmaking. Houndmills*, U.K: Palgrave Macmillan.

[4] Hall, S. (1982), "The Rediscovery of Ideology: Return of the Repressed in Media Studies", in M. Gurevitch, T. Bennett, J. Curran and J. Wollacott (eds) *Media, Culture, Society*, London: Sage.

목 차

제3장 무한 경쟁의 문화:
　　　　　서바이벌 오디션의 시대

제4장 소셜미디어의 거울에 비친 나르시시즘

제1장
테크놀로지, 아이디올로지(Technology, Ideology):
내 손 안의 작은 시장, 스마트폰

1.
기술을 보는 시각

1989년 월드와이드웹(www)이 처음으로 등장한 이래 디지털 기술에 기반을 둔 각종 기기들이 일상의 한 부분으로 자리 잡은 지 4반세기가 지나고 있다. 1995년 니콜라스 네그로폰테[5]가 〈디지털이다(Being Digital)〉를 출간했을 때만 해도 디지털과 신경제, 정보자본주의, 세계화 등의 키워드로 연결된 미래를 시각화하는 것은 미래학자와 극소수의 엘리트들에게나 가능한 것이었다. 지금은 정보의 생산과 처리, 전송 등의 활동은 이미 공기나

물과 같이 자연스러운 생활의 일부가 되었다. 스마트폰과 같은 이동성이 극대화된 기기들이 보편화되면서 정치, 경제, 사회, 문화 그리고 우리 일상의 사소한 영역까지 물리적, 감성적 재구조화를 경험하고 있다.

가족 대신 스마트폰이 잠을 깨워주고 날씨와 하루 일과를 스마트폰을 통해 확인한다. 아침에 눈을 뜨고 제일 먼저 접하는 창구가 과거에는 신문이었다면 이제는 트위터가 되었다. 출근하기 위해 집을 나서다가 하늘이 구름 한 점 없이 맑게 갠 것을 보고 … 아이폰을 꺼내 '찰칵'한 다음에 "여러분 굿모닝! 구름 한 점 없는 하늘을 배달합니다. 행복한 하루되세요"라며 얼굴도 모르는 사람들에게 감성적 사진과 하루 인사를 전하는 '트위터 워밍업'도 등장했다.[6] 만날 기회는 아직 없었지만 왠지 더 친근하게 여겨지는 소셜 네트워크 상의 지인들과 정치·경제부터 일상까지 대화를 나누며, 원하기만 하면 재벌 경영인과도 친구가 될 수 있다. 모바일 오피스족이 늘어나면서 기업경영 방식은 물론 건축·도시설계·교통흐름 등도 변화할 것이며 학교 강의실에서는 필기가 사라지고 대신 카메라로 찍는 것이 기록의 대세가 될 것이다. 24시간 항상 접속이 가능한 세상이 존재하기 때문에 일과 휴식의 경계로써 밤과 낮을 구분하던 기준도 변화할 것이다. 가계 지출에서 정보통신 비용이 차지하는 비중이 부담스럽지만 인터넷과 모바일 기기가 없는 과거로 돌아가라면 차라리 돈을 내는 것이 나을 것 같다.

흥미로운 것은 산업혁명으로 분리되었던 일과 가정이 300여 년의 시간이 지난 지금 스마트폰을 매개로 다시 융합되는 양상마저 보인다는 것이다. 굳이 일터로 나가지 않아도 집에서 일과

의식주를 해결하는 사람들이 증가하고 있으며 이 같은 변화가 연쇄적으로 가지고 올 파급효과는 어쩌면 대대적인 라이프스타일 변화로 이어질지도 모른다.

스마트폰을 위시한 각종 첨단 기기들이 등장하면서 사용자들에게는 '혁신', '스피드', '신기능' 등의 키워드들이 기술의 효용을 판단하는 주된 평가 기준으로 부상하고 있다. 앞만 보고 달려가는 기술 경쟁 속에서 혁신이 과연 누구를·위한 혁신인지, 스피드가 모든 사람들에게 정말로 중요한 것인지에 대한 궁금증을 제기할 여유도 없이 이들 키워드는 정보사회의 새로운 덕목 내지는 가치관으로 정착하였다.

이 같은 추세는 앞으로 더 심화될 것인데 최근 우리 정부가 출범시킨 'IT미래비전기획단'이 2020년이면 기술융합을 저해하던 요소들을 제기하고 전 세계를 네트워크로 연결하겠다는 의지를 단순한 레토릭 차원이 아니라 구체적으로 천명한 것은 1990년대 정보화사회 초입에 보여주었던 디지털 세상에 대한 궁금증과 기대는 기술이 혁신에 혁신을 거듭하면서 일종의 '혁신면역증'을 낳아 디지털 기술에 대한 사람들의 인식은 물이나 공기를 대하는 것과 유사하다. 이 새로운 기술을 누가, 왜 기획했으며 왜 지금과 같은 사용방식이 지배적인가에 대해서는 거의 관심을 할애하지 않고 있다. 아마도 삼성과 애플이 서로 경쟁하는 결과 정도로 여길지도 모른다. 그러나 기술은 그 자체로서가 존재한다기 보다 정치적이고 경제적이며 문화적인 실천 과정에서 특정한 방식으로 짜여진다(Bell, 1973).[7] 기술은 경제적, 정치적 목적을 달성하기 위해 의식적으로 기획되는 경우도 많다. 가장 극명하게 드러나는 경우는 마이크로웨이브 등과 같은 전시의 각종 기술이지만 디지털 기술 역시 사회적 진공상태에서 몇몇 천재들이 우연히 고안해 낸 산물은 아니다. 물론 기술의 고안과 발전 과정에서 개인 주체들이 발휘하는 창의성이 큰 역할을 하는 것은 부정할 수 없다. 그러나 보다 크고 거시적인 사회경제적 추진력(예를 들면 특정한 종류의 R&D에 투자를 하겠다는 정부나 대기업 결정 등)이 기술의 본질과 방향성을 결정하는 데 핵심적 역할을 한다. 멕케이와 질레스피(Mackay와 Gillespie, 1992)는 기술의 사회문화적 이해를 위해서는 세 가지 요소들을 반드시 살펴보아야 한다고 강조한다.[8] 첫 번째는 기술을 고안한 컨셉(concept)과 용도를 알아야 하고, 두 번째로 기술을 시장화하는 방식들에 주목해야 하며, 세 번째로 기술이 사용자들에 의해 활용되는 방법들을 살펴보는 것이다.

이 장에서는 디지털 기술이 기획된 배경과 기술개발 목적을 살펴보고, 기술을 본격적으로 대중화 과정에서 어떤 용도에 우선순위를 부여했는지 살펴볼 것이다. 그리고 디지털사회에 대한 문화적 담론은 어떤 방식으로 구성되었으며 그 같은 담론에 내재된 가치관, 세계관은 무엇인지 규명해 볼 것이다. 그리고 디지털 기술 사용자들이 어떤 방식으로 새로운 신기술과 상호작용하고 있는지에 대해서도 논할 것이다. 이에 앞서 전체적 논의에 대한 오리엔테이션을 제공하기 위해 기술과 사회변화와의 관계에 대한 두 가지 상이한 입장부터 살펴보도록 하겠다.

우리가 살아가는 사회에서 기술이 가지는 영향력은 지대하다. 산업사회 초입부터 기술은 사회발전의 원동력으로 그 가치를 부여받았다. 산업혁명은 제임스 와트의 증기기관과 같은 신기술과 더불어 시작되었다고 인식되고 있으며[9] 기술을 통한 자연의 적절한 통제가 인간사회의 발전을 가지고 올 것이라는 믿음은 근대성(modernity)의 기본 전제 중 하나이다.

그러나 기술은 결코 가치중립적인 것이 아니다. 기술의 사용 방식을 결정하는 것은 사람이며, 그 중에서도 특히 사회적 파워를 가진 엘리트 집단의 영향력이 지대하다. 따라서 중립적으로 보여지는 기술 속에는 한 사회의 지배적인 이해관계나 가치관이 내재되어 있다. 새로운 기술이 개발되어도 기술을 통해 개척할 수 있는 시장 가능성 그리고 기술이 가지고 올 수 있는 라이프스타일 변화 등 기술이 파급시킬 수 있는 경제적 · 문화적 효과가 기술의 대중화를 결정하는 잣대가 된다.

전기 발명으로 유명한 에디슨의 예를 들어보자. 1,300여 가지의 발명품을 고안한 에디슨은 자신의 발명품인 전기가 다른 발명품의 동력으로도 사용되어야 한다는 투철한 기업가 마인드를 가지고 있었다. 그리하여 에디슨이 영화 촬영용 카메라를 발명했을 때 그는 자신의 새로운 영화 기술을 전기에 연결해야만 사용이 가능하도록 고안하였고 이는 영화의 내용에 직접적인 영향을 미쳤다. 전기에 연결하기 위해서는 카메라의 이동성은 최소화 될 수밖에 없었고, 자연히 스튜디오 내부에서 영화제작이 이루어지게 되었기 때문이다. 카메라가 세상으로 나가는 대신 출연자들이 '블랙마리아'라는 별명이 붙은 거대한 카메라 앞으로 와서 볼거리를 만들어야 했으므로 초기 미국 영화는 저글링 등과 같이 흥미와 재미 위주의 결과물을 낳게 된다.[10]

반면 영화의 아버지라 불리는 프랑스의 뤼미에르 형제는 전기 사용 촉진과 같은 기득권 보호에 연연할 필요가 없었으므로 전기를 동력으로 사용하지 않았다. 이들의 카메라인 시네마토그라프(cinematographe)는 가볍고 휴대가 가능해 공장에서 퇴근하는 노동자의 모습 등 다양한 실외활동을 있는 그대로 기록하였다. 에디슨의 영화가 재미 중심이라면 뤼미에르 형제의 영화는 기록 중심이라고 부를 수 있다. 오늘날 헐리우드 영화의 과도한 오락성은 영화의 기술적 출발점에 의해 영향을 받았으며 영화기술의 형태를 결정한 것은 이윤추구를 극대화하기 위한 자본주의적 기업가정신이었다.

정치학자 랭던 위너(2000)는 경제적 이해관계 뿐 아니라 정치적으로도 기술은 중립적이 아니라고 주장하는데 때때로 기술은 특정한 사회적 선택권은 허용하고 다른 선택권들은 차단하기 때문이다.[11]

예를 들어 2007년에만 해도 '한국 통신산업 30년사의 한 획이자 신성장동력을 다진 쾌거'라고 일컬어지던 와이브로 기술은 언제부터인지 관심 밖으로 밀려났다. 대신 LTE 기술이 대세로 자리를 잡았다. 이는 '정치적 이유'와 기업 이윤 논리가 상당 부분 작용했기 때문인데 정치적으로는 와이브로는 참여정부가 추진했던 기술인 까닭에 정권이 바뀌면서 정부의 관심에서 멀어졌으며, 경제적으로는 통신사들이 와이브로의 킬러 앱이 모바일 인터넷 전화라는 것을 인지하면서 투자를 줄였기 때문이다(시사 IN, 2011.6.24 보도). 음성 통화 수익이 줄어들 것을 우려해 기업이 무료통화가 가능한 기술을 사전에 차단한 것이다.

1) 기술결정론

기술결정론은 기술이 사회 변화를 주도하는 기본 동력이 된다는 생각이다. 지금까지의 사회 발전은 다름 아닌 기술의 덕분이라는 것인데 사회 변화를 설명하는 원인과 결과가 명쾌하기 때문에 상당히 유혹적인 설명틀이다. 특히 정보화시대처럼 기술의 빠른 발전과 사회의 급격한 변화가 맞물린 시점에서 기술결정론은 매우 설득력을 가지는 것처럼 보인다. 기술결정론에 의하면 문자나 인쇄술, 텔레비전, 컴퓨터 등과 같은 새로운 기술이 각종 사회 변화를 유발시키는 원인이 된다.

멀리 거슬러 올라가 예를 들어 본다면 구텐베르크의 인쇄술은 서책의 생산을 촉진시켰으며 출판을 통해 보급된 각종 고전 서적들은 성경이 유일한 책이었던 중세 사회에 인본주의적인 가치관을 소개함으로써 결국은 중세의 붕괴와 근대의 성립에 일조했다는 다소 과장된 논의가 기술결정론의 좋은 예가 될 수 있다. 기술결정론적 시각에서 보면 새로운 기술은 사회제도, 사람들의 상호작용, 개인의 일상 등 모든 차원에서 사회를 변형시키며 광범위한 사회적 문화적 현상들이 기술의 결과로서 혹은 기술의 효과로서 나타난다. 따라서 기술외적인 요인들, 예를 들어 인간적인 요소(human factor)들은 2차적인 지위를 가지게 된다.

기술결정론은 사회진화론과 밀접하게 연결되어 있다. 여기서 진화는 물질적 풍요라든지 자원의 민주적 배분, 각종 인간 권리의 신장 등과 같이 긍정적이고 발전적인 의미를 담고 있다. 진화론적 설명은 기술이 고정된 진화 선상을 따라 자율적으로 움직여 나간다는 전제를 가지고 있다. 내버려두어도 합리적인 인간 활동의 결과물로서 기술은 점차 개선되고 진보한다는 믿음이 깔려있는 것이다.

산업혁명 초기였던 18세기에는 사회진보가 곧 기술진보와 동일시되었다. 이후 19세기 산업혁명이 본격화되면서 기술의 결과로 새롭고 놀라운 제품들이 대거 등장하자 기술은 사회적으로 그 중요도가 더욱 높아졌으며 기술의 발전은 무한한 경제성장을 가지고 올 수 있는 것으로 인식되었다. 기술에 부여된 높은 지위와 서구 사회에 널리 퍼져있던 '변화는 좋은 것'이라는 시각(어떤 형태로든 변화하면 진보로 나아간다는 믿음)이 기술진화론 형성에 근간이 되었다. 탄광산업의 거두 록펠러(Rockfeller)나 철도왕 벤더빌트(Vanderbilt) 등 전설적인 갑부들이 대중에게 보여준 안하무인격의 태도는 사회진화론에 대한 맹목적 믿음 때문에 가능했다.[12] 어쨌거나 사회는 진보하는 쪽으로 움직여 갈 것이므로 대중들의 반발과 무관하게 자신들의 사업은 번성할 것이기 때문이다.

기술의 발전이 사회 진보를 가지고 온다는 진화론적 입장에서는 종종 '기계의 시대', '자동화의 시대', '우주시대' 등과 같이 새로운 기원을 여는 기술의 이름을 가지고 와서 마치 기술이 혁명적인 시대전환의 분기점을 열어주는 것으로 묘사하기도 한다. 이 같은 묘사에는 혁신적 기술 발명에 의해 사회 진보가 계단식으로 이루어진다는 생각이 내포되어 있다. 그러나 '인쇄 미디어의 시대', '전파 미디어의 시대', '정보화시대' 등 기술의 명칭을 사용한 시대 구분은 신기술이 구기술을 대체한다는 함의를 가질 위험이 있다. 텔레비전은 라디오나 영화를 대체하지 않앉으며 전자책이 등장하기는 하였지만 컴퓨터가 책을 대체할 것이라고 보기는 힘들다. 오히려 여러 가지 기술적 진보가 이루어질 때 대체라는 차원보다는 보다 새로운 미디어와 예전 미디어간의 상호작용과 그에 따른 역할 및 기능변화가 보다 보편적인 현상이다. 그래프트(Graft, 1989)[13]는 역사란 단순한 일직선 형태의 발전으로 환원될 수 없으며 사회변화에는 다양한 경로들이 공존한다고 이야기하고 있다. 마찬가지로 현재의 정보화 혁명 기술 이전에 당대의 분수령이 되는 기술들이 다수 선행하여 존재했다. 문자기술, 인쇄기술, 전보와 더불어 시작된 전자기술 혁명들이다.

기술결정론은 인과관계에 주목한다. 기술이 원인이 되어 특정한 결과가 발생한다는 원인과 결과 규명에 주목하는 인과관계는 과학적 설명의 대표적 방법이다. 그러나 커뮤니케이션 기술에서 원인과 결과를 분리시켜 설명하는 것은 의미가 없다. 기술과 기술이 가지고 오는 정치, 경제, 사회, 문화적 변화는 상호 연결되어 있으며 뫼비우스의 띠처럼 순환하기 때문이다. 기술이 사회를 변화시키고 사회는 기술을 변화시킨다. 그렇다고 신기술과 사회의 관계를 이해하고자 할 때 기술결정론을 완전히 부정할 필요는 없다. 사회변화를 야기시킴에 있어 기술은 상당한 설명력을 가지며 특히나 디지털시대에 있어서는 기술이 가지는 설명력과 미래예측력이 더 강력해질 것이기 때문이다.

2) 기술의 사회문화결정론

기술결정론은 단순하고 명쾌하지만 모든 사회, 경제, 문화적 변화가 기술이라는 단일 변수에 의해 발생한다는 환원주의로 빠지게 되는 다소 치명적인 결함이 있다. 이에 반발하는 입장은 기술발전이 오히려 특정한 사회정치적 · 역사적 · 문화적 맥락에 의해 결정된다는 주장을 펼치고 있다.

사회문화결정론에서 가장 중심이 되는 전제는 기술의 사용방식에 대해 인간이 선택권을 가진다는 것이다. 특정한 기술이 어떤 용도로 활용될 것인가에 대해 반드시 한 가지 방식만 존재하는 것은 아니며 인간은 여러 방식 중 특정한 방식에 우선순위를 부여한다. 또한 기술이 원래 고안된 방향이나 목적과는 별도로 개별 주체들이 주도자가 되어 기술의 용도와 형태를 놓고 크고 작은 영향력을 행사할 수도 있다.

정보화사회의 출발점이 된 인터넷을 예로 들어 보자. 마틴 리스터(Martin Lister)와 동료들(2009)은 인터넷의 역사를 기술하면서 개인 주체들이 보여준 자율적 문화실천의 사례들을 제시하고 있다.[14] 이들의 설명에 의하면 정보혁명을 가능하게 한 획기적 전환점이 된 1970년대 초기, 인터넷 사용은 오늘날 기업적 정신과는 오히려 반대되는 방향으로 형성되는 것을 발견할 수 있다.[15] 1969년 미 국방부의 한 프로젝트를 위해 개발되었으며 1974년 학계와 과학자 커뮤니티를 중심으로 널리 확산된 이 하이테크 물결은 '정보는 자유로워야 한다'는 정신을 무료 소프트웨어 공유의 형태로 실천하였다. 현재 기업들이 외치고 있는 정보가 자유롭게 국경을 넘나들며 시장에서 이익을 추구할 수 있도록 각종 규제를 철폐해야 한다는 논리 속에 숨어 있는 자유를 표방한 이윤 극대화의 정신과는 큰 차이를 보여주는 부분이다.

현대 뉴미디어의 근본 특징이라고 간주되는 디지털화, 하이퍼텍스트성, 상호작용성 그리고 분산성은 70년대 주류기업의 문화와는 반대되는 방향으로 형성되었다. 또한 기술 이용권에서 배제된 일부 혁신적 마인드를 가진 대학생들의 노력 덕분에 엘리트에게만 국한되었던 네트워크 간 커뮤니케이션이 일반인들에게도 가능하게 되었고 다양한 풀뿌리 네트워크들도 생겨났다. 월드와이드웹(World Wide Web)이 생겨나기 전까지 가장 많은 컴퓨터를 연결해주었던 피도넷(Fidonet)이 대표적인 사례이다. PC가 널리 보급되고, 전화선과 모뎀을 이용한 네트워킹이 가능해지면서 전 세계적으로 전자게시판 시스템(BBS)이 개발되었고 이른바 가상공동체의 형성이 이루어지게 되었다.

개인의 우연한 기여가 기술의 형태와 사용 방법에 지대한 영향력을 행사한 경우도 많다. 인터넷은 군사적 용도로 개발되었지만 테드 넬슨(Ted Nelson)같은 작가는 컴퓨터를 군사전문가와 기업전문가의 손에서 해방시키고 싶어했다. 그는 종이 서류보다 훨씬 복잡한 방식으로 정렬되는 컴퓨터 문서 이용시 전문가가 아닌 일반 사람들이 보다 쉽게 원하는 것을 찾을 수 있도록 하이퍼텍스트를 제안함으로써 기술적 급진주의를 실천했다. 넬슨의 고안은 월드와이드웹의 전신이라고 할 수 있다.[16] 비슷한 사례로 지금은 익숙해진 윈도우(창) 형태의 인터페이스는 1970년대 복사기 제조 기업인 제록스사에 의해 최초로 개발되었다. 제록스는 종이문서 없는 사무실만들기 프로젝트를 진행하고 있었는데 전문 기술자가 아닌 보통 사람들에 의해 사용될 수 있는 컴퓨터 기기를 개발하는 하는 것이 목표였다. 제록스 프로젝트 팀은 WIMPS(윈도우, 아이콘, 마우스, 풀다운 메뉴)를 고안해 냈지만 스티브 잡스가 애플컴퓨터 개발을 위해 이 시스템을 모방할 때까지 자신들이 개발한 WIMPS의 기술적 잠재력을 깨닫지 못하고 있었다. 이후 WIMPS는 IBM이 자신들만의 PC를 고안하고 빌 게이츠가 개발한 운영체계를 사용하도록 하는 자극제가 되었다.[17]

이처럼 1970년대는 정보기술혁명의 시작기이자 정보자본주의 발전의 분수령이 되고 있지만 기술 혁신의 과정을 살펴보면 기술 이용의 방향에 대해 개인과 집단 그리고 다양한 사회문화적 요소들 간에 타협과 경쟁이 공존함을 알 수 있다.

개인에 의한 기여 가능성이 항상 존재하지만 기술의 고안과 주된 사용 방법은 다양한 사회적 요인들에 의해 중층적으로 결정지워지며 각각의 층위는 각기 다른 무게의 영향력을 행사한다. 멕케이와 질레피(Mackay and Gillespie, 1992)의 표현을 빌자면 기술은 다양한 사회적 힘들이 융합하는 장(場)이다. 기술의 용도를 선택하는데 있어 영향을 미치는 결정적 요인은 주로 경제적인 것이다. 그리고 경우에 따라서는 국가가 기술 개발의 방향을 주도하기도 한다.[18] 시장은 사회적으로 구성된 선택적 환경으로 시장이 특정한 유형의 기술을 더 선호한다는 것은 매우 설득력 있는 주장이며 결국 경제적 이해관계가 기술의 사회문화적 형성에서 가장 현저한 특징이 되는 것이다(Walsh 1993, Weingart 1984).

레이몬드 윌리엄즈가 텔레비전에 대해 펼치고 있는 주장은 기술의 방향과 형태, 사용방식이 당대의 지배적 이해관계로부터 자유로울 수 없다는 것을 잘 드러내 보인다. 많은 사람들은 텔레비전이 즈보르킨[19]같은 성실한 기술자의 발명과 미국의 전자제품 기업 RCA의 기업가 정신이 결합해 세상에 태어났다는 생각을 가지고 있다. 그러나 텔레비전은 여러 가지 사회적 요인들이 기술적 요인과 결합해 지금과 같은 모습으로 정착되었다. 영상과 음성을 먼 곳으로 전달할 수 있는 텔레비전 기술이 각 가정의 텔레비전 수상기 보급과 이어질 개연성은 전혀 없다고 윌리엄즈는 주장하고 있다. 그러나 텔레비전 기술은 자본주의 체제에서 탄생했고 시장은 보다 큰 소비 시장을 개척하려는 기업의 이익추구 열망을 반영하지 않을 수 없다.[20] 제조업자와 도소매상들에게는 집단적인 사용보다는 가구 단위의 소비가 더 매력적이 될 수밖에 없기 때문이다. 매년 수 천 가구의 새 가정이 결혼에 의해 탄생하고 전통적 대가족 대신 점차 프라이버시를 중요하게 여기기 시작한 시기와 텔레비전 등장 시기는 맞물려 있었다. 그래서 기술의 원래 의도와는 무관하게 텔레비전은 집단적 사용보다는 개인 가정으로 이미지와 소리를 전달해 주는 매체로 발전하게 것이다.

물론 사회적 환경들, 예를 들면 당시 자동차에 의해 촉진되던 이농성과 교외거수 승가에 따른 사생활의 중요성의 증가 등도 가족매체로서의 텔레비전의 정착에 기여한 요소들이다. 유럽에서는 라디오 청취가 집단적으로 이루어졌다는 사실은 텔레비전 기술이 필연적으로 가족매체가 될 필요는 없다는 것을 분명히 보여준다.[21] 텔레비전 기술의 이용 방식 사례는 사회구성체(social formation)[22]의 경제적인 우선순위를 충족시키는 기술의 특징을 잘 드러내 보인다.

한편 기술은 연속적이다. 앞의 기술이 어떤 방식으로 사용되었는가는 후속 기술의 사용방식에도 영향력을 행사한다. 라디오가 사용된 방식은 텔레비전에도 그대로 이어져 일부에서는 텔레비전은 라디오의 시각화된 버전이라고 이야기하기도 한다. 이는 라디오 단말기를 생산하고 콘텐츠를 공급했던 RCA같은 기업들이 연이어 텔레비전 사업에도 뛰어들었기 때문이다. 라디오 기업들은 이미 대중에게 익숙해져 있는 라디오의 콘텐츠 제작 관행을 텔레비전에도 지속적으로 사용하였다. 이 연속성은 콘텐츠의 경제성을 위한 것이었다. 유사한 포맷과 내용을 차용함으로써 새로운 형태의 콘텐츠 개발에 수반되는 위험과 비용을 줄일 수 있기 때문이다. 텔레비전은 소리만 들어도 내용을 상당 부분 따라갈 수 있는데 이는 텔레비전 기술 사용에 라디오 기술이 녹아 들어 있기 때문이다. 유사한 시각 매체인 영화의 경우 화면을 보지 않고 소리에만 의존하면 내용 이해가 거의 불가능하다는 사실은 라디오와 텔레비전의 기술적 연속성을 잘 입증한다.

스마트폰 역시 기존 인터넷의 연장선상에서 애플리케이션 기능 등이 보강된 것이다. 그런 의미에서 인터넷 상의 지배적 가치관 역시 스마트폰의 고안과 활용에 영향력을 상당부분 행사하였다고 할 수 있다. 스마트폰은 인터넷보다 한 걸음 더 진화한 소비주의 가치관을 담고 있다. 스마트폰 자체가 하나의 작은 시장이며 사용자가 누리고 싶은 대부분의 편의는 스토어를 통해 구매되어야 한다. 이에 대해서는 이 장의 뒷부분에서 좀 더 상세히 살펴보겠다.

2.
디지털시대,
자본이 개척하는 새로운 시장

　　현재 정보화사회를 가능하게 해주는 디지털 정보기술의 발명·도입·활용 과정은 끊임없이 확장을 꾀하는 대자본의 이해와 산업자본주의가 봉착한 위기에 대한 해법을 모색하던 정치권의 이해가 맞물려서 촉진되었다. 그런 의미에서 본다면 정보기술은 성장의 한계에 직면한 산업 자본주의 체제가 정보자본주의라는 새로운 옷을 입고 재탄생하는데 기여한 일등공신이다.

　　1970년대 서구 사회는 경제성장의 위기를 감지했다. 실업률 증가, 생산 공장 폐쇄, 공공예산과 복지예산의 삭감 등이 동시에 일어났다. 이 같은 위기들이 후기 산업주의(post industrial) 경제의 등장을 설명한다. 70년대의 높은 인플레와 낮은 경제성장은 케인즈주의[23]의 한계를 드러내 보이기 시작했다. 특히 정부 예산 소비에 의해 촉진된 소비는 저축과 구매력을 약화시키는 인플레이션의 주범으로 인식되었다. 이 같은 상황은 70년대 석유가격 폭등으로 더욱 심화되었다. 이에 대응하는 전략은 세 가지 정도로 분류할 수 있는데 생산비용을 낮추고, 새로운 시장을 개척하며, 저렴한 생산 기지를 전 지구적으로 개척하고, 국경없는 시장을 개척하는 것이었다. 이들 전략이 우리가 신자유주의라고 부르는 대대적인 탈규제를 야기시켰으며 나아가 글로벌라이제이션을 촉진시켰다. 탈규제를 주창하는 목소리들은 시장이 재화를 배분하는 최선의 방법이며 그 목적을 달성하기 위해 상품과 서비스는 가능하면 많은 시장과 사이트에서 교환이 가능해야 한다는 입장을 내세웠다. 따라서 국가에 의해 규제되고 관리, 보호되던 시장이 열린 경쟁체제로 전환하게 된다. 이른바 민영화인 것이다. 철강이나 석탄 등과 같이 국가가 운영하던 산업들이 자유시장으로 이양되었으며 우리나라도 철도, 인삼 등을 기업화시켰다.

국경 없는 자유시장에 대한 강조는 세계화로 이어졌다. 카스텔에 의하면 각 국가에서 해외투자가 차지하는 비율이 1981년에서 1985년까지 4%에 불과하던 것이 1986년에서 1990년까지 24%로 급성장했다(Castell, 1996). 세계화 과정의 결과물 중 하나는 국경의 한계로부터 구애를 받지 않는 경제의 등장이다. 이는 전 지구적 차원에서 실시간으로 작업할 수 있는 능력을 갖춘 경제라는 점에서 이전의 경제와는 양상을 달리한다.

1) 디지털과 신자유주의의 만남

1970년대는 서구 정부들의 과학통신 정책이 변화를 보이는 시기이기도 하다. 탈규제를 표방하면서 각종 정부정책들은 경제생산성 향상에 직접적 기여를 할 수 있는 연구개발에 높은 우선순위를 부여했다. 이 정책은 정권 교체와는 무관하게 모든 정권에 의해 지원을 받았는데 자유시장을 극찬하고, 사회복지 이슈보다 경제 생산성을 더 진작시키려는 기술개발에 우선권을 부여하고 있다. 공적 영역, 사적 영역을 막론하고 모든 영역에서 효율성을 요구하고 있으며 과학과 기술이 이 같은 목표를 달성할 수 있는 가장 효율적인 방법이라고 간주하였다. 이 전략은 정보기술을 포함하는 하이테크 연구와 개발을 지원하였으며 기업, 대학 그리고 군사부문 등 모든 영역을 지원 대상으로 하였다.

이 같은 추세는 기술이 제2의 물결인 산업사회로부터 제3의 물결인 하이테크, 후기산업사회로 인도할 것이라는 앨빈 토플러(Alvin Toffler)등 미래학자들이 내놓은 일련의 저작들과 권고에 의해 더욱 강화되었다. 토플러는 '하이브라우(high brow)' 지식 엘리트층에게 글로벌, 자유시장, 정보화사회에 걸맞는 제3의 물결 이데올로기를 준비할 것을 권유하고 있는데 이 이데올로기는 '로우브라우(low brow)' 산업사회 이데올로기와 여러 가지 면에서 차이를 보이는 것이었다.

1980년대 들어서면서 정보기술과 커뮤니케이션 기술은 전지구적 네트워크화를 가능하게 함으로써 자본주의 위기 타개를 위한 두 가지 돌파구, 즉 시장의 탈규제와 자본의 지구화를 가능

하게 해준다. 이 같은 네트워크 커뮤니케이션의 발전에는 정보사
회가 자본주의의 구세주라는 담론이 큰 촉진제 역할을 하였다.

　이 담론이 힘을 얻게 된 데는 정치엘리트들 역시 중대한 역할
을 하였다. 1980년대 중반 무렵 뉴트 깅그리치(Newt Gingrich)와 같
은 우파 정치인들은 하이테크 산업을 경제의 동력으로 인식하고
이 산업을 발전시키고자 하는 강렬한 염원을 표현하였다. 이들
은 "미래지향적으로 보이는 느낌을 만들어 낼 수 있도록 미래주
의자들의 주장을 십분 반영한 최신 버전의 화려한 보수주의"를
만들어 내야 한다는 정신 하에 이른바 정보경제를 주창하였다.[24]
정보경제(information economy)는 지저분하고 낡았으며, 정치적으로
고루한 산업경제의 대안으로 촉진되었으며 비단 경제적 조건으
로서 뿐만 아니라 정치적 미래로서도 촉진되었다. 정치는 항상
대중에게 새롭고 더 나은 미래를 약속해야 하기 때문이다. 자동
차, 선박 등 굴뚝산업이 생산해 내던 제품의 대체제로 무형의 정
보가 선택되었으며 신속성이 정보의 생명이기 때문에 네트워크
화된 기술적 하부구조는 신경제 수립을 위한 필수가 되었다. 결
국 산업자본주의에 이어 무엇으로 경제적 가치를 창출할 것인가
라는 고민에 대한 답으로 이른바 신경제가 기획된 것이다.

　신경제는 두 개의 핵심 산업영역에서 구체화되었는데 정보기
술과 금융기술이었다. 인터넷 서비스 제공업체, 인터넷 기간 커
뮤니케이션 사업자, 오라클, 아도비 등 인터넷 솔루션 소프트웨
어 기업들, 야후, 이베이 등 포털과 중개 사이트 그리고 아마존
과 같은 거대 웹기반 비즈니스를 수행하는 기업들이 대거 등장
하고 막대한 이윤을 창출하면서 성장하였다. 새로운 경제체제
하에서 기업의 성공은 지식을 생산하고 정보를 가공하며 상징

들을 유통시킬 수 있는 능력에 의해 결정된다. 이런 맥락에서 본
다면 정보의 생산 및 확산과 불가분의 관계에 있는 디지털시대
미디어는 새로운 경제구조의 작동에 핵심적 역할을 하게 되는
것이다. 정보기술 발전과 병행해 전 지구를 하나의 시장으로 개
편해서 정보와 자본의 신속한 이동이 이루어지도록 해야 하는
필요성도 대두되었다. 로스작(Roszac, 1986)의 말처럼 시장의 최적
화를 위해 사회 시스템이 조직화되기 시작하는 것이다. 정부부
처, 연구기관과 싱크탱크, 미래학자 등 각계각층에서 정보기술
의 발전은 경제성장 동력 추진제가 될 일대 혁신이며, 새로운 정
치참여 모델을 제공하고 공동체 의식을 새롭게 재정비할 것이
라는 기대감을 강력하게 표출하였다. 이들은 생산성 향상과 정
치적, 경제적, 문화적 발전을 위해 정보기술의 활용을 적극 촉진
해야 한다고 주장하였으며 그 결과 새로운 경제의 스팀엔진
(steam engine)에 의해 소비되는 우선적 상품은 정보 그 자체라는
주장은 당연한 것으로 받아들여지게 되었다.[25]

2) 엘리트 그룹의 정보사회 기획

1980년대 정보기술에 거는 기대와 찬양은 1990년대로 들어
서면서 본격적으로 구현되고 대중화된다. 워싱턴 정가에는 사
이버스페이스(cyberspace)가 중요한 이슈로 등장하였다. 1992년
대선 때 빌 클린턴 전 대통령과 엘 고어 전 부통령이 내세웠던
주요 공약 중 하나는 전국적인 정보고속도로망을 구축하여 모

든 유권자의 집은 아니더라도 최소한 모든 지역들을 네트워크화 시키겠다는 것이었다.[26] 생산성 향상을 위한 경제적 도구로서 정보기술에 대한 열망은 국가적 차원 뿐 아니라 전지구적 정보 인프라 건설을 목표점으로 지향하였다. 국가정보인프라(National Information Infrastructure, NII)는 클린턴 행정부의 우선과제가 되었다. 당시 부통령 엘 고어가 책임을 맡았는데 그는 상원의원 시절부터 정보기반 구축의 주된 목표는 경제발전 촉진이라는 인식을 가지고 있었다.

한편 디지털미디어기술의 혁신과 채택, 확장 등에는 일련의 정치 · 경제적 과정이 뒷받침된다. 학교와 공공 도서관들은 월드와이드웹을 폭넓게 사용할 수 있도록 네트워크화되었고, 컴퓨터의 네트워킹 인프라는 국방성에 의해 뒷받침되었다. 대부분의 서구 사회에서 정부의 이러한 정책적 지원은 공통적으로 발견된다.

NII에 대한 강력한 지원은 경제 되살리기의 도구로 정보기술에 많은 기대를 걸고 있음을 보여 주는 부분이다. 미국 상무성의 한 자료는 "미국의 운명은 우리의 정보 인프라에 연결되어 있다"라고 천명하고 있다. 이 자료에 나타난 "(정보 인프라가) 미국 사회에 줄 수 있는 혜택은 엄청나다. NII는 미국 기업들이 전지구적 경제에서 주도권을 잡을 수 있도록 경쟁력을 부여할 것이고 미국인들을 위해 일자리를 창출할 것이며 국가의 경제성장을 가져올 것이다. 지리적, 경제적 지위라는 장벽을 완화시키고 미국인들에게 포부대로 자신들의 재능을 발휘할 수 있는 기회를 부여할 것이다." 등의 진술은 정보기술의 경제적 가치에 대한 판단이 이미 1990년대에 내려져 있음을 알 수 있다.

자유시장 가치관과 정보기술의 융합(convergence)은 신보수주의적 정치 아젠다에 의해 더욱 가속화되었다. 이 아젠다는 공익서비스에 속해 있던 영역들을 사기업화시켜 정부의 시장개입을 축소화하려는 아젠다이다. 정보기술과 경제 그리고 정치의 연합(fusion)은 깅그리치와 앨빈 토플러의 관계에서 상징적으로 드러난다. 역사학과 교수 출신의 정치인 깅그리치와 토플러는 '미래재단'의 회원으로 1970년대부터 미국의 미래를 예측하면서 오랜 친분을 쌓아왔다. 90년대 신자유주의의 기수인 깅그리치가 하원의장이 되자 토플러는 그의 고문이 되었다.

　　1995년 미 하원의장에 오른 깅그리치는 취임 직후에 새로운 의회의 컴퓨터 체계를 공개하는 대대적인 기자회견을 열어 정보사회를 향한 정가의 의지를 우회적으로 보여주었다. 여세를 몰아 "가상 미국에서의 민주주의"라는 주제의 워싱턴 간담회에서 깅그리치는 그의 지기인 저명한 미래학자 앨빈 토플러와 하이디 토플러를 동반하고 세계의 컴퓨터망 구축에 대한 광범위한 연설을 했다. "사이버스페이스는 지식의 땅이다. 그리고 그 땅의 개척이야말로 문명화된 사회의 가장 절실하고 진실한 사명이다"라는 그의 말은 정보 시대의 마그나 카르타(Magna Carta, 대헌장) 선언이었다. 새로운 광맥을 발견한 기업체들이 사이버스페이스 내에서 우위를 차지하기 위해 몰려들고 있었고 모든 컴퓨터 회사들과 통신사들, 출판사 및 은행 보험회사들 그리고 수백 개의 통신 판매 소매업자들이 인터넷에 등록하고 월드 와이드 웹에 전용 사이트도 개설을 개설하였다. 이들은 사이버스페이스가 21세기 경제 성장의 주된 동력이 될 것이며 적어도 주요한 추진력의 하나가 될 것이라고 믿었다.

눈을 돌려 우리나라 정보화를 살펴보면 서구 국가들과 마찬가지로 디지털 정보사회는 정부의 강력한 지원으로 기획된 성격이 강하다. 서구에서 공부를 하고 온 공학자들과 삼성과 같은 재벌 기업가들이 우리나라 디지털 기술의 발전을 기획하고 주도하였다. 미디어의 시작은 반도체와 디스플레이 기술의 역사와 궤를 같이 한다고 해도 과언이 아니다. 1970년대 삼성의 이건희 회장은 동양방송 이사로 재직하면서 자신의 사재를 털어 부도 위기에 처한 우리나라 최초의 반도체 기업 한국반도체를 인수했는데 후일 반도체 산업 30주년을 회고하는 자리에서 "… 당시 경영진이 위험하다고 만류했지만 천연자원이 없는 우리나라에서 기업이 살아남을 방법은 하이테크 산업 밖에 없다고 생각해 과감한 투자를 했다"고 진술하고 있다. 그러나 선견지명이 있는 젊은 경영인 단독의 혜안이라기보다는 선진국을 중심으로 논의되고 있는 정치적, 경제적 분위기를 이미 알고 있었기 때문이라는 것이 더 적절할 것이다.

우리나라 디지털 기술의 본격적인 발전은 1980년대 초반부터 시작되었다. 재벌기업들은 정부의 금융지원에 힘입어 DRAM부문에 집중적으로 투자하였고 첨단기술을 획득하기 위해 실리콘밸리에 진출하여 미국 반도체 기업을 인수하며 해외 인력 유치에도 열을 올렸다. 정부는 IT기술자립화를 위해 정부가 주체가 되고 IT 3사(삼성, 현대, LG)가 참여하는 한국전자통신연구원(ETRI)을 총괄 연구기관으로 하는 연구개발체제를 구축하였다. 1992년 삼성전자는 세계 최초로 64M DRAM 개발에 성공함으로서 디지털 강국의 초석을 마련하였다. 삼성의 성공은 정부의 기술개발 드라이브와 금융 및 재정정책에 의한 재벌에 대한 막대한 지원 그리고 재벌들의 강력한 사업추진 능력이 유기적으로 결합한 결과로 보아야 할 것이다.

1990년 노태우 정부 하에서는 "2000년까지 과학기술 선진 7개국에 진입하겠다"는 목표를 세우고 과학기술복권사업을 추진하였다. 이후 김영삼 정부와 김대중 정부의 대를 이어가면서 IT기술은 정부의 집중적인 지원과 관심을 받는 분야가 되었다. 1994년에는 정보통신부가 독립된 부서로 탄생하는 것은 IT기술 육성에 대한 국가적 관심이 얼마나 지대했는지를 잘 드러낸다.

가장 최근인 2011년 10월 대통령실 IT특별보좌관, 지식경제부, 방송통신위원회, 행정안전부, 문화관광체육부, 국방부, 국가정보화전략위원회, 정보통신산업진흥원, 한국전자통신연구원, 한국방송통신전파진흥원, 한국정보화진흥원, 한국콘텐츠진흥원, 정보통신정책연구원, 한국인터넷진흥원, 한국교육학술정보원 등 정부기관을 비롯해 KT, 네이버, LG CNS, 삼성SDS, SK C&C 등 IT업계, 학계와 연구계 등 국내 IT관련 최고의 전문가들이 모여 2020년 세계 최강 IT국가비전수립을 위해 출범시킨 'IT미래비전기획단'은 국내 IT브레인의 총집합체라고 해도 과언이 아니다. 이 기획단에 따르면 2020년 미래 사회는 융합화와 다양화가 메가트렌드로 자리잡게 되고 기술융합을 저해하던 요소들이 사라지면서, 전 세계가 네트워크를 통해 하나로 연결되며 진정한 오픈 이노베이션을 통해 하이테크의 전방위적 융합 현상이 가속화될 것으로 예상된다(디지털타임즈, 2012.03.08).

3.
우리나라 인터넷의 진화:
풀뿌리에서 시장으로

1) 초창기 풀뿌리 커뮤니티

초창기 인터넷은 모임은 전문 지식 공유와 BBS[27] 기능을 통한 소집단 모임, 친목도모 등 풀뿌리 통신망의 성격이 강했다. 풀뿌리적이라고 부르는 것은 기술혁신에 관심을 가진 사람들이 모여 새로운 형태로 소통하는 방식을 고안해 내며 소프트웨어 개선과 같은 다양한 실험을 하는 등 신기술의 가능성과 잠재력을 나름대로 실천하고 구현하려 했다는 의미에서 이다.

　모뎀을 이용하는 PC 통신 서비스 또는 사설 BBS에서 시작된 우리나라 인터넷은 월드와이드웹이 도입되기 전까지는 천리안, 나우누리, 하이텔과 같은 3대 통신사를 중심으로 한 커뮤니티에 기반을 두고 있었다. 각기 다른 통신사를 이용하는 사용자들끼리의 접속은 허용되지 않은, 즉 오늘날과 같은 네트워크화가 제대로 이루어지지 않는다는 제한점은 존재하던 시기였다. 전자우편, 게시판, 자료실, 대화방 등이 주된 기능이었으며 사용자들은 친목 외에도 각종 프로그램 개발과 공유 등 명실상부한 공동체의 모습을 강하게 보여주었다. 1991년에는 '호롱불'이라는 BBS가 개인에 의해 개발되어 BBS간의 네트워킹을 가능하게 함으로써 미국의 피도넷(Fidonet)에 견주어 손색이 없는 가상커뮤니티를 형성하는데 큰 기여를 하였다(강명구, 2007).[28]

　1990년경부터는 대형 용량을 제공할 수 있는 기업기반 상업적 BBS가 등장해 회원 수를 대규모로 확보하기 시작하였다. 접속과 속도, 용량 면에서 불편을 초래하던 기술적인 문제도 향상되고 사용자들도 급증하면서 각종 커뮤니티들이 본격적으로 형성되기 시작하였다. 동호회 문화가 꽃을 피웠다고 해도 과언이 아닌데 '취미/오락', '스포츠/레저', '교육/종교', '문화', '가정/친목', '전문/학술', '지역 동호회', '대학 동호회' 등 분류체계도 생겨나게 된다.[29] 그러나 음란물이나 상업적 소프트웨어 등을 유통시키는 사용자들에 의해 오락과 재미 위주로 흘러가는 물꼬를 마련하는 양상도 나타나면서 초기의 '개혁확산적' 성격을 퇴색시킨다는 우려가 제기된다. 한편 전자게시판의 일종으로 특정한 주제나 관심사에 대해 의견을 게시하거나 관련 분야에 대한 그림, 동영상, 실행파일, 데이터파일 등의 자료를 등록할 수 있는 전 세계적인 토론 시스템인 유저넷(User Network, 사용자 네트워크)도 널리 이용되었는데 전문지식에 대한 토론이 활발하게 일어나는 곳이었다.

2) 디지털 마켓플레이스로의 전환

우리나라 초기 인터넷이 공동체적 커뮤니티 의식을 가지고 학술적 자료나 기술관련 프로그램들을 공유하고 발전시켜 나가면서 개인주체의 자율성을 발휘할 수 있는 여지를 많이 보여주었다면 인터넷의 본격 상용화는 이 같은 개인의 역할을 상당히 제한하게 된다. 그리고 서비스 제공자가 미리 규정해 놓은 메뉴를 따르는 방식으로 사용방법이 정형화되어 간다. 1세대 웹기업의 대표라고 일컬어지는 야후식의 메뉴정렬 방식이 인터넷 기업의 전형으로 도입되면서 월드와이드웹 사용 포맷의 동질성을 촉진시켜 나갔기 때문이다. 오프라인 상에서 공항과 놀이공원, 쇼핑몰 등이 전지구적 표준화 양상을 보여주는 것처럼 온라인 세계에서도 정형화된 메뉴와 사용법이 보편화되었고 사용자들은 언제 어디서든 길 잃을 염려가 사라지는 것이다. 서구적 사고에 근거한 정보 분류방식이 우리나라 사람들의 사고체계에 녹아들면서 과연 어떤 영향력을 행사하는지에 대해서는 아직 본격 탐구된 바가 없지만 언젠가는 규명해 볼 필요가 있는 작업이다.

1996년 월드와이드웹 서비스가 가능해지고 1999년 초고속 인터넷이 제공되면서 PC통신 시대는 저물고 본격 인터넷 시대가 열리게 된다. 특히 다음(Daum)의 카페 서비스가 서비스 개시 1년 만에 450만 가입자를 모으며 대중적 인기를 모았고 프리챌은 대학생들에게 커뮤니티를 마련해 주어 인기를 끌었다. 그러나 2002년 SK텔레콤의 싸이월드를 필두로 대기업이 소셜 기능을 제공하게 되면서 인터넷은 본격적인 상업적 공간으로 정착하게 된다.

　　싸이월드 미니홈피, 네이버 블로그 등 2000년대 대규모 사용자들을 확보했던 소셜 플랫폼 서비스는 여러 가지 이미지나 아이콘 등을 사용해 자신의 정체성을 나타낼 수 있도록 하였다. 한때 온 국민이 하나씩 가지고 있었다고 해도 과언이 아닌 다음의 아바타 서비스가 함축하듯이 온라인상에 또 하나의 조정가능한 자아가 존재하는 새로운 경험을 전 국민이 공유하게 되었다. 현실과 아바타화된 자아의 일치도는 개인마다 차이를 보여주지만 아바타를 비롯한 온라인상의 정체성 표현을 위해서는 유료의 아이템 구매가 필수적이었다. 각종 시각적 아이콘, 뮤직, 글씨체 등 유료의 아이템이 없으면 아바타는 매우 밋밋하고 표현의 다양성을 가질 수 없도록 플랫폼 제공 기업들은 사용 방법을 사전에 규정하였다. 천리안, 하이텔 등 이른바 PC통신 시대에는 글이나 아이디명으로 자신의 정체성을 드러내보였다면 아바타와 미니미의 시대에는 아이디에 추가하여 유료로 구매하는 시각적, 청각적 아이템들이 사용자들의 정체성을 표현하는 도구가 되었다. 나아가 일촌, 서로 이웃 등 디지털 촌수와 디지털 지역사회까지 출현하였다.

누구나 헤엄칠 수 있는 정보의 바다를 만들기 위해 출발한 인터넷은 점차 정보의 시장으로 바뀌고 있다. 미국 등 서구의 사례이긴 하지만 각종 일간지나 잡지 등은 온라인 서비스를 유료화하여 클린턴이 천명한 '정보고속도로'의 통행료가 만만하지 않음을 보여주고 있다. 블룸버그 통신이나 로이터 등 금융뉴스 전문 통신사들은 금융 전문가의 칼럼들을 고가에 판매하고 있다. 정보가 곧 수익이 되는 금융시장에서 가진 자가 더 고급 정보를 얻을 수 있는 디지털 디바이드(digital divide)를 목격하고 있으며 정보의 부익부 빈익빈은 향후 더 심화될 전망이다. 한편 온라인 마켓 플레이스에서 가장 많이 판매되고 있는 정보의 종류는 각종 게임과 음란동영상 등 오락과 말초적 재미를 제공하는 감각적 정보이다. 자신이 원하는 것이 무엇인지를 알고 가장 현명한 결정을 내리는 합리적이고 이성적인 시장참여자로서의 개인이 가지는 자율성은 익명성과 고도의 감각적 자극이 주는 위협 앞에 흔들리고 있다.

4.
디지털 기술에 관한 신화적 담론들:
디지털 기술은 어떤 혜택을 주는가?

    기술이 대중화되기 위해서는 기술의 혜택은 무엇이며 일상에서 어떤 용도로 사용할 수 있는가에 대한 비전을 제시해야 한다. 구체적으로 '새로운 기술을 집단적으로 사용할 것인가 혹은 개인적으로 사용할 것인가?' '오락적 용도로 주로 활용할 것인가 아니면 교육적 용도나 사무적 용도로 주로 쓸 것인가?' '삶의 질 향상이나 문제해결에 기술이 어떤 방식으로 기여할 수 있을 것인가?' 등 기술의 다양한 역할과 목적에 대해 대중에게 알리고 동의

를 구축해 나가야 한다. 그래야 기술의 실생활 도입이 보다 빠르고 원활하게 일어나기 때문이다. 사람들은 변화나 혁신에 대해 심리적 거부감을 가지고 있는 경우가 많으며(이를 혁신저항이라고 부른다), 혁신저항을 제거하고 기술에 대한 우호적 태도를 형성하는 것이 기술 대중화에 있어 선결과제가 된다. 디지털 기술에 대한 담론은 누가 기술에 대해 말하는가에 따라 다양한 형태로 나타난다. 2000년대부터 우리 사회에서 현저성(salience)을 보여온 기술 담론들을 살펴보자.

1) 부를 창출하는 디지털

정부 부처들은 디지털 기술이 대한민국 사회와 국민들을 위해 무엇을 해 줄 수 있는가에 대한 청사진을 제공한다. 이 담론에 의하면 기술은 경제성장의 동력 혹은 추진제가 된다. 정보통신부는 2003년 'Bradband IT KOREA', '국민소득 2만 불 광대역 IT로 실현하자' 등의 슬로건을 내걸면서 IT는 국부의 원천임을 선언하였고 2006년에는 'Dynamic u-KOREA'를 영문비전으로, 'IT강국 기반으로 선진한국 도약'을 한글슬로건으로 교체해 동일한 담론을 생산하고 있다. 현재 방송통신위원회의 슬로건 '함께 누리는 세상, 스마트 코리아 구현'는 IT가 부의 공정한 분배에도 기여한다는 것을 강조하고 있다.

2012년 KBS가 통신사업자 KT의 후원을 받아 제작한 공익 광고 메시지는 우리나라 디지털 기술의 역사를 조명하면서 IT기술은 국부(national wealth)의 원천이 되어왔다는 주제를 중심으로 구성되어 있다. 광고 초반 도입부는 근대 경제성장의 동력이 되었던 자동차를 배에 선적하는 장면을 보여주면서 "자동차 수출을 통한 공업 입국 기반마련"이라는 자막이 뜬다. 연이어 비행기로 반도체가 외국에 수출되는 장면을 제시하면서 "반도체 수출을 통한 첨단산업 진입"이라는 자막이 나타난다. 경제 패러다임이 신경제로 넘어가는 것을 의미하는 동시에 대한민국이 첨단산업 국가 대열에 합류할 수 있었던 것은 IT기술이 기여를 했기 때문이라는 의미가 만들어진다. 다음으로는 아이돌 걸 그룹 달샤벳의 공연 장면과 이를 스마트폰으로 감상하는 소비자가 등장한다. 그리고 차세대 미디어로 각광받고 있는 Ustream[30]을 사용해 실시간으로 달샤벳 그룹의 공연을 보고 있는 직장 여성의 이미지가 등장한다. 화면 가득 클로즈업되는 Ustream은 스마트폰과 연동해 사용하는 실시간 스트리밍 서비스로 차세대 주력산업으로 거론되고 있는 기술이다. 걸그룹 달샤벳의 공연은 데스크 탑, 스마트폰, 공항의 대형 LED 화면 등 최첨단 기기들을 가로지르면서 보여짐으로써 일군의 IT기기들과 새로운 스트리밍 솔루션 기술이 구현하는 디지털사회의 이미지를 집합적으로 구성하고 있다.

홍미로운 것은 기술에 대한 담론은 끊임없이 관련 기술과 기기들을 상호 지시함으로써 특정 기술의 사회적 중요성을 강조하고 스스로를 발전 지향적인 것으로 정당화하는 양상을 보인다는 것이다. 예를 들어 많은 광고물들에서 스마트폰은 태블릿 PC, 다른 IT기기들과 무리를 지어 나타난다. 이 같은 제시를 통해 현대 사회에서 일련의 기기들이 집합적으로 중요한 역할을

2012년 KBS가 실시한 "대한민국 IT" 공익광고 장면들

Vedio	Audio
	내레이션: 하늘을 타고 세계로 　　　　　뻗어나간 메이드 인 코리아. 자막: 반도체 수출을 통한 　　　첨단산업 진입
	내레이션: 이제는 IT를 타고 　　　　　세계로 뻗어가는 　　　　　메이드 인 코리아.
	자막: 전 세계 약 23억 조회수의 　　　한류 콘텐츠
	내레이션: 우리 문화를 세계로 　　　　　실어나르는 힘 자막: 우리 문화를 세계로 실어 　　　나르는 힘
	내레이션: 대한민국 IT 자막: 대한민국 IT
	내레이션: 전 세계로 뻗어가는 　　　　　코리아를 위해 대한민국 IT가 　　　　　함께 뛰고 있습니다.

담당하며 기기를 뛰어 넘는 접속이 중요하다는 의미를 생산하는 사례 같은 것이다.[31]

광고 마지막 부분은 서구의 한 가정에서 인터넷을 통해 비빔밥 레시피를 보고 따라하고 있는 장면 그리고 어느 나라인지 분명하지는 않지만 공항 라운지의 달샤벳 공연을 담은 초대형 디스플레이 화면으로 마무리된다. 비빔밥에 대한 세계적 관심이나, 외국 공항 스크린에 크게 뜨는 한국 스타의 이미지를 통해 IT는 경제적인 이익 뿐 아니라 대한민국 국가 이미지와 위상 제고를 가져다주는 기여를 하고 있음을 나타낸다. 마지막에 제시되는 자막 "전 세계로 뻗어가는 코리아를 위해 대한민국 IT가 함께 뛰고 있습니다"는 각종 다양한 IT솔루션 서비스와 기기들이 존재함으로써 대한민국의 경쟁력이 전지구적으로 강화된다는 결론을 자연스러운 것으로 만들고 있다.

허만과 촘스키(Herman & Chomsky, 1988)에 의하면 국익(national interest)은 모든 이해관계에 선행하는 가치관이며 한 사회 내부의 각종 반대와 갈등을 초월해 여론을 결집하는 명분이 된다.[32] 스토리 전반에 걸쳐 IT산업은 국가 경제를 견인하는 핵심 산업으로 의미화 되는데 IT가 국부의 원천임을 강조함으로써 인터넷 중독, 사생활 침해, 빈부에 따라 다르게 누리는 정보의 질 등과 같은 IT시대의 문제는 사소한 것이 되거나 주변화된다. 또한 IT 기술로 인해 누가 혜택을 누리는가에 대해서도 침묵하게 된다. 조깅을 하면서 스마트폰으로 걸그룹의 공연을 보는 광고 속 여성처럼 대다수의 국민들은 콘텐츠의 소비자로 기술을 위한 시장 역할을 하는 데 그치고 있으며 각종 신기술이 가져다 준 라이프스타일을 자의반 타의반으로 수용해야 한다는 사실도 은폐된다. 처음부터 일관성 있게 등장하는 달샤벳 공연처럼 문화는 엔터테인먼트와 거의 동일시 되는 양상을 보여주는데 그 결과 상업적인 이윤을 창출할 수 있는 소재나 표현 양식이 바람직한 문화라는 인식을 배양할 위험이 존재한다.

2) 가족의 유대를 강화시키는 디지털

초고속 인터넷 서비스가 본격적으로 확산되고, CDMA 기술 대중화로 이동통신이 상용화되면서 기업들은 디지털사회가 가져다 줄 미래에 대한 담론들을 생산하는 주체가 되었다. 기업 담론의 대표적 형태는 디지털 기술이 해체되어 가는 인간관계를 복원하고 도농간, 세대간 단절을 봉합할 수 있는 마법의 처방전이 될 것이라는 약속이다.

2000년대 초반부터 디지털 기술이 전통적인 가치관과 인간관계 유형을 강화시켜 줄 수 있다고 역설하는 담론들이 체계적으로 생산되기 시작하는데 삼성의 '또 하나의 가족' 시리즈 광고나 SK의 '사람과 사람, 커뮤니케이션' 시리즈 등이 대표적인 사례이다. 이러한 캠페인들은 디지털사회의 궁극적 비전은 인간관계 회복임을 일관성 있게 강조하고 있다.

2002년 3월부터 시작된 '또 하나의 가족' 시리즈가 보여주는 핵심 주제는 가족 간의 사랑이다. 삼성이 이미지화 하는 디지털 시대 가족은 일상에서 흔히 목격하는 산업사회의 가족보다 더욱 전통적인데, 할아버지와 아버지, 손주 3대로 구성되는 요즈

음엔 찾아보기 힘든 전통적 대가족이다. 이들은 번잡한 도시가 아닌 목가적인 농촌을 배경으로 등장하거나 도시를 벗어나 농촌으로 찾아가는 모습들로 그려진다. 고향을 연상시키는 전원에서 가족애를 돈독히 할 수 있도록 해주는 매개체는 다름 아닌 디지털 기기이다. 가족 간의 사랑이 화상통화 등과 디지털 기술을 매개로 해서 복원되고 또 강화되는 것이다. 광고텍스트는 시원한 정자 그늘에서 마을 노인들과 신나게 장기를 두는 할아버지의 모습으로 시작한다. 할아버지 주변을 맴도는 손주와 주변에서 훈수를 두는 노인들이 만들어 내는 활기찬 분위기는 어릴 적 기억 속에 존재하는, 1차적 인간관계가 중심이 되는 커뮤니티의 모습을 시각화하고 있다.

이런 이미지는 실제 농촌사회에서는 찾아볼 수 없는 이상적인 노스텔지어적인 시골의 모습이며 디지털 담론은 실재보다 더 실재같은 이상적 사회를 약속하고 있다. 영상동화 단말기를 통해 된장찌개가 다 끓었다며 며느리는 전화를 걸고, 전화 속 된장찌개의 맛깔스러운 모습에 할아버지는 다 이기고 있던 장기판을 포기하고 집으로 돌아간다. 평상에 할아버지 가족과 동네 어른들이 둘러앉아 며느리의 된장찌개를 나눠먹는 모습을 비춰주며 "마음까지 이어주는 디지털 세상, 또 하나의 가족 삼성 전자"로 마무리되는 이 광고는 신기술이 결코 농촌과 노인들을 소외시키지 않을 것이며 모바일 기기는 오히려 소외를 해소시켜주는 새로운 가족 구성원이 될 것이라는 디지털시대의 모습을 신화적으로 가시화시켜 제시한다.

3) 일상에 대한 통제력을 가져다주는 디지털

디지털시대에 대한 기업 담론 중 두드러지는 것은 여성들이 누리게 될 디지털 기술의 혜택이다. 주로 가전제품과 아파트가 중심이 되어 여성이 경험하게 될 디지털사회의 모습을 그려내고 있는데, 광고 속 디지털사회는 일상의 가사노동이 각종 첨단 기기에 의한 완벽하게 통제되는 일종의 노동자유구역이다. 광고에 등장하는 여성들은 여왕의 메타포를 빌려 재현되는데, 모델의 의상 자체도 하늘거리는 드레스 일색이려니와 주인공은 여왕에 못지않은 파워를 가지고 일상을 통제한다. 그 파워를 가져다주는 것은 물론 첨단 디지털 기술이다.

기업이 구성하는 디지털 담론에서는 그간 사적 영역에서 여성이 맡아왔던 의무가 완전히 사라져 눈에 보이지 조차 않는다. 돌보아주어야 할 가족 구성원도 존재하지 않는다. 가정의 의무에서 벗어난 여성에게는 유희적 활동만 있을 뿐이다. '하우젠' 에어컨 앞에서 나른하게 기지개를 켜다가 권태를 잊기 위해 유리잔 속에 얼음을 던져 넣는 놀이를 하거나 휘센 바람에 드레스를 날리며 살며시 미소지을 따름이다.

보다 최근에는 김연아가 등장해 '싱싱 불어라 시원하게 불어라' 노래를 부르며 하우젠 바람 속에 댄스에 빠지고 있고, 손연재는 '바람을 아는 휘센' 에어컨 앞에서 리듬체조를 한껏 즐긴다. 기기와 여성들 사이에는 아무런 상호작용도 나타나지 않는다. 스스로 모든 것을 알아서 기능하는 인텔리전트 가전제품 덕분에 여성의 일상은 완벽한 자유와 질서를 갖추게 되는 것이다.

지금은 광고에서 찾아보기 힘들지만 한때 정보화 인프라를 갖춘 아파트가 붐을 이루었을 시기, 기술을 통한 일상에 대한 통제는 최고조에 달하는 양상을 보여 주었다. 언제 어디를 가더라도 가정에서 여성의 의무를 원터치로 완수할 수 있는, 이른바 '인텔리전트 라이프'가 디지털시대 주거가 제공하는 삶의 방식이라고 묘사된다. 퇴근길에 운전하면서 홈 네트워크에 연결해 현관의 불을 켜고, 세탁기를 가동하고, 창가의 버티컬 커튼을 열고, 스테레오를 작동시키는 파워가 여성에게 주어진다. 나아가 디지털 주거의 세계에서는 직장생활을 하는 대다수 여성에게 스트레스의 원천이 되는 퇴근 후 가사노동이 완전히 통제 가능한 것으로 재현된다. 대우의 '푸르지오' 아파트의 주부는 손짓 하나로 조명의 밝기를 자동 조절하고, 부엌 조리등의 높낮이까지 조절하는 마법에 가까운 파워를 가진 것으로 묘사된다.

　이처럼 디지털화된 아파트에서 여성의 삶은 가사 노동과는 완전히 분리되며, 나아가 가사노동과 여성은 서로가 서로에게 타자가 되는 경지까지 나아가게 된다.

4) 재미의 원천 디지털

　보다 젊은 사람들을 대상으로 하는 디지털 담론에서는 즐거움과 유희를 일상의 중요한 가치로 부각시키고 있다. 디지털사회에서는 엄숙함이나 진지함은 크게 각광받지 못한다. 일과 놀이의 구분이 사라지고 모든 활동에는 재미와 즐거움이 동반되어야 한다. 산업자본주의에서는 유희나 즐거움이란 힘든 노력에 대한 보상이었다. 그러나 디지털 세상에서는 유희와 즐거움은 오직 그 자체로서 높은 가치를 가진다. 목표를 성취하면서 맛보는 기쁨이나 희열하고는 다르다. 완성이나 성취와는 무관하게 다양한 활동 자체를 즐김으로서 느끼는 충족감이 중요한 세상이다.

　재미는 독일 시인 프리드리히 실러(Friedrich Schiller)가 '유희충동'이라고 부르는 디지털시대의 감성코드이다. '디지털 익사이팅'과 같은 광고카피에서 드러나듯이 즐거움은 적극적으로 추구해야 할 하나의 가치가 되며, 설령 노동이 수반되지 않는 즐거움이라 할지라도 아무런 죄책감을 동반하지 않는다. 음악과 댄스는 가장 손쉽고 널리 퍼져 있는 즐거움의 원천이다. 그루브가 넘치는 댄스, 힙합 등은 자기표현의 수단이며, 기성세대의 권위에 대항해 자유를 누리는 공간으로 널리 각광받는데 이 같은 장을 펼쳐주는 것은 아이팟, 휴대폰 단말기 그리고 디지털 음원 서비스 등이다. 재미를 얻기 위해서는 활동 그 자체를 자유롭게 즐기는 것이 중요한데 각종 이미지와 동영상, 음악을 자기 취향대로 생산하고 편집하며 공유할 수 있게 해주는 모바일 디지털 기기들이야말로 가장 중요한 재미의 원천이 된다. 최근 소셜미디어의 급성장과 더불어 소셜네트워크게임(SNG)이 널리 성행하는 것도 재미에 길들여진 디지털시대 대중들의 정서가 SNG에 열광적으로 반응했기 때문이다. SNG는 기존에 맺은 인간관계를 바탕으로 소셜미디어 상에서 친구나 지인과 함께 친밀감을 강화하기 위해 즐기는 게임이다. 카카오톡게임 애니팡은 200만 명이 동시접속해 '소통'을 즐긴다. 친밀감과 유대감 강화를 다름 아닌 게임을 통해 이루겠다는 사고는 재미가 우리 일상을 구성하는 씨실과 날실의 짜임에 이미 올올이 엮여 들어가 있음을 나타낸다.

그런데 디지털 담론에서 유희와 재미는 집단 활동으로 제시되기 보다는 철저히 개인행동으로 묘사된다. 광고나 뮤직비디오 등에 등장하는 일군의 사람들은 춤을 추고 있어도 각자 사용하는 기기는 각기 다른 음악을 제공하는 듯 보이고, 사람들 사이에 정서적 교감이나 눈 맞춤은 존재하지 않는다. 삼성 애니콜 광고에서 웨이브댄스를 추면서 강의실에 들어서는 문근영은 언뜻 보기에도 혼자만의 세계에 푹 빠져 있다. 강의실의 다른 학생들도 모두 일어서서 각자의 춤을 추고 있지만 이들의 춤은 군무가 아니고 개인무다. 여기서의 소통은 사람과 사람 사이에 일어나는 것이 아니라, 사람과 기계가 제공하는 재미 사이에 일어난다.

유희의 세계에서는 즐거움을 제공하는 원천은 사람들끼리 나눠가지는 정서적 공감대가 아니고, 디지털 디바이스가 제공하는 각종 콘텐츠와 그 콘텐츠를 즐기게 해주는 기기들인 것이다. 이 같은 디지털 담론은 각종 기기들이 기본적으로 개인주의적인 사용을 염두에 두고 디자인되었기 때문에 생겨난다. 검색, 음악듣기, 사진촬영, 게임, 채팅 모두 디지털 기술의 개인화된 소비인 것이다. 앞서 살펴본 텔레비전에 대한 레이몬드 윌리엄즈의 논의처럼 개인화된 사용은 보다 많은 기술소비를 권장할 수 있어 이윤극대화가 목적인 기업의 이해관계와 일치한다.

5) 개인주의와 시장에 대한 찬양: 내 손안의 작은 시장, 스마트폰

인터넷 서비스 제공자들의 상업적 마인드는 스마트폰에도 그대로 계승된다. 그리고 상업성은 좀 더 강화되었다. 레이몬드 윌리엄즈의 주장을 빌면 이 시대 새로운 자본주의는 시장을 형성하고 공고히 하기 위해 고안된 일련의 기기들에 근간을 두고 있으며 자본주의 버전의 사회는 오로지 이윤을 추구하는 시장이다.[33] 신자유주의 사회에는 시장경제와 시장사회 간의 명확한 구분이 없다. 단지 시장만이 존재할 따름이다. 같은 맥락에서 프리드만(Friedman, 1980)은 신자유주의 사회에 걸맞는 덕목을 갖춘 사람을 다음과 같이 묘사하고 있다 "신자유주의 사회에서 바람직한 인물은 자신과 관련된 시장에 대해 접근권을 가지고 있으면서 시장에서 능력있는 주체로 기능할 수 있는 사람이다. 이 사람은 자유시장 참여가 가져올지도 모르는 각종 위험을 기꺼이 감수할 자세가 되어 있으며 시장참여가 야기시키는 급속한 변화에 발 빠르게 대응할 수 있는 사람이다."[34]

스마트폰은 2004년 RIM(Research in Motion)이 출시한 블랙베리가 제공하는 푸싱 이메일(pushing email)[35]이 사무직 종사자들에게 큰 환영을 받으면서 확산되기 시작하였다. 오바마 미국 대통령도 블랙베리폰의 열렬한 사용자로 선거운동 내내 홍보와 시민 의견수렴 도구로 블랙베리폰을 사용할 정도로 워싱턴 정가의 주요 인사들에게는 요긴한 조력자였다. 블랙베리폰은 이메일처럼 간단하고 실용적인 기능만 제공하고 있으나 2008년 7월 애플사가 아이폰을 출시하면서 각종 복합적인 기능들의 집합체로 재탄생한다. 삼성경제연구소 CEO 보고서는 스마트폰 활용의 핵심은 다양한 애플리케이션을 이용할 수 있는 '애플리케이션 스토어에 있다'라고 보고하고 있는데 이 '스토어'란 용어에 주목할 필요가 있다. 스토어는 사고팔고 거래행위가 이루어지는 곳으로써 시장을 상징하는 대표적 용어이다. 디지털 기술의 최신 결정판이라고 할 수 있는 스마트폰의 메뉴를 살펴보면 T Store, T Store Book, Play store 등 시장의 메타포를 가지고 온 것들이 많다. 앱스토어는 온갖 종류의 거래가 발생할 수 있는 장터 마당이다. 뿐만 아니라 이미 유료화되어 지명도를 얻고 있는 멜론 등의 음원서비스와 유료 기능들 역시 즐비한데 여기서 IT 기술이 지향하는 가치가 분명하게 드러난다. 스마트폰 자체가 작은 휴대용 시장이다. 그리고 애플리케이션은 모든 사람에게 자신의 아이디어와 재능을 판매할 수 있는 장의 역할을 자처함으로써 마켓이데올로기를 심화시킨다.

앞서도 말했지만 스마트폰을 다른 기기와 차별시켜 주는 것, 스마트폰을 스마트하게 만들어 주는 것은 다름 아닌 각종 애플리케이션들이다. 사용자들이 스스로 고안한 애플리케이션을 공유함으로써 스마트폰의 성격을 규정해 나갈 수 있다는 것이 스마트폰의 혁신적 취지이다. 정치, 교육, 교양, 자기계발 등 사용자들은 원하는 것은 무엇이든 고안해서 올릴 수 있다. 애플이나 안드로이드는 자체적으로도 애플리케이션을 제공하지만 그보다는 외부의 프로그램 개발자들에게 장소를 제공하는 역할을 더 비중있게 수행한다. '애플리케이션 저장고'나 '애플리케이션 꾸러미' 등 시장적 함의로부터 자유로운 단어들이 있음에도 시장을 선택한 것은 스마트폰 자체가 시장오리엔테이션을 가진 기기임을 직접적으로 선언하고 있다.[36) 애플리케이션을 통해 '혁신 = 판매용'이라는 시장 이데올로기가 공고화되는 것이다. 앱스토어는 하비(Harvey, 1992) 등의 학자들이 강조하고 있는 신자유주의의 미덕인 개인의 기업가정신(entreprenureship)이 실제로 구현되고 있는 현장이다.[37) 다음의 신문 기사는 시장 호환적인 가치관 변화를 잘 설명하고 있다.

아이폰을 사용하는 김씨가 1달러의 유료 어플을 구매하고 내려 받아 사용하면, 어플 개발자에게 일정 비용이 전달된다. 물론, 어플을 내려 받는 '앱스토어'를 운영하는 애플도 일정 부분 이득을 얻는다. 즉, 아이폰을 개발한 애플은 어플을 사고 팔 수 있는 장터(앱스토어)를 제공하고, 판매자는 해당 장터에 물건(어플)을 판매하며, 최종적으로 소비자가 이를 구매하는 순환 방식이 형성되는 것이다. 이러한 모바일 생태계는 새로운 산업이 발전할 수 있는 근간이 되고 있다. 천만 사용자를 돌파한 카카오톡도 마찬가지다. 스마트폰의 특징인 언제 어디서든지 인터넷을 이용할 수 있다는 장점을 이용해 지금처럼 많은 사용자를 확보할 수 있었다. 스마트폰에 카카오톡을 내려받은 사용자는 비싼 문자(휴대폰 단문 메시지, SMS)가 아니라 저렴한 카카오톡 메시지를 이용하게 되는 것이 당연지사다. 물론 카카오톡 역시 지금에 이르기까지 많은 노력을 아끼지 않았다. _ 스포츠동아, 2011.04.11 "카카오톡 사용자 천만시대 그들이 생각하는 미래"

카스텔은 '우리는 여기 시장을 위해 존재하고 사람들은 경쟁하기 위해 존재한다'고 신자유주의 시장을 설명하고 있다. 사람들이 시장을 위해 존재하는 것이지 시장이 사람을 위해 존재하는 것은 아니라는 것이다. 시장에 참여하는 것은 바람직한 것이며 개개인은 자신의 삶을 스스로 꾸려가는 자영업자/기업가이고 그와 같이 행동해야 한다. 개인 한 사람 한 사람이 기업이 되어야 한다는 신자유주의 정신은 데이비드 하비의 신자유주의 정의에도 잘 드러나고 있다.

신자유주의는 사유재산권, 자유시장 그리고 자유무역 등으로 특징화할 수 있는 제도 속에서 개인이 가지고 있는 기업적 자유와 역량이 해방될 때 인간의 웰빙이 가장 진보할 수 있다고 믿는 정치경제적 실천에 관한 이론/담론이다. 국가의 역할은 그같은 실천에 가장 적합한 제도적 틀을 만들고 유지하는 것이다. 국가의 역할을 예로 들지면 통화의 품질과 가치(integrity)를 보장하는 것이 될 수 있다. 국가는 또한 사유재산권과 시장의 기능 보호와 보장하는데 필요한 군사, 국방, 정책적, 법적 구조와 기능을 조직(set up)하는 데 있다. 필요하다면 무력을 사용할 수도 있다. 더 나아가 만약 시장이 존재하지 않는 영역, 예를 들어—토지, 물, 교육, 건강의료, 사회안전, 환경오염 등—이 있다면 이들 영역에서도 국가 주도로 시장은 개척되어야만 한다. 그리고 이 모든 과업보다 우위에 있는 원칙은 시장에 대한 국가의 개입은 최소한에 머물러야 한다는 것이다. _ Harvey 2007:2

친교, 오락, 레저 모두 돈을 지불하고 구입할 수 있는 것이라는 가치관을 확산시키는 것과 더불어 스마트폰은 매우 개인주의적 가치관을 전파한다. 대다수의 메뉴는 기기와 개인의 상호작용을 독려한다. 공장 출고 상태로 스마트폰을 사용하는 사람은 거의 없으며, 메뉴화면 구성도 개인마다 각기 다르다. 패턴이나 숫자로 잠금해제하는 방법도 제각각이며 테마를 설치하는 등 자기 스타일대로 기기를 튜닝한다. 기기 자체의 기능도 집합적이고 공동체적인 사용보다는 개인적인 사용을 장려한다. 자신의 플레이 리스트에 맞춰 음악을 다운로드하고, 원하는 이미지로 단말기를 꾸미며 일종의 자아정체성 표현 수단으로 사용하는 양상을 보여준다(Marshall, 2006).

사용자는 스마트폰을 소유함으로서 혼자서도 잘 놀 수 있고 독립적으로 문제를 해결할 수 있으며 각종 욕구와 필요를 충족시킬 수 있는 사람들이 된다. 소통은 사람과 사람 사이에 일어나는 것이 아니라, 사람과 기계가 제공하는 재미 사이에 일어난다고 해도 과언이 아니다. 그렇기 때문에 스피드가 강조된다고 할 수 있다. 1990년대 말과 2000년대 초입의 정보사회 진입기 담론들이 가족이나 커뮤니티를 강조했다면 2010년도의 스마트폰 담론들은 개인주의를 강조하는 양상을 보이는 것 역시 신자유주의의 심화와 무관하지 않다. 시장에서 경쟁은 가족 단위나 커뮤니티 단위가 아니라 개인들 간에 이루어지며, 뒤의 장들에서 살펴보겠지만 경쟁에서 승리하기 위한 온갖 자기계발, 역량 강화 역시 개인 차원에서 책임져야 할 의무가 되어가고 있기 때문이다. 새로운 경제 패러다임이 스마트폰을 낳았고, 스마트폰은 사용자 개개인을 신경제의 적극적 실천자로 만들어 가고 있다.

5.
디지털
기술 사용자들

1) 오락과 재미의 추구

앞서 논의한 바와 같이 기술과의 관계에서 인간은 나름대로
사용 선택권을 가진다. 그리고 기술 발전의 방향에 개인들이 뜻
하지 않던 기여를 할 수 있는 여지도 있다. 가정용 컴퓨터가 처
음으로 등장했던 1980년대 초반의 컴퓨터 기술은 교육적 도구
로서 컴퓨터가 지니는 잠재력을 강조하면서 가족 간의 공동 사

용을 통해 보다 긴밀한 가족 결속을 대중에게 약속했다.[38] 그러나 오늘날 컴퓨터가 사용되는 방식을 살펴보면 개인적 사용이 지배적이며 1980년대 초반의 예측은 '그렇게 되었으면'이라는 이상적 컴퓨터 사용 방법을 담고 있다는 것을 알 수 있다.

디지털 텔레비전이 시장에 도입될 때도 교육적 목적에 무게를 두는 유럽식 방식과 화면의 시각적 선명도 및 이동성을 강조하는 미국식 방식의 두 가지 용도가 가능했지만 우리는 교육적 잠재력을 극대화하는 방식을 선택하는 대신 화질을 선택했고, 그 결과 디지털 텔레비전은 보다 더 오락적인 매체로 변모하였다. 최근 3D 텔레비전 출시는 오락성이 정서적 차원을 넘어 실제 육체적 경험까지 확대되고 있음을 보여준다.

스마트폰을 비롯한 디지털 기술을 사용자들이 일상에서 어떤 방식으로 수용하고 있는가를 살펴보면 오락적 사용이 지배적이다. SNS나 각종 애플리케이션을 통해 시민사회를 구현할 수 있는 가능성도 이론적으로는 얼마든지 가능하지만 실제 사용은 개인적인 재미 추구가 대세이다. 즐거움은 디지털사회의 가장 강력한 코드 중 하나이며 모든 일이나 상황에서 사용자들은 재미와 오락을 추구한다. 기술 역시 기능인 동시에 즐거움이다. 사람들은 기술에 익숙할수록 점점 더 많은 기술을 찾는다. 다음 표에서처럼 각종 스마트폰 광고가 묘사하는 스마트폰의 용도를 집계해 보면 게임, 음악, 사진과 동영상 등 오락적 기능이 지배적인 양상을 보여준다. 각종 신기능 업무에 대한 강조는 스마트폰이 다양한 IT기기들과 호환을 이루면서 함께 소비되는 것이 바람직하다는 의미를 만들어 낸다. 업그레이드된 업무처리기능은 스마트폰을 소유하게 되면 사용자는 매력적이고 세련된 존재가 될 수 있으며, 인간적 소통의 부각은 스마트폰이 생활 속에 사랑과 따스함, 여유, 각종 편의를 가져다 줄 수 있는 기술이라는 해석을 가능하게 한다. 이 같은 의미에서 주변화되고 있는 것은 스마트폰 사용자들이 스스로 기능을 만들어 갈 수 있고 공유할 수 있다는 사용자 자율성에 대한 믿음이다.

대중문화 산물에 나타난 스마트폰 기능 (광고의 사례)

광고 속 스마트폰 기능	순위
오락: 영화, 동영상, 사진, 음악, 게임, 영상편집	1위
신기능: 증강현실, 와이파이, 음성인식, 어플리케이션 소셜허브, 스캔서치, 테더링, 무전기 기능, QR코드	2위
업 무: 정보 검색, 브리핑, 파일전송, 문서편집, 메일, 예약, 주식거래	3위
인간적 소통: SNS, 화상전화, 문자	4위
불분명/기타	7(6.7)
계	104(100.0)

※2010년에서 2012년까지 텔레비전에서 방영된 104편의 스마트폰 광고를 저자가 분석한 결과이다.

애플리케이션 사용 패턴 역시 오락이 지배적 용도임을 보여준다. 2011년 방송통신위원회와 한국인터넷진흥원의 설문조사 결과, 청소년은 게임·오락(89.8%)과 음악(51.3%) 앱을 선호하고, 성인은 지도·내비게이션(48.3%), 금융·증권(36.5%) 등 실용적인 앱을 주로 설치하는 것으로 드러났다. 아이폰이 자체적으로 조시한 애플리케이션 다운로드 숫자도 유사한 양상을 보여준다. 다운로드 수 상위 10위 유료 애플리케이션은 9개가 게임이며 1개가 원활한 아이폰 사용을 위한 보조 기능들이다. 무료 애플리케이션의 경우 페이스북과 팬도라 등 친교 기능을 제공하는 것들이 상위권을 차지하는데 이 역시도 넓게 보면 오락적 성격으로 분류할 수 있다.

iPhone 인기 어플리케이션 Top 10 (2012. 3월 현재)

iPhone 유료 애플리케이션 Top 10	iPhone 무료 애플리케이션 Top 10
1. Doodle Jump: 게임.	1. Facebook
2. Tap Tap Revenge 3: 게임.	2. Pandora
3. Pocket God: 게임	3. Google Mobile App.
4. Angry Bird: 게임	4. Shazam
5. Tap Tap Revenge 2.6	5. Movies by
6. Bejeweled 2 + Blitz: 페이스북 연동 게임	6. The Weather Channel
7. Traffic Rush: 게임	7. Google Earth
8. Tap, Tap Revenge Classic: 게임	8. Bump
9. AppBox Pro.: 유틸리티, 자질구레한 기능들 모음	9. Skype
10. Flight Control: 게임	10. Paper Toss

아이폰은 애플리케이션 다운로드 순위를 자체 집계를 하고 있으나 안드로이드는 별도의 순위집계 서비스를 제공하지 않고 있다. 저자가 '갬순이' 등 각종 애플리케이션 다운로드 사이트를 직접 방문하여 5백만 회 이상의 다운로드 기록을 보여주는 애플리케이션들을 선택하여 연령별로 분류한 결과 전 세대에 걸쳐 재

미와 오락이 지배적임 양상을 발견할 수 있었다. 각 세대 별로 가장 다운로드수가 많은 애플리케이션을 정리해 보면 다음과 같다.

• 10대가 좋아하는 애플리케이션
_ 네이버 웹툰과 음악 및 동영상 다운로드용 4shared

네이버 애플리케이션은 천만 건 이상의 다운로드 횟수를 기록하며 애플리케이션 순위 1위에 올랐다. 스마트폰 이용자라면 남녀노소를 가리지 않고 모두가 사용하는 네이버 앱이지만 그 중에서도 네이버 웹툰 앱은 이미 5백만 회 이상이 다운되었으며 각 요일마다 업데이트되는 웹툰은 실시간 검색어에 오르는 등 검색 엔진 1위의 효과가 애플리케이션 다운로드에도 전이되고 있다. 네이버 웹툰 애플리케이션의 사용자 비율을 보면 10대

음악과 동영상을 제공하는 스마트폰 앱 4shared

33%, 20대 23%, 30대 16%, 40대 20%로 10대의 사용비율이 다른 연령대에 비해 확연히 높게 나타난다.

4shared는 음악과 동영상을 다운받을 수 있는 애플리케이션이다. 한국은 콘텐츠를 생산하고 공유하는 문화가 어느 나라보다도 잘 발달해 있어 사용자들끼리 주거니 받거니 하는 4shared 앱은 우리나라 사용자에게 더 없이 유용한 애플리케이션이라 할 수 있다. 4shared 앱은 3천만 개 이상의 파일을 제공하고 있는데 이 역시 10대 38%, 20대 22%, 30대 8%, 40대 22%로 10대의 사용비가 가장 높게 나타난다. 10대는 스마트폰의 세계에서 만화나 동영상을 보고 음악을 들으면서 시청각적 자극에 점점 민감해져 가고 있다.

• 20대가 좋아하는 애플리케이션
_ 푸딩얼굴인식과 Hi There

'푸딩얼굴인식' 애플리케이션은 닮은 연예인을 찾는 게임이다. 기존에 있던 사진이나 즉석에서 찍은 사진을 분석해 어떤 연예인을 닮았는지 순위별로 보여주고 몇 퍼센트의 일치를 보이는지 나타내 준다. 또한 얼굴인식 결과를 토대로 '닮은꼴 슈퍼스타에 도전하기'나 '닮은꼴 슈퍼스타 투표 및 랭킹' 서비스를 제공해 사용자간 결과를 공유하는 이벤트를 열기도 한다. 이 애플리케이션은 2011년 12월까지 다운로드 횟수가 5백만 회를 넘어서고 있다. 닮은 대상은 연예인이나 유명 스포츠스타 등 누구나 선망하는 사람들인데 푸딩얼굴인식 앱이 제공하는 결과의 신뢰도는 크게 중요하지 않다. 단지 셀레브리티와 닮았다는 결과에서 맛보는 재미와 만족감이 중요하다. 타인에게 존재감을 드러내고 싶어 하는 디지털세대에게는 연예인을 닮았다는 결과와 그것을 공유하는 활동은 자기과시의 사회적 욕구를 충족시키기 때문에 열렬히 환영받는다. 20대의 한 여성은 "김사랑! 100프로!!!! 우와와와~!! 쌩얼 사진 넣었는데! 김사랑 씨… 보고 있나요?" 또 다른 여성은 "젤루 많이 나오는 연예인은 애프터스쿨의 주연이예요. 어디가 닮았을까요?"라는 반응을 보이면서 자신이 유명 연예인을 닮았다는 결과를 은근히 과시하거나 흥분하고 있다.

한편 '하이 데어(Hi There)'는 페이스북이나 트위터와 유사한 SNS인데 온라인상에서 만난 사람들과 이야기할 수 있고 실시간으로 게시물을 올리면서 즉각적인 답글을 얻고 이야기를 이어나갈 수 있도록 하는 서비스를 제공한다. 기존의 SNS와 차이점이 있다면 인근에 있는 사용자들을 지도 위에서 만나 이야기를 나눌 수 있다는 것이다. 물리적으로 인접한 거리에 있는 사람들에게 위치를 알려줌으로서 즉석만남 등의 기회를 부여할 수 있다. 하루에 평균 20만 명이 방문하고 300만 개가 넘는 게시물이 등록되는 등의 인기를 누리고 있는 애플리케이션이다. 이 애플리케이션은 20대의 다운로드 횟수가 다른 연령대와 확연한 차이를 보여준다. 20대 다운로드는 전체의 55%이며 다음으로는 30대의 22%, 10대의 9%였다. 애플리케이션 사용으로 판단해 보면 20대는 자신의 외모, 다른 사람과의 친교를 목적으로 스마트폰에 열중한다고 할 수 있다. 다음 장들에서 살펴보겠지만 확산되는 나르시시즘, 즉각적이고 목적지향적으로 가고 있는 인간관계 등 디지털 신자유주의의 새로운 가치관과 문화적 트렌드를 이들 애플리케이션이 반영하기도 하고 또 강화시켜 나가기도 한다.

• 30대가 좋아하는 애플리케이션
_ 앵그리버드와 명함스캐너

앵그리버드는 핀란드의 대표적인 스마트폰 게임 개발사인 로비오 모바일(Rovio)이 개발한 퍼즐 비디오 게임이다. 처음에는 애플의 아이폰과 아이팟 터치에서만 실행이 가능하도록 개발되었으나 이후 다른 터치스크린에서도 실행이 가능하게 되면서 2012년 3월 현재 5백만 건 이상의 다운로드수를 기록했고, 구글이 뽑은 올해의 검색어 10위에 이름을 올리며 주류 게임의 하나로 자리매김하였다. 앵그리버드는 말 그대로 화가 난 새가 주인공이 되어 자신의 알을 훔쳐 먹은 돼지를 공격하는 내용이다. 레드버드, 옐로우버드, 블루버드, 그린버드, 블랙버드, 화이트버드, 빅브라더버드, 독수리는 각각 조금씩 다른 기능을 가지고 있어 새의 기능을 잘 활용하여야 높은 점수를 올릴 수 있다. 애플리케이션 게임들 중 앵그리버드만의 특징을 꼽자면 게임을 즐기는 연령층이 상대적으로 높다는 점이다. 10대는 주로 엔터테인먼트 앱을, 30·40대는 퀵오피스 앱을 사용하지만 앵그리버드의 연령별 사용비는 10대가 12%, 20대가 14%, 30대는 37%, 40대가 31%로 30, 40대가 주사용자라는 예외적인 형태를 보인다. 다른 게임에 비해 앵그리버드의 쉬운 조작법이 30·40대에게 매력적인 요소로 작용했을 가능성이 크고 게임 제목이 함축하듯이 무한경쟁에 시달리면서 때때로 자신의 권리를 박탈당한다는 분노와 스트레스에 시달리는 직장인 세대들이 자신의 알을 빼앗긴 새들과 공감대를 형성한 결과라고 할 수 있다.

캠카드 라이트 명함스캐너앱은 휴대폰으로 명함을 촬영하면 명함에 새겨진 정보를 휴대폰이 인식하여 연락처나 명함책에

저장하여 명함을 손쉽게 관리할 수 있게 해준다. 이 애플리케이션은 이름에서도 쉽게 알 수 있듯이 직장인들을 대상으로 한 것이며 사회생활 중 받게 되는 수많은 명함들을 간편하게 휴대할 수 있게 해준다. 5백만 명 이상의 다운로더 중 10대와 20대가 모두 0%, 30대가 42%, 40대가 49%로 30, 40대가 전체의 91% 비율을 차지해 직장인에게 특화된 애플리케이션이라는 것을 한 눈에 알 수 있다. 다운로드 수 5백만 건 이상 애플리케이션 중 유일하게 재미가 아닌 실용성이 강조된 앱이다.

2) 디지털 기술과 마이크로화되는 감성

우리 문화는 전통적으로 '호연지기', '대기만성'처럼 매크로한 가치관을 바람직한 것으로 간주해 왔다. 그러나 최근에는 '깨알같은 재미', '깨알같은 웃음' 등 사소하고 작은 것들에 가치를 부여하는 문화적 현상이 부상하고 있다. 전체적인 내용과는 별개로 각종 문화 텍스트에 보일듯 말듯 들어가 있는 실수나 의도하지 않은 것들을 찾아내는 것이 유행하는 놀이가 되어가고 있다. 때로는 사소함에 대한 집착은 전체 텍스트를 무시하고 그 자체로써 재미거리로 인식된다.

예를 들면 '매너손'이 한동안 회자되었는데 불필요한 접촉으로 상대방에게 불쾌한 감정을 주지 않기 위해 손을 대지 않도록 취하는 포즈를 매너손이라 지칭한다. 텔레비전 프로그램을 시청하던 수용자가 여성을 안고 달려야 하는 가수 김종국이 신체

접촉으로 불쾌감을 갖지 않도록 배려하기 위해 주먹을 쥐고 있는 모습을 발견하고 화면을 캡처해 김종국의 손을 강조해 인터넷 게시판에 올리면서 퍼져나갔다. 마찬가지로 MBC 텔레비전 〈무한도전〉에서는 유재석 혼자 우산 정리하는 모습을 누군가 발견하고 인터넷에 올리면서 큰 반향을 불러일으켰다. 〈무한도전〉의 다른 멤버들은 자신의 옷을 챙겨 입느라 분주한 가운데 한쪽 구석에서 유재석이 우산을 챙겨 가지런히 정리하는 모습이 잠시 스쳐 지나갔다. 이를 발견한 누군가가 이 장면을 캡처해 유재석의 모습에 동그라미를 쳐서 인터넷에 올렸고 이를 접한 네티즌들은 "역시 국민MC 유재석은 멋있다", "유느님의 매너는 국보급이다", "유재석 우산정리 매너 최고다", "미워할 수 없는 유재석" 등 큰 반응을 보였다. 그날의 주된 방송 내용보다 우연히 찾아낸 카메라를 전혀 의식하지 않은 사소한 행동이 큰 이슈거리가 되면서 텍스트와 텍스트 외적 요소 간에 주객전도가 일어난 것이다.

눈여겨보지 않으면 놓치기 쉬운 아주 작은 부분을 찾아내었다는 성취감과 재미가 이처럼 광적인 반응을 유발시키는 것은 매우 새로운 현상이다. 이렇다 보니 인터넷 사용자들 사이에 '깨알같은' 무엇을 찾는 것이 일종의 집단적 놀이처럼 크게 성행하고 있다. 남이 눈치채지 못한 깨알같은 것을 발견하는 것은 주목과 인정을 받게 되는 영광을 가져다 주기 때문이다. 케이블 채널에서는 아예 초강력 줌인(zoom in) 등을 사용해 연예인들의 사적인 대화나 제스츄어를 현장중계처럼 분석하는 프로그램이 등장하고 있다. '깨알같은 재미'는 전체 내용과 별개로 자기만의 코드로 텍스트와 상호작용하는 디지털세대들의 문화실천행위를 반영하는 현상이다. 수용자들은 논리적 추론이나 합리성에 기반해 현실을 이해하기 보다는 시각적 자극에 대해 가볍고 즉각적인 감성으로 반응한다. 이처럼 '탈맥락화된 재미' 추구는 디지털시대 감수성의 대표적인 형태이다.

축소지향적인 감수성은 디지털 기술의 사용방식과 무관하지 않다. 디지털 기기의 사용은 점차적으로 범위를 좁혀 들어가면서 이용해야 하는 속성을 지닌다. 큰 메뉴에서 하위 메뉴로, 다시 더 세부적인 메뉴로 점차 축소해 들어가는 과정을 거쳐 최종적으로 자신이 원하는 내용에 도달하게 된다. '야후'의 창시자 제리양(Jerry Yang)이 개발하여 전 세계 웹사이트의 프로토콜이 된 이 같은 정보 정리 방식은 매우 서양적인 논리추론 방식을 내포하고 있다. 서구적 가치관은 범주화를 중요시하며 부분적으로 쪼개고 나누고 하는 것을 중요한 논리전개 방법으로 생각한다. 자연히 사물의 맥락이나 관계보다는 사물 자체를 더 중요시하게 된다. 맥락이 상대적으로 작은 비중을 차지하고 주변화되는 서구적 추론법은 주변과의 관계에 우선순위를 부여하는 동양적인 가치관과는 확연한 차이를 보인다. 우리 사회에 확산되고 있는 작은 것을 찾아 들어가는 감성의 마이크로화는 서구적 가치관이 내재된 디지털 기술 이용방식에서 일정 부분 영향받았다고 할 수 있다.

1970년대 영국의 유명한 커뮤니케이션 학자 피터 골딩(Peter Golding, 1977)은 그의 기념비적 논문에서 기술은 그것을 사용하는 사회에 널리 통용되는 이데올로기를 담고 있으며, 동일 기술이 다른 사회로 전파될 때 이데올로기 역시 패키지로 함께 전파된다고 주장하고 있다.[39] 골딩이 저술을 발표한 시대는 텔레비전

의 시대였기 때문에 서구 텔레비전 시스템의 비서구권 전파가
비서구권에 미치는 이데올로기적 영향력에 주목했지만 디지털
기술은 글로벌 네트워킹의 중심에 있기 때문이다. 디지털기술
이 글로벌네트워킹의 중심에 놓여 있는 오늘날에는 디지털기술
에 내재된 가치관이 전지구적으로 확산되면서 야기시키는 가치
관과 라이프스타일 변화에 주목해야 한다. 신자유주의적 시장
중심주의의 전지구적 확산 그리고 서구적 정보분류체계와 일맥
상통하는 탈맥락화된 깨알같은 재미 추구는 우연히 나타난 문
화적 현상이라기보다는 당대의 기술과 경제가 낳은 문화적 산
물인 것이다.

Notes_____

05_ MIT 교수로 재직하면서 향후 다가오는 디지털 세계에서는 빵보다 노트북이 더 중요해질 것이며 비트로 이루어지는 디지털 경제가 물질로 만들어지는 아날로 그 상품보다 훨씬 더 큰 부가가치를 생산할 것이라고 예언했다.

06_ 최남수 (2010), 『오 마이 트위터 라이프』, 필맥, p.179.

07_ Bell, D. *The Coming of Post-industrial Society: A Venture in Social Forecasting*, NY: Basic Books.

08_ Mackay, H. and Gillespie, G. (1992), "Extending the Social Shaping of Technology Approach: Ideology and Appropriation," *Social Studies of Science*, 22:4, 685-716.

09_ 산업혁명을 낳게 한 요인들은 여러 가지가 있으나 증기기관이 산업혁명의 아 이콘인 것을 부정하기는 힘들다.

10_ Garth, J. (1976), *Film the Democratic Art: A Social History of American Film*, Focal Press.

11_ Langdon Winner (2000), "Technology, Knowledge and Society," Speech delivered at 2011 Technology Conference.

12_ 대중이나 노동자의 반응과 무관하게 신기술을 도입하여 사업을 하고 있는 한 기업들은 지속적으로 성장하고 발전할 수 있을 것이라는 믿음이었다. 그러나 기술을 지나치게 신봉하는 이 같은 태도는 성난 노동자들과 소비자들의 강력 한 저항 그리고 이에 동조하는 언론에 의해 꼬리를 내리게 되고 각종 PR 활동 을 통해 이미지 수립에 나서게 된다. 기술이 모든 것을 설명할 수는 없으며 사 회적 힘에 의해 영향을 받는다는 것을 잘 보여준 사례들이다(Stuart Ewen, 1998).

13_ Graft, H. (1989), "Critical Literacy vs. Cultural Literacy," *Interchange*, 20(1); 46-52.

14_ Lister, M. et. al. (2009), *New Media A Critical Introduction*, Routledge.

15_ 1971년 테드 호프(Ted Hoff)에 의해 실리콘 칩이 발명되면서 컴퓨터 발명의 단 초가 만들어졌고 1977년 애플사에 의해 최초의 개인용 컴퓨터가 출시되었다.

16_ Campbee-Kelly, M. and Aspray, W. (1996), *Computer: A History of Information Machine*, NY: Basic Books.

17_ Campbee-Kelly and Aspray, 앞의 책.

18_ McKenzy, D. and Wackman, J. (1999), *The Social Shaping of Technology 2nd edition*, London: Open University Press.

19_ RCA에 근무하던 연구원으로 무선으로 영상을 전송하는 기술을 발명했으며 자신의 기술을 RCA에 넘기겠다는 계약서에 사인을 하고 아쉬움에 눈물을 흘렸다는 일화가 전해진다. 신기술을 발명하더라도 개인이 기술을 실용화 하는 데는 자본의 제약이 있기 때문에 거의 불가능하며, 대다수는 자본력이 있는 기업으로 이전하게 된다. (Erik Barnouw, (1990), *Tube of Plenty: The Evolution of American Televisio*, n. NY: Oxford University Press).

20_ Raymond Williams (2003), *Television: Technology and Cultural Forum*, London: Routledge.

21_ Willliams, R. (1980), *Problems in Materialism and Culture*, London: Verso.

22 물질적 생산력의 일정한 발전 단계에 상응하는 생산관계의 총체(사회의 경제구조) 및 그것을 토대로 하는 상부구조를 총괄하는 개념. 사회 발전의 역사적 단계를 나타내는 것으로, 원시공산제, 고대노예제, 중세봉건제, 자본주의, 공산주의 등 다섯 가지로 구분된다. 이 중 원시공산제와 공산주의를 제외하고는 적대적인 계급 구성을 이룬다. 각 구성체는 그들에게 공통된 일반 법칙에 따라 지배될 뿐만 아니라 각각 특유한 발생 및 기능의 법칙이 있고 보다 고도의 구성체로 이행하는 법칙을 지니고 있다. 한 구성체는 순수하게 특정한 생산관계만을 포함하는 것이 아니라 과거 또는 미래 사회의 생산관계 등 몇 가지 생산관계를 포함하는 경우가 많으며 그 중 지배적인 위치에 있는 생산관계가 그 사회구성체의 특징이 된다. 따라서 특정형의 생산관계와 사회구성체는 구별된다. 특정형의 경제제도를 우클라드(uklad)라 하며 우클라드 투쟁이 계속되는 과도기 사회는 사회구성체라 하지 않는다. (출처_ 교육학사전)

23_ "보이지 않는 손"에 의해 스스로 자정작용을 거치며 시장이 질서를 유지한다는 고전적 자유주의에 반(反)하는 입장으로 정부가 시장에 개입해 조세정책, 복지정책 등을 통해 부의 재분배를 실천해야 한다는 시각. 무덤에서 요람까지의 복지국가를 청사진으로 제공하였으나 경제가 쇠퇴하면서 개인에게 도덕적 해이를 조장한다는 비난에 직면하게 되고 신자유주의가 도입되면서 공공부문 예산삭감 등으로 이어지게 되었다.

24_ Castell, M. (2000), *The Rise of the Network Society*, Wiley-Blackwell.

25_ Roszak, T. (1986), *From Satori to Silicon Valley: San Fransisco and the American Counterculture*, Lexikos Publishing.

26_ 하지만 클린턴 정부는 인터넷 상에서의 개인의 자유와 공권력의 통제를 둘러

싼 열띤 논란 속에서 강제적 통제를 펀드는 결정을 내린 바람에 사이버스페이스 내에서 정치적 우위를 상실했다. 정부가 인가한 클리퍼 칩이라는 안전장치는 미정보부에서 주창한 방안이었다. 야당인 공화당은 때를 놓치지 않고 재빨리 주도권을 장악하였다.

27_ 전자게시판(Bulletin Board System). PC통신에서 불특정 다수의 사용자들이 컴퓨터를 통해 정보와 편지를 교환하고 대화하거나 비상업적인 프로그램을 서로 공유하기 위한 시스템을 말한다. 개인 또는 단체가 운영하는 사설 전자게시판의 경우 운영자의 특성에 따라 독특하게 구성할 수 있다. 1980년대 초반부터 모뎀의 개발과 더불어 개인용 컴퓨터와 소프트웨어가 나오면서 PC를 기반으로 하는 사설 BBS가 등장하였다.

28_ 강명구 (2007), "인터넷의 사회문화사", 『한국의 미디어 사회문화사』, 한국언론재단.

29_ 강명구, 위의 책

30_ 스마트폰과 이용한 스트리밍 솔루션. Ustream은 세계 1위 Social Live Broadcasting으로 Ustream은 개인이 PC의 웹캠, 스마트폰 테블릿 PC 등 다양한 IT 기기에서 이용가능하며 다양한 SNS와 연동을 통해 생중계가 가능하다.

31_ 양정혜 (2005), "유희와 통제력: 광고가 구성하는 디지털사회의 이미지", 방송동향과 분석 12: 91-109.

32_ Herman, E. and Chomsky, N (1988), *Manufacturing Consent: the Political Economy of Mass Media*, Pantheon Books.

33_ Williams, R. (1980), *Problems in Materialism and Culture*, London: Verso.

34_ Friedman, M. and Friedman, R (1980), *Free to Choose: A Personal Statement*, Hughto Mifflin Harcourt.

35_ 서버에 도착한 이메일을 전화 단말기로 이동시켜 신속하게 확인할 수 있었다. 그밖에도 별도의 장치 없이 무선통신이 가능하고 일정 확인 등 기능을 갖추고 있다. 구글과 아이폰에 밀려 최근에는 시장 점유율 12%로 하락하였지만 오바마는 물론 힐러리 등 워싱턴 정가의 주요 인물들이 블랙베리폰의 충성도를 지속적으로 보여주고 있다.

36_ 전 세계 스마트폰 애플리케이션 시장은 2013년 295억 달러에 이를 것으로 전망되는데 이는 2010년(68억 달러)에 비해 4배 이상 성장하는 규모이다. 시장조사기관인 Gartner는 좀 더 적극적인 전망치를 내놓고 있는데 2014년에는 580억 달러로 10배 이상 증가할 전망이다. 애플리케이션 다운로드 건수는 2011년 82억 건에서 2012년 177억 건으로 1년간 117% 증가세를 보여주고 있으며 2014년

에는 1,850억 건으로 늘어날 것으로 예측하고 있다.

37_ Harvey, D. (2007), *A Brief History of Neoliberalism*, Oxford University Press

38_ Reed, L. (2000), "Domesticating the Personal Computer: the Mainstreaming of a New Technology and the Cultural Management of a Widespread Technophobia," *Critical Studies in Mass Communication*, 17(2), 159-185.

39_ Golding, P. (1977), "Media Professionalism in the Third World: the Transfer of an Ideology," in J. Curran et. al. (eds.) *Mass Communication and Society*, London: Edward Arnolds.

제2장
대중문화 속의 치유: 감정의 상업화와 자아의 위축

1.
치유 에토스의
확산

IMF구제금융 이후부터 우리는 치료 혹은 치유라는 말을 빈번하게 듣기 시작했다. 치유의 대상이 되는 것은 신체적인 손상이라기보다는 마음의 상처, 틀어진 관계, 과도한 스트레스, 우울함 등 감정적인 영역의 손상이다. 독서치료, 미술치료, 놀이치료, 음악치료, 원예치료 등 지금까지는 주로 취미로 여겨왔던 분야가 치료라는 단어와 결합해 의학적인 아우라를 발산하기 시작했고, 트라우마, ADHD(주의력결핍 과잉행동장애), 신드롬 등과 같은 전문 용어들이 보통 사람들의 일상대화에서 빈번하게 사용되기 시작했다. 직장과 학교에서는 멘토링이나 코칭처럼 정신적 가이드를 제공하는 사람들의 존재와 역할이 중요해지고 있다. 힘든 과거나 불우한 가족사에 대한 연예인들의 고백이 인터넷 검색 순위 상위를 차지하면서 공중들에게 공감대를 불러일으키는 일도 빈번해졌고, 공공연하게 '치유' 혹은 '솔루션'을 표방하는 텔레비전 프로그램들이 속속 등장하고 있다. 문화 전반에 걸쳐 내면의 상처는 드러내보여도 괜찮은 것이며 감정적 상처는 치유해야 할 대상이라고 인정하는 경향이 확산되고 있는 것이다. 인터넷에는 '트라우마'라는 웹툰이 선풍적인 인기몰이를 하면서 만화 내용에 기반한 게임과 광고물도 제작되었는데[40] 10대와 20대가 주를 이루는 웹툰 독자들 사이에서 전문적 정신과 용어가 별다른 고민없이 가볍게 받아들여지고 회자되는데 큰 역할을 하고 있다.

뿐만 아니라 어떤 인물이든지 치유의 시각에서 바라보는 것이 가능하다는 풍자가 등장할 정도로 치유와 치료는 과포화 상태에 도달해 있다. 한 케이블 채널의 토요일 밤 코미디 쇼에 등장한 박칼린은 이순신 장군을 우울증 환자로 분류하고 난중일기를 감정기복이 심한 우울증 환자의 자기 고백이라고 주장하고 있다.[41] 여기서 박칼린은 막연한 '전문가'로 설정되는데 온갖 종류의 전문가들이 누구든, 무엇이든 가리지 않고 치료를 요하는 대상으로 규정하는 트렌드에 대한 희화화이다.

이 같은 문화영역에서의 치유 에토스(Therapeutic Ethos)는 복지 정부가 제공하는 정서장애와 각종 중독 대상 공적인 바우처(boucher) 지원제도를 통해 보다 견고한 물질적 지지기반과 강력한 사회적 정통성을 획득해 나가고 있다. 2000년대 중반부터 정부는 건강가정지원센터 설립 등을 통해 보수적인 가족 이데올로기를 실천해 왔고 저소득 가정을 중심으로 한 감정적 영역의 치유 제공을 중요한 복지 사업으로 간주해 오고 있다.

한편 직장과 작업장에서도 치유는 중요한 관심사로 부상하고 있다. 서구에서는 노조 활동의 주안점이 노동자 권리 쟁취에서 작업장 스트레스나 동료와의 관계, 과도한 업무량이 가져다주는 각종 부정적 감정을 다스리는 것으로 옮아가는 양상을 보인다. 후기 산업사회로 접어들면서 산업에서 감정노동(emotional labor)이 차지하는 비중이 증가하고 있어 기업 이윤의 극대화를 위해 감정의 억압과 통제가 필요해지고 있기 때문이다.

포스코 건설같은 대기업이 건강축제를 열어 "우울증 검사, 스트레스 타파 …"를 외치고 있으며 일부 기업들은 감정 노동으로 인해 스트레스가 높은 직원늘을 대상으로 다양한 치유 활동과 감성 회복을 제공하는 프로그램을 개발, 활용하고 있다(중앙일보 2012.03.27). 뿐만 아니다. 전통적으로 강인한 정신의 상징이 되어왔던 군대나 소방서, 경찰 등도 감정의 상처가 중요한 것임을 인정하고 이에 대한 치료를 업무의 일부로 공식화하는 모습을 보여준다.

> 과거에는 마음의 병을 정신질환, 정신질환자 등으로 경시하고 숨기는 경향이 매우 심했다. 우리 대원들의 마음의 병인 외상 후 스트레스 장애 역시 숨겨야만 했고, 혼자서 아파하고 힘들어 해야 했다. 하지만 이제는 많은 도움의 손길이 있다. 이젠 우리 자신이 용기를 내야 한다. 혼자 아파하지 말고 마음의 문을 열어 그 손길을 붙잡아야 한다. 그리고 주위에 힘들어 하는 동료를 돌아보자. _ 소방방재청장, 2012.04.10.

이처럼 정신 건강에 대한 유례없는 관심이 사회문화적으로 큰 트렌드를 형성하는 것은 대한민국 사회 만의 독특한 경험은 아니며 전지구적으로 발생하고 있는 현상이다.

그동안 아프고 다쳐서 치료를 받는 것은 주로 신체였다. 정신과 병원과 임상적 상담 시설이 존재하지만 이들 장소는 병리적인 상태에서 찾아가는 일탈의 영역과 맞닿아 있는 곳이라는 인식이 강했고,[42] 일상에서 경험하는 고달픔과 스트레스를 별도의 치료 대상이라고 규정하지는 않았다. 대신 개인이 어떤 형태로든지 극복하고 다스려야 하는 것으로 간주해 왔다.

남성들은 감정적 영역에서 생겨나는 크고 작은 문제들을 주로 음주나 운동에 의존해 관리해 왔고, 여성들은 계(契) 문화, 수다, 각종 취미활동 등을 감정적 환기구(ventilation)로 활용해 왔다. 일부는 무속이나 점 등에 의존하기도 하였다. 그러나 최근에는 심리학이나 정신과 치료 방식에 기반을 둔 각종 치료와 치유가 개인 감정 영역을 관리하는 보다 체계적이고 과학적인 대체제로 인정받고 있으며 나아가 개인의 행복을 증진시키는 길이라고 받아들여지고 있다.

치료 혹은 치유문화의 확산 현상을 보다 구체적으로 가늠해 보기 위해 1995년부터 2011년까지 우리나라 뉴스매체에 등장한 치유관련 단어 노출량을 살펴보자.

우선 정신적 고통을 나타내는 대표적 용어인 '스트레스'와 '트라우마'의 양은 IMF 직후인 1999년 바늘처럼 치솟아 올랐다가 2000년에는 급감하는 모습을 보여준다. 이는 다음 페이지에 그래프로 나타낸 7개의 관련 검색에서 모두 동일하게 나타나는 패턴으로 IMF가 우리 사회에 얼마나 큰 상처를 남겼는지를 잘 보여주고 있다.

1990년부터 1998년까지는 일 년에 한두 번 사용될 정도로 생소한 전문 용어인 '트라우마'가 IMF 이후에는 각기 3,000번 정도 사용되고 있다. 심리치료, 정신과 치료 등의 용어도 각기 2만 번, 1만 5천 번에 육박하고 있어 정신적 상처의 공적 담론화를 가지고 오는 계기를 마련하였다고 할 수 있다. 그러나 1999년은 우리나라 사회문화사에서 매우 특수한 시기이기 때문에 IMF 시기를 포함하는 지난 17년간의 빈도 그래프는 전체 트렌드를 파악하는데 오히려 걸림돌이 될 수 있다.

그런 이유로 2000년 이후부터 지금까지 이들 용어가 등장한 빈도를 별도로 분리한 우측의 그래프들에서 다시 살펴보게 되면 일곱 개 키워드 모두 등장 횟수가 서서히 증가하다가 특히 2008년을 기점으로 급증하는 양상을 관찰할 수 있다. 이러한 증가는 분석대상이 된 뉴스 데이터 서비스가 2008년부터 10대 전국 종합 일간지 이외에도 다양한 신문들과 인터넷 매체의 기사들을 포함시킨 것이 주된 이유이다. 그러나 신문보다는 인터넷이 더욱 보편적 매체로 사용되는 현실과 온라인과 오프라인을 통합한 DB가 구축된 2008년 이후에도 이들 용어 사용량 증가가 더욱 가파르다는 것을 고려한다면 우리 사회 전반에 걸쳐 '트라우마'나 '스트레스' 등과 관련된 담론이 널리 확산되고 있음을 알 수 있다. 2008년은 또한 금융자본주의의 한계점을 여실히 드러낸 서브프라임 모기지(subphme mortgage) 사태가 전지구를 강타한 해이기도 하다.

한편 정신적 상태보다 좀 더 적극적인 의미를 나타내는 치료와 관련된 용어들, 예를 들어 '심리치료', '카운셀링', '정신과

언론에 나타난 치유관련 키워드 빈도 추이[*]

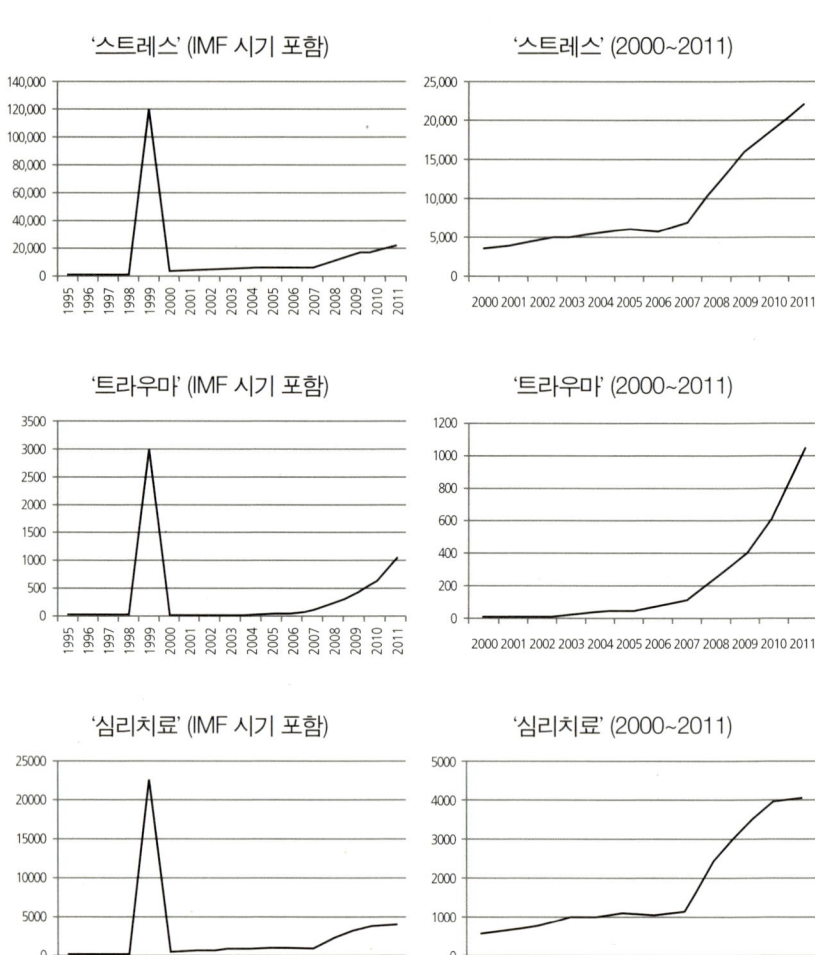

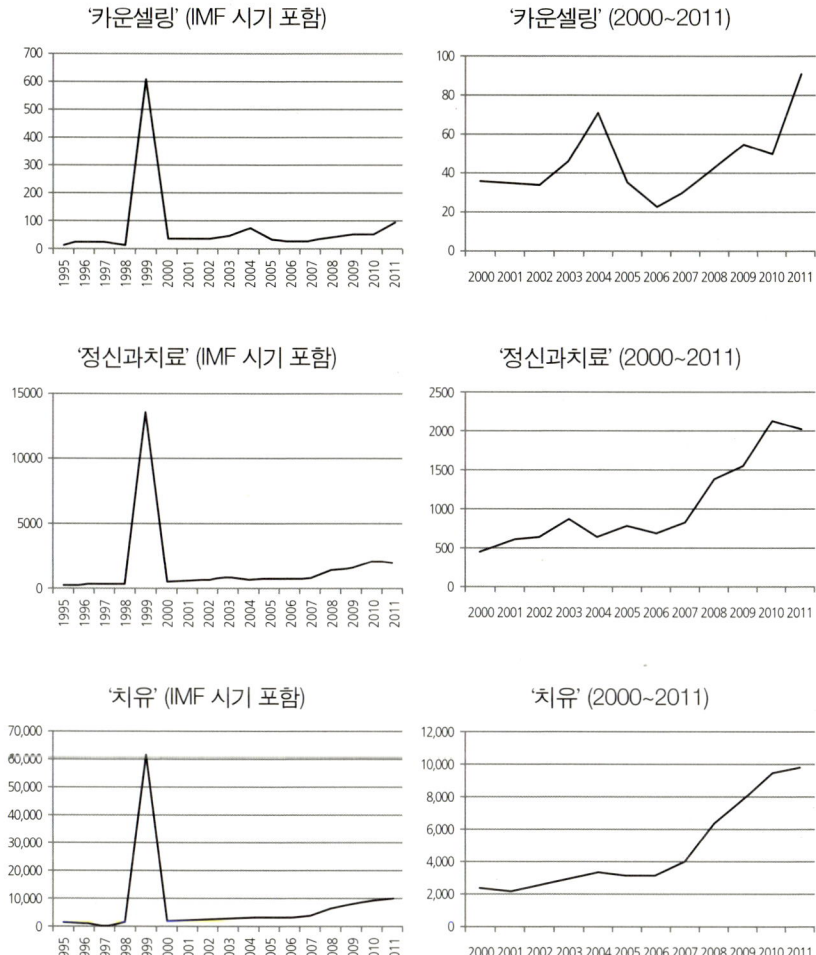

'카운셀링' (IMF 시기 포함)

'카운셀링' (2000~2011)

'정신과치료' (IMF 시기 포함)

'정신과치료' (2000~2011)

'치유' (IMF 시기 포함)

'치유' (2000~2011)

*) 신문 기사를 모은 KINDS DB를 이용해 키워드 검색을 실시하였다. 매년 각각의 키워드가 사용된 빈도를 종합하여 정리한 결과이다. 한국언론재단에서 제공하는 국내 일간지 기사 데이터베이스인 KINDS를 사용해 관련 키워드 빈도를 검색하고 연도별 추이를 살펴보았다. KINDS는 1990년부터 서비스를 시작해 국내 10대 일간지 기사를 통합적으로 제공해 오다가 2000년대 중반부터 변화하는 미디어 환경을 반영하고자 온라인 언론과 마이너 일간지 등도 DB에 포함시켰다.

치료' 등의 키워드 역시 꾸준한 증가세를 보여주고 있다. 특히 치료보다 좀 더 포괄적이고 온화한 의미를 가진 '치유'는 2011년 기준 1만 번 정도 사용되고 있어 다른 키워드의 등장 빈도를 훨씬 앞선다. '치료'는 치료를 제공하는 사람과 받는 사람 간의 위계질서를 내포하고 있고 일탈성을 다룬다는 의미가 강한 반면 '치유'는 참여자들 간의 평등함과 상대적으로 사소한 문제해결까지 모두 포함하기 때문에 '치유'에 대한 논의의 증가는 치료 에토스의 대중화를 보다 잘 나타내는 지표가 된다. 사람들의 감정에 관심을 보이고, 또 감정의 표현을 권장하는 뚜렷한 문화적 징후가 나타나고 있는 것이다.[43]

2.
감정 드러내기:
역사적 변천

　치유에서 가장 기본이 되는 것은 자기 고백이다. '털어 놓지 못해 고통이 된다'는 것이 최근 치료 에토스의 큰 축을 이룬다. 그리고 다양한 문화 산물들을 통해 각종 고백들이 쏟아져 나오고 있다. 그러나 내면의 나약함 드러내기, '대중에게 눈물보이기'가 항상 우호적으로 다루어졌던 것은 아니다.

　인간의 내면, 특히 감정과 이성 사이의 긴장은 시대별로 다르게 인식된다. 왜냐하면 개인의 주관적인 내면 경험은 한 사회 내부에 존재하는 감정을 설명하는 어휘들에 의해서 한정되고 나아가 감정에 대한 문화적 가치관에 의해서도 영향을 받기 때문이다(예를 들어 30년 전만 해도 '공황장애'와 같은 용어가 우리의 일상적 어휘목록에 들어있었는가를 생각해 보라.). 즉 무엇에 대해 느끼고 표현해야 하는가, 또는 무엇은 표현하지 않아야 하는가에 관한 한 사회의 암묵적인 규칙 등이 개인의 주관적 감정 경험에 영향력을 행사한다는 뜻이다.[44]

서양의 경우 이성이 지배적인 빅토리아 시대(1837~1901)[45]에는 감정은 통제해야 하고 다스려야 하며 가능하면 드러내지 않아야 하는 것으로 규정되었다. 이 같은 전통은 보다 보수적인 영국 사회에서는 최근까지 남아 있었다.

뮤지컬로도 유명해진 소설 〈지킬 박사와 하이드〉는 감정과 이성에 부여하던 빅토리아 시대의 이분법적 가치관을 잘 드러내 보인다. 감정은 부정적인 것, 이성은 바람직한 것이라는 전제가 소설 전반에 강력하게 흐르고 있다. 극중에서 주인공 지킬 박사는 정신적 질환을 앓고 있던 아버지를 치료하기 위해 이성과 감정을 분리하는 약품을 개발하는 과정에 있었다. 인간으로부터 감정만을 분리시키는 주사를 맞으면 지킬 박사는 약혼자가 있음에도 매춘부에게 매력을 느끼게 되고 길거리에서 잔인한 폭력을 휘두른다. 감정은 그 자체로서 인간의 억압된 본능과 동의어이며 비도덕적이고, 폭력적이며 추하고 무엇보다 위험하다. 그래서 타인에게 피해를 줄 수 있다. 반면 이성을 분리시킨 약물을 주사하면 지킬 박사는 감정에 지배당하던 자신의 행동에 수치심과 공포를 느끼고, 후회하며 자기 통제를 결심한다. 이성이 근대 계몽주의 프로젝트가 표방하는 도덕성, 합리성의 집결체로 묘사되는 부분이다. 주사가 거듭될수록 난폭한 하이드 씨가 지킬 박사의 인격체를 지배하게 되는데 이는 감정의 표출을 자유롭게 허용할 경우 이성은 무기력해질 것이라는 공포를 드러내는 부분이다. 결국 날로 통제 불능이 되어가는 하이드를 없애기 위해 지킬 박사가 스스로 목숨을 끊음으로서 소설은 마침내 이성의 승리로 끝을 맺고 있다. 한편의 공상과학 스릴러지만 당대를 지배했던 인간 감정에 대한 시대적 정서구조를 잘 드러내고 있다.

20세기로 넘어오면서 그간 사적인 영역에 갇혀 있던 감정은 공적인 영역에서도 취급되기 시작한다. 무엇보다 제1차 세계대전을 치르면서 각종 프로파간다 목적을 위해 그리고 징집된 군인들의 지적, 심리적 안정성을 예측하기 위해 심리학자들의 도움을 요청하게 되면서 인간 내면에 대한 탐구는 자연스럽게 촉진되었다. 개인이 가진 성격의 특징을 읽어 낼 수 있는 인성검사 (Personal Data Sheet)도 개발되었는데 전선에 배치되기 전 장병들의 인성적 문제를 가려내기 위한 도구로 개발되었지만 제1차 세계대전을 통하여 수 백 만 명의 사람들에게 실시되면서 내면세계에 대한 관심을 고양시켰다.

전쟁이 끝나고 파블로프의 행동주의 심리학과 프로이트의 심리분석 등이 정립되면서 인간에게 동기를 부여하는 근본적 요인들에 대한 탐구 등 내면의 감정들에 대한 탐구는 심화되었고 아울러 감정들을 잘 조종하고 관리할 수 있는 다양한 테크닉들이 개발되면서 주로 가족의 영역에서 임상적 치료들이 이루어지게 되었다. 심리적인 치료는 대중성을 띤다기 보다는 병리적인 현상에 대한 치료가 주를 이루었다는 것이다. 한편 같은 시기 기업들의 규모가 거대해 지면서 노동생산성과 효율성이 중요한 이슈로 떠오르게 되고 기업들도 심리학에서 해법을 구하게 된다. 기업조직 문화에 적응하고 동기부여를 하기 위한 수단으로써의 심리학 활용이다. 물론 인간 내면세계에 대한 기업적 관심은 치유에 있기보다는 보다 높은 노동생산성 독려를 위한 것이었다.

에바 모스코비츠(Eva Moscowitz)[46]에 의하면 1980년대와 1990년대를 거치면서 공적 영역에서 지극히 사적인 문제들을 이야기하는 것에 관한 모든 금기가 사라졌다. 개인들은 자신의 문제들을 사회적 장(場)에서 말하기 시작했으며 내면의 고통과 관련된 담화의 주제들은 기하급수적으로 늘어났다. 각종 중독문제나 불안, 우울감은 물론이고 정체성 혼란이라는 이름하에 교우관계, 장래 진로, 가치관 혼란과 같이 개인이 주관적으로 느끼는 다양한 스트레스 요인들이 치유의 대상으로 여겨지기 시작했다. 사춘기를 겪으면서, 또 인생을 살아가면서 누구나 겪는다고 간주되었던 "나는 누구인가?"를 둘러싼 각종 고민들이 공식적인 질환으로 인정받기 시작하고 의사와 상의를 해야 할 증상들로 분류되었으며 보험회사에 진료비를 청구할 수 있는 대상이 되었다.

특히 텔레비전이 이 같은 분위기 확산에 크게 일조를 하였다. 미국에서는 〈오프라 윈프리 쇼〉와 같은 프로그램들이 개인의 사적인 문제에 대한 고백이 대중적 오락거리가 되도록 하는데 크게 기여했다. 〈오프라 윈프리 쇼〉는 1986년 시작되어 최고의 토크쇼라고 불리면서 2011년까지 25년 동안 전 세계 105개국에서 방영되었다. 유명 스타들이 출연해 마약중독, 성정체성 문제에 대한 커밍아웃 등 충격적인 이야기들을 털어놨다. 쇼 진행자 오프라 윈프리 스스로가 고백의 여왕이라고 할 수 있는데 어린 나이에 성폭행 당하고 출산한 경험, 과체중과의 투쟁 등 매우 사적인 개인사를 자신의 쇼에서 털어놓았고, 이에 대한 대중의 반응은 낙인찍기 대신 열광적인 지지로 나타났다. 오프라 윈프리 쇼 외에도 수많은 아류 토크쇼들이 등장했으며 유명인사 뿐 아니라 평범한 일반인들도 게스트로 등장해 고백문화의 확산에 기여했다.

1990년 모니카 르윈스키와의 성추문에 휘말렸을 때 클린턴 전 미국 대통령은 어린 시절 불행한 경험을 털어놓으면서 고백의 행렬에 정점을 찍는다. 그는 어린 시절의 불우한 환경이 그의 문란한 성 스캔들을 유발시켰다고 발표해 동정과 비난을 동시에 사아냈다. 아이비리그 출신의 엘리트 대통령이 사실은 가난한 집안 출신이며 도덕성에 치명적인 약점을 가졌다는 고백은 스캔들을 피해가기 위한 변명이라는 비난도 받았지만 어린 시절의 상처가 일생동안 영향을 미칠 수도 있다는 심리학자들과 정신과 의사들의 주장에 무게를 실어주면서 대중으로부터 관대한 용서를 얻어낼 수 있었다. 솔직하게 자신의 상처를 드러내는 것은 용기 있는 일이며 고통을 표현함으로써 사람들로부터 우호적 공감대를 불러일으킨다는 인식은 보다 확고해지게 된다.

비슷한 시기 대륙 반대편에서는 다이애나 황태자비가 클린턴과 맞먹는 충격 고백을 해서 영국인들을 놀라게 한다. BBC 방송과의 인터뷰에서 다이애나비는 자신의 혼외 이성교제를 시인하면서 "우리 결혼에는 세 사람이 있었다. 그래서 좀 붐비는 결혼이었다(There were three of us in this marriage, so it was a bit crowded)"라고 남편의 외도를 털어놓았다. 이어서 자신은 우울증과 거식증에 시달렸다고 이야기했다. 시청자들은 '그녀의 눈과 약간 구부린 머리와 꽉 다문 입가에는 너무나 큰 고통이 서려 있었다'. '그것은 남편에게 거부당하는 아내의 고통이었다' 등 큰 동정을 표했으며 이 충격적인 고백을 통해 다이애나는 자신에 대한 공중의 비호감을 하루아침에 반전시켜 존경과 사랑의 대상이 되었다. 역시 영국에서 조지 마이클, 로빈 윌리엄슨 같은 스타들, 그리고 정계의 유명 정치인들이 자신들의 정체성 위기, 자아존중감 결핍으로 인한 투쟁 그리고 각종 감정적 문제들에 대해 이야기 하면서 대중으로부터 큰 반향을 불러일으켰다.

조지 마이클은 2011년 현재 전 세계적으로 10억 장의 음반을 판매한 독보적 위치의 스타이다. 그러나 2007년 그는 자신이 동성애자이며 어머니가 상심할까봐 이를 숨겨 왔다고 고백해서 영국과 전 세계를 놀라게 했다. 명성과 부를 누리는 유명 인사들이 내면의 어두운 기억과 공포를 고백하는 사례는 지금까지도 미디어를 통해 지속되고 있으며 한마디로 개인의 나약함과 감정을 노출시키는 것은 좋은 것이라는 인식이 문화 전반에 정착되었다(Nolan, 1998).

고백은 외부적 도움을 추구하는 행위의 첫 단계라는 점에서 큰 의미를 지닌다. 고백은 그 자체로서도 치료효과를 발하고 공인화된 각종 사회적 거점에서 제공하는 치유를 거치면서 개인에게 사회적 수용과 책임을 내려 놓을 수 있게 하는 역할을 수행한다. 그러나 왜 하필 1980년대, 90년대에 서구 사회에서 고백이 그처럼 광범위하게 환영받고 참여를 유발시켰는가에 대한 탐색은 거의 존재하지 않는다. 흥미로운 것은 그 20년간의 시기가 영국과 미국 사회에서 신자유주의가 도입되고 본격 영향력을 발휘한 시기와 거의 일치한다는 것이다. 1970년대 말 대처 수상 집권하의 영국을 거쳐 1980년대 초반 레이건 대통령의 집권과 더불어 도입된 신자유주의는 쇠락해가는 미국경제를 살리기 위해 대규모 구조조정과 그에 따른 일부 중산층의 몰락을 초래하면서 미국 사회 전반에 걸쳐 집단적 불안과 공포를 양산해내고 있었다. 그리고 1990년대 후반 대한민국에 신자유주의가 본격 이식된 것과 시기를 거의 같이 하면서 한국 사회에 '고백과 치유'가 광범위한 문화적 공명을 얻고 있는 것은 서구 사회가 보여주는 패턴과 유사하다.

푸레디(Furedi, 2004)는 텔레비전 외에도 자기 고백적 자서전의 연이은 등장이 사적인 감정의 영역을 어디까지 노출할 것인가에 대한 새로운 문화적 규범을 제시하는데 크게 일조를 하였다고 주장하고 있다.[47] 같은 맥락에서 에바 일루즈(Eva Illuz, 2005)는 19세기 자서전 내러티브에서 흥미를 유발시키는 요인이 '가난뱅이가 부자가 되었다'라면 오늘날의 자서전은 완전히 반대되는 내러티브가 지배적이라는 관찰을 하고 있다. 부와 명예를 누리는 와중에도 닥쳐올 수 있는 정신적인 고통이 이야기의 중심에 놓이게 된다는 것이다. 새로운 유형의 자서전은 고백의 형태를 띠는데 이 고백은 세속적인 성공을 거두는 과정에서 위축되고 상실되어가는 자아를 드러내는 자아발굴의 작업이다. 고통스러운 자기 성찰의 과정을 통해 자서전 주인공은 새로운 자아로 거듭나고 치유가 이루어지는 것이다. 자신의 감정과 투쟁하며 마침내 자아를 구속하는 장애물로부터 해방되는 이야기가 현대 자서전들의 전형적 내러티브 구조가 된다.

이 같은 자아 담론은 스타나 유명인에게만 국한되는 것은 아니며 모든 사람에게 해당된다. 일루즈의 말처럼 현대 사회에서는 노동자와 부유층이 정신적 고통을 정체성의 한 특징으로 공유하게 되었다. 아동기에 방치됐던 경험, 부모에게 과잉보호 받은 경험, 남모르는 자존감 결핍, 각종 중독과 강박관념, 분노, 공포, 불안은 계급과는 다소 무관하게 발생하며 그런 의미에서는 민주적인 질병인 것이다(Illuz, 2005).

서양에서 텔레비전 토크쇼와 자서전들이 치유에 대한 우호적 맥락을 조성했다면 우리나라에서는 자서전보다 텔레비전이 고백문화 생성과 전파에 선구자적 역할을 했다고 할 수 있다.

유교 전통이 지배적인 한국 사회 역시 감정의 통제는 중요한 미덕이 되어왔지만 1991년부터 시작된 〈KBS 아침마당〉은 안방의 문제를 공적인 영역으로 끌어내는 데 큰 역할을 했다. 1993년부터 계속되고 있는 아침마당의 〈부부탐구〉 코너는 관계 유지에 어려움을 겪고 있는 실제 부부들을 참여시켜 화해를 유도하려고 시도해 왔다.[48] 폭력, 음주, 경제적 무능, 도박, 성격차이 등의 문제로 갈등을 겪는 남편과 아내가 서로 입장을 말하는 과정에서 분노나 슬픔 등 감정적 표현이 자연스럽게 이루어지고 부부 갈등을 심화시킨 보다 근본적 원인은 서로가 서로에게 주고 있던 심리적 상처라는 것이 드러난다. 이를 끌어내 주는 것은 프로그램에 패널로 참가하는 전문가 집단이다. 〈아침마당〉은 시청자 참여 토크 프로그램 중 치유 방식으로 진행되는 최초의 프로그램이라고 할 수 있다.[49]

한편 스타가 등장하는 각종 토크쇼는 일종의 구어로 된 자서전이라고 할 수 있다. 정상의 자리에 도달해 있는 유명 스타들이 지만 토크쇼에 출연해서는 현재의 명성과 업적보다는 어려움을 고백한다. 방송매체를 통한 구어 자서전은 대중문화 컨텐츠의 일부로 자리잡으면서 긍정적 고백문화를 만드는 데 기여하고 있다.

치유를 주제로 하는 대중문화 산물들

매체	프로그램 명	주요 내용
텔레비전	힐링캠프, 기쁘지 아니한가	SBS 예능프로그램으로 방송인의 몸과 마음을 치유해준다는 내용을 주제로 한 토크쇼
	아침마당	KBS 아침 교양프로그램으로 해당프로그램 내 가족갈등 상담코너가 있음
	부부클리닉-사랑과 전쟁2	KBS, 부부들의 모든 문제와 실제 사연을 재구성해 드라마로 보여주고 전문가들의 소언을 통해 해결방안을 제시해 주는 프로그램
	우리 아이가 달라졌어요	SBS, 육아에 어려움이 많은 아이들을 가진 부모의 고통을 보여주고 해결책을 제공하고자 시도하는 프로그램
	미워도 다시한번	SBS 케이블, 이혼 위기의 부부들을 선정해서 댄스스포츠를 통해 서로 간의 갈등을 치유하는 내용
	달라졌어요 시리즈	EBS, '선생님이 달라졌어요, 부부가 달라졌어요' 등 해당 인물이 각자의 역할에 충실하고 좋은 역할을 할 수 있도록 내면적 성장을 해나가는 과정을 그리는 프로그램
	엄마가 달라졌어요	EBS, 좋은 엄마가 되기 위해 고민하고 노력하는 엄마들의 이야기를 다룸

매체	프로그램 명	주요 내용
라디오	정오의 희망곡	MBC, 노래를 통해 마음의 치유를 유도하는 코너
	생생현장	TBS 교통방송에 제공하는 프로그램. 단체나 개인을 찾아가 그들만의 치유법 소개
	생방송 EBS FM 스페셜	EBS 라디오 특강 프로그램. 최근 감성치유를 주제로 한 강사를 초빙하여 방송
	라디오 북클럽 김지은입니다	MBC 교양 프로그램. 최근 치유와 자기긍정에 관한 시적 소개
책	스님의 흰죽 가게	불안과 분노로 지친 현대인에게 흰죽 한 그릇의 이야기들을 통해 유쾌한 처방과 담백한 지혜를 전해 주는 도서
	원더풀 라디오	영화로도 소개된 작품. PD와 DJ의 사랑관계를 통해 서로의 마음을 치유한다는 이야기
	마음 알기 자기 알기	자기긍정과 자아존중감을 높이는 데에 초점을 두고 있음
	심야 치유 식당	삼십대를 살아가는 평범한 젊은 성인이 경험하고 있는 과거의 경험에 의한 후회와 자책, 남과 비교하면서 겪는 자존심의 상처, 이상과의 괴리에 의한 좌절감 속에서 나름대로 대처를 해나갔지만 그럼에도 불구하고 겪게 되는 어려움을 삶속에서 어떻게 풀어가는 것이 좋을지 그 방법을 찾음
	영화로 만나는 치유의 심리학	2가지 키워드를 제시하면서 그에 해당되는 영화를 소개, 그 영화가 시사하고 공통 주제인 트라우마를 극복하는 내용
	자기챙김 명상과 자기치유	주의집중 명상과 자기치유를 위한 실용서. 고난을 회피하지 않고 의미 있게 대처하는 방법을 안내

매체	프로그램 명	주요 내용
기타	치유캠프	안양시에서 운영하고 학교생활에서 고통받고 있는 중·고등학생들을 대상으로 하는 캠프
	템플 스테이	대표적인 곳으로 양주 도리산 육지정사가 있음
	토끼 드롭스	애니메이션으로 주인공이 현대 사회의 야박함 속에서 고난과 역경을 이겨나는 나가는 모습을 보여줌으로서 수용자의 상처를 치유하겠다는 의도

대중문화에 공명되는
고백 그리고 치유

아침마당과 더불어 익숙해진 고백은 이제 우리 대중 문화산물 곳곳에 존재한다. 인기몰이를 하고 있는 텔레비전 오디션 프로그램 〈K 팝 스타〉에 출연한 가수 지망생들조차도 불우한 가정환경이나 신체적 장애 등 자신의 유년기 상처를 털어 놓는 통과의례를 거쳐야 한다. 노래와 춤 실력을 겨루는 과정 틈틈이 카메라는 무대 밖에서 출연자들의 일상을 밀착 동행한다. 이 때 부각되는 것은 신체장애, 혼혈인이라서 경험하는 차별, 가족해체 등 출연자 개개인이 가지고 있는 인간적인 아픔이다. 〈K 팝 스타〉는 인간적인 일상의 밀착 취재를 통해 감정적 상처를 끌어내고 집중 조명하며 나아가 가수가 되기 위해 노래와 춤에 몰두하는 과정이 상처의 치유가 된다는 내러티브를 반복적으로 재생산한다. 오디션은 꿈을 이룰 수 있는 곳이기도 하지만 상처를 치유할 수 있는 곳도 되는 것이다. 12살의 댄스 신동이 카메라 밖에서 생활하는 모습을 보여주면서 카메라는 일상의 여러 모습들 중 아버지, 어머니의 이혼으로 출연자가 혼자 밥을 차려먹고 혼자 노는 모습을 선택한다. 그리고 이 소년에게 춤은 현실의 모든 상처를 잊게 해주는 위안처라고 설명한다. 이 프로그램에 참여하는 것은 곧 치유라는 메타포가 동원됨으로써 오디션 프로그램은 경쟁 조장이 아닌 아픈 기억을 가진 청소년들 아픔을 어루만지는 장(場)이라는 메시지를 만들어 내는 것이다.

유명 연예인과 스포츠 스타의 토크 배틀인 〈강심장〉에서도 매회 숨겨온 상처를 드러내 보이는 고백이 이루어지고 방송 다음 날이면 네이버 등 유명 포털은 일제히 "충격고백"이라는 제목으로 〈강심장〉 출연자의 고백에 관한 기사들을 생산해 낸다. 축구 선수 유상철이 한쪽 눈 실명을 하고도 국가대표에 선발되기까지 겪었던 아픔, 아이돌 스타 조권이 긴 무명과 가난을 이기기 위해 기꺼이 스스로를 과장된 캐릭터로 포지셔닝했다는 고백 등은 대중들에게 놀라움과 감동을 주면서 더 많은 고백을 기대하게 한다.

예전의 토크 배틀이 누가 더 웃기는 이야기를 하는가에 중점을 두었다면 요즈음의 〈강심장〉은 누가 더 슬프고 충격적인 상처를 고백하는가가 우승을 결정짓는다. 개그맨 이수근이 어린

시절 무속인 어머니로 인해 수치심을 느꼈던 심적 고통, 신장이
식을 받은 아내에 대해 털어놓았던 승승장구 등 각종 토크쇼에
서도 고백의 행렬은 계속된다.

케이블 채널 〈ystar〉는 "스타 예능출연 웃음보다 눈물이 대
세"라는 기획으로 "인터넷을 뜨겁게 달군 아이비 눈물고백(2012
년 5월 1일, 강심장)", "배우 장현성 눈물의 가족사(2012년 5월 1일, 승승
장구)", "이효리 아픈 시간 고백(2012년 4월 24일, 힐링 캠프)" 등 각 프
로그램의 아픈 고백을 종합해서 특집화할 정도로 고백은 한국
텔레비전에 차고 또 넘친다.

내면적 고통을 공공연하게 드러냄으로서 대중으로부터의 지지
와 승인을 얻어내는 결과를 얻을 수 있어 사람들은 점점 더 자신
을 각종 상처와 문제를 가진 존재라고 규정짓기 시작한다(Freudi,
2004). 놀란(Nolan, 1998)의 지적처럼 감정을 드러내 보이고 나약함
을 인정하는 것은 좋은 것이라는 생각이 대중들의 마음속에 자
리잡는 것이다.

2011년 방송이 시작된 SBS 〈힐링캠프〉는 치유라는 단어를
드디어 타이틀의 일부로 사용하기 시작했다는 점에서 주목할 가

〈힐링캠프〉에서 힘든 시절에 대해 고백하며 우는 최지우

치가 있다. 이 프로그램 역시 주인공으로 초대된 스타나 유명인이 눈물을 흘리며 그동안 묻어두었던 상처를 드러내 보이고 진행자와 패널들로부터 위안과 격려를 받는 포맷으로 이루어져 있다. 최초로 초대받은 게스트인 최지우는 "어린 나이에 겪었던 상처와 충격, 연기력 부족에 대한 비판… 서러움에 대해 토로…", "여기까지 오기 너무 치열하고 너무 힘들었어, 다시 하라면 싫다, 집에서 펑펑 울었다", "힘든 시절이 있었기에 지금의 내가 있다…, (눈물 보이고…)" 등과 같이 스타 반열에 올라있지만 여전히 상처를 가지고 살고 있음을 눈물로써 보여주고 있다. 이 프로그램은 힐링(healing)을 공공 담론으로 만들고 있지만 여전히 고백의 연장선상이라는 한계는 가지고 있다. 그러나 수용자 대중은 '벼랑 끝에 선' 좌절감과 심각했던 '우울증'에 대한 털어놓기가 출연자들의 상처를 달래주는 치료가 된다는 데 대체로 동의하는 모습이다.

자살에 대해서 언급하고 있는 〈힐링캠프〉 출연자들

〈힐링캠프〉에 초대받은 스타들은 힘든 지난날에 대해 고백을 하는 과정에서 자살충동을 느낀 경험이 있다는 이야기들을 함으로써 상처에 대해 지나치게 과도한 감정적 표현을 한다는 비판을 받기도 하였다. 배우, 가수, 심지어는 학자들도 자기 고백의 기회가 주어졌을 때 자살에 대해 진지하게 고민했음을 털어 놓고 있어 상처에 대한 극단적 해결 방법이 반드시 일탈적인 것만은 아니라는 의미를 생산하고 있다. 지위와 연령을 막론하고 누구나 자살을 생각한다는 것은 보는 이들에게 위안을 주기도 하지만 자살에 대한 허용적 태도를 배양할 위험도 내포하게 된다. 더불어 유사한 고백의 반복은 치유에 대해 가볍고 정형화된 의미를 생산할 수 있다. 즉 눈물을 동반한 감정적 표출이 곧 치유라는 인스턴트화된 공식을 만들어 낼 위험을 안고 있는 것이다.

이처럼 치유에 대한 논의가 이처럼 문화적 공감대를 증폭시켜 나갈 수 있는 것은 몇 가지 요인들이 집합적으로 작용하기 때문이다.

1) 무한경쟁이 가져다주는 피로감[50]

치유 에토스가 토크쇼, 상담, 재활프로그램, 사설유료강습회, 격려집단, 치유세션, 인터넷 등 온갖 사회 거점에서 구현되면서 광범위한 공감대를 얻고 있는 것은 신자유주의 무한경쟁이 가져다주는 불안과 고통 때문이다. 예술평론가 로버트 휴즈(Robert Hughes, 1993)는 〈불평의 문화(Culture of Complaint)〉에서 "우리 문화가 점점 고백적인 문화가 되어가고 있다.… 고통의 민주주의가 위력을 떨친다. 모두가 부자인 것도 아니고 모두가 유명한 것도 아니지만 고통 받는 것은 모두 마찬가지이다.”라고 이야기하고 있다.[51] 이는 모든 시대는 그 시대마다 고유한 질병이 있다고 주장하는 것과 일맥상통하는 이야기이다.

한병철은 우리 시대의 병리현상은 ‘피로’라고 규정한다.[52] 전통사회가 규율을 통해 개인들을 통제하고 규제해 왔던 것과는 대조적으로 신자유주의는 핵심 가치관인 탈규제를 강조하면서 개인들에게 무엇이든 할 수 있다는 정신을 강요하고 그 결과물을 가시적인 것으로 내어놓을 것을 요구하고 있다. 그 결과 개인들은 극단적인 피로와 탈진을 경험한다.

결국 치료나 치유를 요하는 많은 증상들—우울증, 주의력 결핍, 소진증후군 등—은 성과중심 사회로 변화하는 과정에서 생겨난 사회적 부산물인 것이다. 성과중심 사회에서의 생존을 위한 키워드는 무한경쟁 혹은 자기관리이며 경쟁에서 실패한 사람들은 사정없이 ‘루저(loser)’, ‘잉여인간’ 등으로 낙인찍힌다. 사람들은 경쟁의 행렬에서 남보다 뒤처지지 않을까라는 불안에 끊임없이 시달리면서 스펙 관리와 자기계발에 전력투구한다. 프랭클린 다이어리를 사용해 1분 1초를 의미있게 사용하고, 헬스장을 찾아 몸만들기를 하면서 ‘나는 자기관리에 철저한, 그러므로 경쟁력 있는 사람’이라는 메시지를 몸으로 실천한다.

사회에 만연하는 불안은 근거 없는 것이 아니기 때문에 더욱 강력한 힘을 가진다. 제레미 리프킨(Jeremy Ryfkin)과 같은 미래학자가 예측했듯이 우리는 노동의 본질이 급격히 변화하는 경제적 전환기를 살아가고 있으며 기계화에 의한 자동화는 많은 일자리가 기계에 의해 대치되는 결과를 낳고 있다. 특히 디지털시대 온라인 기술은 가장 값싼 노동력보다 더 저렴한 가격에 인간의 일을 대신하고 있으며 노동자가 거의 필요 없는 사무실과 공장이 일반화 되고 있다. 거기에 덧붙여 디지털시대가 새롭게 창출하는 일자리는 엘리트 지향적인 직무 능력을 요구하며 필요 인원 면에서도 매우 제한된 양상을 보여 줄 것이다. 점점 일자리가 줄어드는 상황에서 일자리를 놓고 벌어지는 무한 경쟁은 개인의 정서적 웰빙에 실로 막대한 압력을 행사한다.

'묻지마' 범죄와 OECD 최고의 자살률 등에 나타나듯이 사회 전반에 걸쳐 스트레스, 불안, 분노, 피로가 신드롬이 되면서 감정적 위로와 치유에 대한 필요는 쉽게 공감대를 얻는다. 구조적인 문제가 유발시키는 분노에 개인들은 무력감을 느끼는 경우가 대부분이기 때문이다. "내 통제권 밖(beyond my control)"에 존재하는 부당한 문제들에 분노하며 무력함을 경험하는 개인들에게 치유 혹은 힐링은 듣기만 해도 반가운 말이 된다. 우리 문화와는 생소한 프리허그(Free Hug)운동이 별다른 거부감 없이 받아들여진 것도 바로 그런 이유 때문이다.

2) 공동체적 지지의 쇠퇴와 개인주의

우리 사회는 전통적으로 집단주의적 성격이 강했다. 산업화에도 불구하고 대가족제도와 단합이 강조되던 농경문화의 전통이 비교적 오랫동안 유지되어 온 것도 유교적 집단주의의 영향력이 크게 작용했기 때문이다. 하지만 최근에는 경쟁과 성취 등 서구적 가치관에 기반한 교육제도의 도입, 핵가족화, 세계화의 급속한 진행과 그에 따른 서구적 라이프스타일의 유입으로 집단주의적 가치관과 관계성은 점점 사라지고 있다. 개인주의는 크게 세 가지 기본 전제를 가지고 있는 가치관이다. 우선 세상의 모든 가치는 인간중심적이며, 개인은 그 자체로서 수단이 아닌 목적이라는 것. 둘째, 그러므로 국가와 사회는 개인의 안녕과 목적 달성을 위해 존재한다는 것. 셋째, 개인은 자신의 이해관계만 추구하는 이기적이고 부도덕한 존재가 아니며 다른 사람에게 해를 끼치지 않는 것이 결국은 나에게도 이익이 된다는 '이기적 이타심'을 갖춘 합리적인 존재들이라는 것이다. 요컨대 개인주의는 근대성을 지배하는 가치로써 사생활의 존중, 타인에 대한 존중에 높은 우선순위를 둔다.

그러나 최근 목격하게 되는 개인주의는 타인에 대한 존중보다는 자기중심적인 세계관으로 좀 더 치우치는 성향을 강하게 보여준다. 사회학자 세네트(Senett)는 개인주의가 가지는 사회적 속성을 역설하는 사람이다.

> 개인주의의 근간에는 자유롭고 자주적인 개인만 존재한다는 다수의 오해를 받고 있다. 그러나 개인주의에서는 오히려 자아와 사회와의 의미 있는 관계 정립이 더 중요하다. 자주적인 삶을 사회 속에서 어떻게 살아갈 것인가, 혼신의 힘을 다해 몰두하는 자기계발이 사회 속에서 어떻게 성취감을 만들어 내는가, 친밀감이 개인에게 의미하는 것은 무엇인가, 어떻게 타인에게 자신을 개방하고 관계의 윤택함을 탐구해 나갈 것인가 등은 모두 개인주의가 고민해야 할 중요한 의제들 중 일부이다. 그러나 디지털사회는 전통적 의미의 개인주의를 새로운 자기중심적인 새로운 개인주의로 대치하고 있다. _ Senett, 2006. p.8-9.

새로운 개인주의를 낳은 것은 도처에 만연하는 사유화 또는 민영화(privatization)라고 할 수 있다. 정부의 시장 개입이 축소되고 사회 전반이 시장 주도적 가치관에 의해 재무장되면서 민간의 자유로운 주도권은 복지서비스의 축소와 노동시장의 재편 등 여러 가지 사회 변화를 야기시켰다.

인간관계는 목적성을 띠고 쉽게 모이고 헤어지는 양상을 보여주어 이지 스위쳐(easy switcher)라는 신조어를 낳기도 하고, 사유화된 세계의 특징인 불안정한 고용 시장은 개인들로 하여금 다른 사람들이나 불안, 실망, 좌절 등과 같은 자신의 즉각적, 감정적 생활 너머에 존재하는 더 큰 세상에 대해 관심을 가질 겨를이 없도록 몰아간다. 그런 의미에서 오늘날 개인주의는 사유화된 세계와 본질적으로 연관되어 있다.

대한민국 사회가 점점 더 개인주의화 되는 경향에 대해서는 많은 트렌드 연구들이 입증하고 있는데 모든 일에 있어 자기중심적인 인간관계의 확산, 적극적인 자기계발, 시간관리, 심지어 수면관리, 남녀를 불문하고 자신을 가장 중시하는 경향이 좋은 예가 된다. 남자들은 이제 연인관계라 할지라도 여자에게 무조건적으로 희생하는 대신 공평하고 평등한 관계를 기대하며 또 요구한다.

변화하는 성장환경도 개인주의적 태도를 강화하는데 일조한다. 대가족이 거의 사라지면서 한 두 명의 자녀가 부모의 과보호와 기대를 한 몸에 받게 되자 스스로를 우주의 중심에 두는 경향이 강해진다. 파생되는 결과는 인간관계에서 잘 관찰되는데 지속적이고 협조적인 관계를 위해 노력하기보다는 동호회나 스터디 그룹 등 다양한 목적에 따라 이루어지는 일시적 관계맺기가 확산되어 가고 있다(2011, HS AD 소비자 트렌드 보고서).

경쟁 중심의 신자유주의 확산과 인터넷 미디어의 발달은 사람들의 개인주의 성향을 더욱 가속화시켰다. 스마트폰과 컴퓨터 등 개인이 혼자 사용하는 소통매개체가 지배적인 환경에서 혼자 노트북을 두드리고 책을 읽고 공부를 하는 사람들의 모습을 쉽게 찾아 볼 수 있다. 이렇게 최근 '나홀로족'이 증가한 것은 경쟁에서 살아남기 위해 자기계발에 시간을 투자하는 사람들이 늘어났기 때문이다. 혼자만의 시간을 통해 자기만족과 즐거움을 얻는 '나홀로족'의 성장은 집단주의에서 개인주의로 변하는 우리 사회의 한 단면을 보여 주고 있다. 그러나 쉴 새 없이 바쁜 개인들은 알고 보면 매우 외롭다. 사회적으로 지명도가 있는 사람들도 공개적으로 외로움을 토로하고 있다.

> 매일은 아니지만 지금도 가끔 트위터에 글을 쓰곤 한다. '유난히 우울한 날이다' 따위의 지극히 개인적인 문장을 쓰면서 아무도 안 읽었으면 좋겠다고 생각한다. 그리고 동시에 아무라도 읽어줬으면 좋겠다고 간절히 바라기도 한다. … 단 한 명만이라도 그 순간의 내 절실함을 목격해 준다면 그걸로 충분히 고마운 일이라는 사실을 나는 이제 알게 되었다. 찰나에 불과할지라도 타인의 체온이 닿았다는 기억만으로 우리는 또 다시 살아갈 힘을 얻는 것이다. _ 소설가 정이현, 동아일보, 2010.05.10.

다른 사람에게 피해를 주지 않는 대신 나의 프라이버시에 우선순위를 부여하겠다는 개인주의 정신은 집단주의에서는 흔한 자원이었던 감정적 지지들을 희귀한 자원으로 만들어 버린다. 모두들 자기 세계 안에서 바쁘고 경쟁에 쫓기고 있기 때문에 몇 시간이고 불만을 들어주고 위로해 줄 사람들이 많지도 않다. 자연히 감정적 문제는 친밀한 관계에 의존하기 보다는 전문화된 치유인력에게 의존하는 쪽으로 흘러가게 된다.

3) 정부 차원에서 치유의 정당성 인정

치유문화가 사회적으로 안착하는데 큰 기여를 한 것은 복지국가를 지향하는 정부이다. 사회재생산을 위해서는 문제가정 예방이 중요하다는 인식이 형성되면서 국가적 차원에서 감정적 복지에 대해 관심을 기울이기 시작하였다(Ecclestone, 2004; Ecclestone and Haynes, 2006; Giddens, 1995; Hoggett, 2000).

우리나라도 보건복지가족부가 2006년 사회서비스를 본격적으로 시작하면서 건강한 감정에 대한 국가적 관심이 본격화된다. 특히 2005년부터 2006년에 걸쳐 건강가정지원센터가 설립되면서 전 국민을 대상으로 한 가족상담 프로그램이 도입되고 운영되고 있다. 연장선상에서 2007년에는 사회서비스관리센터를 설립, 저소득 가정에 대한 지원을 위해 각종 전자 바우처 제도를 도입하였다. 이 제도를 통해 각종 정서장애와 행동장애를 가진 아동 및 청소년들이 증상에 따라 심리상담, 아동조기개입 서비스(놀이, 언어, 인지, 미술) 등의 프로그램을 제공받을 수 있도록 하였다(http://www. socialservice.or.kr/ptl.GoodProvider.doj). 또한 드림 스타트(Dream Start) 사업 등 아동 청소년에게 상담과 심리치료, 학습지도 및 지원을 하는 사업도 추가되었다. 국가가 예산을

지원하는 각종 감정 및 정서 영역 치유사업에는 민간기관들도
일정 조건을 갖추면 참여할 수 있다.

아래 표는 부천미술심리발달센터가 청소년들에게 제공하는
정부지원 바우처 사업의 사례로써 "아동과 청소년의 자존감 회
복을 통한 긍정적 미래비전 형성"을 사업 목표로 하고 있다. 관
계형성, 라이프코칭, 자존감 회복 등이 주요 서비스 내용이며 사
회복지사와 임상심리사 등 전문 인력들이 참여하고 있다. 정부
는 전국의 많은 거점들에서 이와 유사한 유형의 프로그램들을

부천미술심리발달센터의 바우처 사업 사례

항 목	내 용		
목 적	발달단계에 따른 비전 교육으로 긍정적인 자아상 형성과 미래 비전을 형성하고, 비전을 통해 책임감 있는 사회구성원으로 성장하도록 체계적인 드림 멘토 라이프 코칭 시스템을 지원한다.		
서비스 대상	소득 : 전국 가구 월 평균 소득 100% 이하 (4인 기준 4,387천원) 연령 : 만7세 ~15세		
제공 인력	사회복지사, 임상심리사, 해당 자격 보유자, 비전설정훈련프로그램 전문가, 진로상담 전문가		
서비스 내용 및 제공 절차	비전형성 기본과정	학습포함형	체험통합형
	자기발견, 표현, 목표관리, 관계형성, 집단협력활동, 라이프코칭 등 자존감회복/리더십/진로탐색/자기주도학습 프로그램	3개월간 기초 학습 및 교과목 지도 → 4개월 째부터는 비전형성 기본형성 과정으로 변경되어 진행	비전형성 기본과정 + 체험프로그램

제공함으로써 정체성 형성, 자기 존중감 등 치료 에토스를 가지는 어휘들이 청소년시기부터 삶의 일부로 친밀하게 스며들도록 해주게 된다.

정서적 웰빙이 중요하다는 국가의 인식과 지원은 대중문화 영역에서 드러나는 치유적 에토스와 공명하면서 각종 교육프로그램, 복지정책 등을 통해 정부가 국민의 감정 영역에 유례없이 많이 개입하는 결과를 낳고 있다. 그리고 국가의 대규모 개입은 앞서 살펴본 민간 영역에서의 각종 시도들과 시너지 작용을 일으키면서 치유의 상업적 상품화를 촉진시키는 데 기여한다.

4) 앞장서는 치유 서비스 제공자들

치유문화의 급격한 성장을 촉진 시킨 가장 큰 이유는 치유가 상업적 이익을 창출할 수 있는 분야라는 인식의 확산 때문이다. 에바 일루즈는 정신적 고통이 민주화되는 과정에서 정신치유가 엄청나게 번창하는 산업이 된 것이라고 지적하고 있거니와(Illuz, 2005) 의학계는 물론이고 심리학, 출판, 온갖 영역들이 치유자 역할을 자처하고 나서고 있는 이유는 치유가 만들어 낼 수 있는 상업적 가치 때문이다. 구성주의자들의 논의에 의하면 사회적 문제는 원래부터 존재해 왔던 것이 아니라 이해관계를 가진 집단의 담론구성활동에 의해 특정 시점에 사회적 문제로 새삼스럽게 발견되고 인정받는다(Kitauses, 1996). 심리학은 병리학적인 영역에 속해 있던 정체성의 문제를 근대 '자아실현'으로 개념 확대를 함으로서 치료 영역 확장에 큰 기여를 하였다. 자아실현이 곧 건강한 삶이라고 규정하게 되면서 온갖 종류의 문제들이 '비정상적, 내지는 치료를 요하는 것'으로 분류될 수 있었다(Illuz, 2005). 건강과 자아실현이 동일시되고 자아실현을 제대로 하지 못하는 사람들은 치료와 관심이 필요한 사람들이 되는 것이다. "자아가 실현된 삶"을 모델로 가정하고 감정적으로 건강하지 못한 행위들을 이상과 비교, 대조하게 되면 대다수 평범한 사람들도 치료의 대상이 된다.

자아실현 담론의 치유화를 보여주는 대표적인 사례가 자기계발의 내러티브로 변형된 정신치료이다. 치료라는 표현보다 훨씬 덜 위협적이고 건설적인 함의를 담고 있는 자기계발 담론은 자아가 스스로 변신하고 구성할 수 있음을 인정한다는 점에서 정신치료와 일맥상통한다. 자기계발 담론은 자유주의적 관점—자기계발이 하나의 권리라는 관점—과 공명하면서 치유의 영역을 확장시키는데 크게 기여하게 되었다.

의학계 역시 새로운 종류의 정신적 질환을 발견하는데 앞장서 왔다.[53] 치료학은 정의되어 있지 않고 끊임없이 확장되는 건강의 이상을 설정함으로서 모든 행동들에 '병리', '질환', '신경증'이라는 라벨을 붙일 수 있었다. '외상 후 스트레스 장애 증후군(PTSD)', 만성피로 증후군 등이 감정에 의해 유발되는 새로운 정신적 문제로 규정되었으며 종래에는 어린이에게만 진단되었던 '주의력 결핍'이 1990년대부터는 성인들에게도 진단 내려지고 있다(Furedi, 2004). 정신적 문제의 의학적 발견을 통해 더 많은 사람들이 공식적인 치료의 대상이 된다.

우리 사회에서도 정신의학계의 지명도 있는 의사가 전문가의 권위를 가지고 지친 심신을 위한 치유의 방법을 제공한다고 선언하면서 힐링의 필요성에 대한 대중적 관심을 환기시키는 기폭제 역할을 하였다. 명상, 요가, 산책 등 어디서나 할 수 있는 활동으로 구성되어 있지만 정신과 전문의로서의 활동, 각종 청소년 심리관련 저술로 사회적 명성을 얻은 권위자가 만든 프로그램이기 때문에 보통 사람에게도 치유가 필요하다는 것을 공론화하는데 성공하였다. 의학계 구성원이 프로그램을 짜고 운영함으로써 신뢰할 수 있다는 인식 역시 성공적으로 형성할 수 있었다. 1박 2일에 68만원이나 되는 고비용의 상업적 치유가 행복증진과 가족 유대 강화라는 이름으로 재포장되었으며 사람들은 전문가의 권위와 아우라가 삶을 바꿔 줄 것이라 기대하며 열광적 반응을 보였다. 의학전문가가 설립한 시설이 아니라면 높은 신뢰도를 형성하는 것이 쉽지 않았을 것이다. 이 전문성은 치유의 상업성을 치유의 전문성으로 치환시키고 긴 대기자 명단에 줄서서 자기 차례를 참고 기다리게 한다. 아래는 중앙일보에 기사 형태로 게재된 힐리언스 캠프 광고문이다.

〈부부 간도 치료대상〉 '행복더하기 부부캠프' 참가하세요

자녀의 진로 걱정, 매일 반복되는 집안일, 스트레스를 잠시 잊고 부부만의 휴식과 즐거움을 누릴 수 있는 '행복 더하기 부부캠프'가 강원도 홍천에 위치한 힐리언스 선마을에서 열린다. 중앙일보헬스미디어와 힐리언스 선마을의 공동 주최로 1박 2일간 마련된 이 캠프는 부부간의 진솔한 대화와 스킨십을 이끌어내는 다양한 프로그램들로 채워져 있다. 특히 부부상담 전문가인 송길원·김향숙 박사 부부의 '실화로 배우는 올바른 가정경영법', '부부 대화법', '부부가 함께 하는 스텝-동작치료' 등의

강의는 부부의 행복을 업그레이드시켜 주는 데 도움이 될 것이다. 또 부부가 함께 건강을 챙길 수 있는 '스파&황토찜질방 체험', '부부 트레킹', '행복한 부부의 식습관, 맛있게 푸짐하게 건강하게' 등의 체험행사가 진행된다. '행복 더하기 부부캠프'는 정신과학분야의 권위자인 이시형 박사가 촌장으로 있는 강원도 힐리언스 선마을에서 진행된다.

일시: 12월 17(금)~18일(토) 1박 2일
장소: 강원도 홍천 힐리언스 선마을
대상: 대한민국 모든 부부(선착순 20쌍)
비용: 부부 한 쌍 68만 원

흥미로운 것은 정부의 복지적 치유서비스 제공 역시 치유의 상업적 잠재력을 충분히 인식하고 내린 결정이라는 점이다. 정부가 제공하는 각종 치료프로그램들은 임상심리자격증이 있는 인력을 필요로 한다는 것을 의무조항으로 명시하고 있는데, 이는 치료의 품질을 향상시키려는 의지도 반영하는 것이지만 일자리 창출이라는 목적 역시 내포하고 있다. 복지분야의 치료 서비스 확대는 실업문제라는 정부의 당면과제를 위한 해결책이기도 하다는 것이다.

2011년 한국보건사회연구원 연차보고서는 복지분야 정책 입안을 위한 자료조사에서 "심리 및 서비스분야 서비스에 대한 수요"를 예측하고 있는데 정부에서 각종 심리관련 서비스를 제공할 경우 수요가 얼마나 발생할 것인가에 대한 분석이다. 연차보고서에 포함된 "친서민정책으로서의 사회서비스 일자리 확충전략"이라는 제목의 보고서에 의하면 청소년을 대상으로 한 치유관련 서비스 제공을 일자리 창출과 연결시키고자 하는 의도가 분명하게 드러난다.

심리 · 정서분야 서비스 수요 추계 결과
- 〈중고등학생 대상 심리 · 정서분야 서비스〉

심리평가서비스 중 진로검사의 이용의향이 40%전후로서, 이를 무료 시행 시 **최대 월평균 1,800명 이상의 고용 창출 효과** 기대된다. 성격검사와 학습검사의 이용의향도 30%에 가깝게 나타났고, 서비스 무료 시행 시 **최대 월평균 1,000명 이상 고용 창출**이 가능하다. 기타 정신건강, 인터넷 중독검사, 대인관계검사, 지능검사, 종합심리검사는 상대적으로 이용 의향 및 고용 창출 수준이 낮았다. 중고등학생 대상 심리상담 및 치료서비스, 가족관계 향상서비스는 이용의향 및 고용 창출 수준이 낮았다.

_ 2011, 한국보건사회연구원 연차보고서 p.174. 굵은 부분 저자가 표시

위 보고서가 보여주듯이 복지국가의 각종 심리치료는 복지 그 자체를 위해서도 도입되고 있지만 후기 산업사회가 당면한 최대 과제인 일자리 창출을 위해 확대되고 있는 부분도 존재한다. 결국 신자유주의 도입으로 고용불안정성이 증가하고, 고용불안정은 많은 경우 가족위기를 초래하는데 위기의 가족들을 돕기 위한 국가적 차원의 복지 프로그램을 도입함으로써 고용안정성을 일부나마 해소하려는 이상한 뫼비우스의 띠가 만들어지고 있는 것이다.

4.
대중은
왜 치유에 열광하는가?

치유 내러티브가 문화적으로 공명되는 이유는 세 가지 정도로 요약될 수 있다. 첫째, 치료 내러티브는 서로 모순되는 감정들을 모두 다룬다. 감정의 과잉과 결핍 두 가지 모두 치유적 관심의 대상이 된다. 자신의 감정 수위가 적절하다고 느끼면서 살아가는 사람들은 소수에 불과할 것이고 따라서 치료의 내러티브는 거의 대다수 사람에게 자신과 연관성을 가지는 것으로 인식되면서 관여도 높게 받아들여지는 영역이다.

둘째, 치료 내러티브는 종교와 유사한 역할을 한다. 치유는 과거지향적이면서도 과거를 극복하고 더 완전하고 행복한 미래를 지향한다는 점에서 종교와 유사성이 강하다. 종교가 죄를 반성하고 미래의 구원을 약속한다면 치유는 과거의 상처를 봉합하고 건강한 미래를 목표로 한다. 종교는 완벽함에 도달하고자 하는 인간의 기본적인 본성이 외부로 투영되어 생겨난 산물이다. 따라서 종교적인 지향들은 인간 본성의 일부이기 때문에 종교와 유사한 치유 에토스는 보편성을 가질 수 있다. 모로비츠 (Morowitz) 역시 우리 시대 종교의 쇠퇴가 현재 목격하고 있는 감정과 심리에 대한 집착을 설명할 수 있다고 주장한다. 구원에 대한 신념을 상실해감에 따라 사람들은 현실에서의 개인적 행복추구에 보다 많은 관심을 기울이게 된 것이다. 그리고 성직자 대신 새로운 '영혼의 의사'들이 나타나서 감정적 건강관리를 제공하겠다고 자처하자 대중은 종교의 대체물로 치유에 쉽사리 의존하게 되는 것이다. 전통적으로 종교에서 '죄의 사함'이 차지했던 자리를 '마음에 대한 치유'가 대치하게 된 것이다.

세 번째, 치유의 내러티브는 개인에게 많은 윤리적 이슈에 대해 면책특권을 부여한다. 치유의 담론은 치유대상자를 일종의 희생자로 간주한다. 치유 담론은 개인들이 불행한 가정, 상처 받은 관계들 때문에 고통 받고 있는 것이지 자신이 무책임하고, 잘못된 결정을 내려서 고통받는 것은 아니라고 강조한다. 심지어 범죄의 경우에도 그 일탈성이 지나치게 높을 경우 치유의 시각에서 조명하는 관행을 보여준다. 비상식적인 범죄사건이 일어날 때 거의 빠지지 않고 범죄자의 비정상적인 인성이나 불우한 과거, 살아오면서 학대받고 상처 입은 경험들이 세밀하게 파헤

쳐진다. 이들 통해 범죄자들이 남다른 이력을 가진 일탈적 인물이라는 레이블링도 가능하지만 동시에 이들의 범죄가 잘못된 양육, 평탄하지 않은 가정의 산물이라는 의미도 강하게 전달하게 된다. 그 함의는 상처받은 경험들을 사회적 차원에서 치유해야 한다는 동의구축이며 문제의 징후가 보이는 사회구성원들에 대한 치료 필요성을 정당화시키게 된다.

반드시 일탈적인 환경 탓이 아니라도 치유대상을 가족관계나 부당한 스트레스의 희생자로 프레이밍(framing)하고 격려와 지지를 제공하는 것은 치유의 전형적인 관행이다. 비행, 불륜, 적개심, 우울함 그 밖의 수없이 많은 감정적 고통은 나의 잘못이라기보다는 외부적 원인에서 촉발된 것이므로 '있는 그대로의 나를 받아들이고 사랑하라'는 치유 메시지는 개인에게 고통으로부터의 자유를 제공하기 때문에 환영받는다. 개인의 책임이나 잘못이 최소화되는 치유의 담론은 희생자 산업(victim industry)이라는 별명까지 얻게 되었다.

5.
대중문화가
재현하는 치유

1) 인스턴트화되는 치유

드라마나 솔루션을 표방하는 프로그램들에 나타나는 치유는 상당히 쉽고 단순하다. 고백은 곧 치유라는 공식이 성립되며 이는 치유에 대해 비현실적 기대를 유발시킬 위험이 있다. 고백은 눈물을 동반한 감정의 쏟아냄이며 감정적 폭발이 곧 해결이라는 초간단 공식을 성립시킬 수 있다. 덧붙여 개인의 행복하지 않은 현실에 대한 모든 원인을 어린 시절의 불행한 기억으로 돌리게 하는 위험을 내포한다. 부부가 함께 출연하는 토크쇼 〈자기야〉의 단골 게스트인 개그맨 양원경과 박현정 부부는 종종 위험 수위에 육박하는 비난을 주고받는 모습을 보여 왔다. 예능 프로그램이지만 이들 부부의 적대적 감정은 매우 사실적이었고, 마침내 프로그램 차원에서 이들 부부가 그간의 상처를 치유할 수 있는 계기가 만들어진다. 자기고백을 할 수 있도록 자리를 제공해 주자 아내는 어렸을 적 아버지에게 받은 부정적인 기억 때문에 아버지와 반대된다는 사실만으로 남편을 선택한 것이 실수였다고 털어 놓는다. 유사하게 남편은 어렸을 적 너무 가난했던 기억 때문에 돈에 대해 집착하게 되고 일확천금을 꿈꾸게 되어 투기성이 강한 투자를 하게 되었다고 고백한다. 서로의 과거에 대해 알게 된 부부는 오열하면서 상대방의 상처에 무심했던 자신에 대해 반성하고 서로를 좀 더 이해하게 되는 모습을 보여준다. 자막을 통해서 "이제 남편의 어린 시절 상처를 보듬을 시간…" 등의 설명이 주어지면서 눈물 고백은 곧 상처의 치유라는 의미를 성립시킨다. 그러나 어린 시절 가난으로 고생했던 사람이 모두 투기적인 방법으로 재산을 모으려 하지는 않는다는 사실은 간과된다.

고백을 통해 감정이 더욱 증폭되고 내면의 억압된 감정이 방출됨에 따라 일시적으로나마 마음이 후련해지는 정서적 환기(emotional ventilation)가 이루어진다. 동시에 우리의 정신이 고양되고 우울로 고갈된 에너지가 재생되는 느낌을 받는다. 그러나 그것이 근본적인 해결책은 아니다. 관계회복이나 상처의 치유는 많은 시간과 노력을 필요로 하며 종종 실패의 위험도 안고 있다.

〈자기야〉에서 이제 서로를 이해하게 되었다고 이야기 하던 양원경, 박현정 부부가 얼마가지 않아 이혼하고만 사실은 치유가 결코 단기간에 이루어지는 간단한 작업이 아님을 잘 보여준다.

아내: 초등학교 1학년 때였는데 술만 드시고 오면 … 난 진짜 아빠가 없었으면 좋겠어… 아빠가 빨리 돌아가셨으면 좋겠다고 생각했어… 난 당신이 술을 안 먹어서 너무 좋아서… 술 먹고 아빠처럼 그러지 않을 것 같아서… 내가 받은 상처는 우리 아이들에게는 주지 말아야 생각했는데….

남편: 내가 어렸을 때 가졌던 상처는 돈이 없어서… 그래서 빨리 벗어나고 싶었거든. 그래서 무리를 한 거야. 식당, 주식… 돈에 찌든 엄마 모습이 너무 싫었거든….

〈자기야〉, 2011.02.12일 에피소드. 양원경, 박현정 부부 상호고백

2) 강화되는 전문가의 권력

〈미워도 다시 한 번〉이라는 프로그램은 치유 테크닉의 종합선물세트라고 할 수 있다. "국내 최초 이혼 극복 댄스 솔루션"이라는 슬로건을 표방하며 이름도 생소한 '댄스 치료'를 부부문제 해결에 도입하려는 시도로 제작되는데 소재가 자극적이고 출연자들의 대화가 폭력과 욕설 등을 포함하고 있어 매우 감정적인 성격을 띤다. 내용의 선정성으로 인해 지상파가 아닌 SBS 케이블

채널에서 방영되는 이 치유프로그램은 2011년부터 시작되었으며 매 시즌마다 4쌍의 이혼 위기에 선 부부들이 출연해 댄스스포츠 대결을 벌이고 승리한 팀에게는 2,000만원의 상금이 주어진다.

댄스스포츠는 상대방에 대한 신뢰와 배려가 있어야만 출 수 있는 춤이기 때문에 상대방에 대한 이해를 거부하는 부부관계를 개선시킬 수 있는 치료책으로 선택되었다는 것이 방송사의 설명이다.

출연자들의 면모를 살펴보면 허세쟁이 남편과 지나치게 알뜰한 현실주의자 아내(성격차이 부부), 뚱뚱한 아내와 아내의 몸을 비난하며 폭언하는 남편(슈렉 부부), 서로에게 무관심한 투명인간 부부, 대학생 신분으로 가정을 꾸리고 있는 미성숙한 부부 등 다양한 유형의 문제를 가진 커플들이다. "누군가는 죽어야하는 전쟁", "주식에 미친 남편, 남편을 무시하는 아내", "정신병" 등 이들의 결혼 생활을 묘사하는 어휘들은 누가 봐도 어떤 개입이나 조치를 필요로 한다는 생각을 하게 한다.

망가진 관계 외에도 출연자들은 빚, 생활고, 열악한 주거 환경 등 계층의 문제를 복합적으로 안고 있으며 자신들이 출연을 결심한 것은 상금이 간절하게 필요하기 때문이라고 공공연하게 말할 정도로 부부관계뿐 아니라 경제적으로도 위기 상황에 처해 있는 부부들이다.

출연자 부부 외에 전문가 집단이 이 프로그램을 이끌어 가는 축이 되는데 전문가들은 댄스스포츠 전문가, 부부상담 전문가, 심리분석 전문가, 심리극 치료 전문가, 부부치료사, 스피치 전문가, 정신치료 멘토, 인간관계분석 전문가 등 각종 직함을 가진 사람들로써 자세히 관찰해 보면 심리학과 교수, 정신과 의사, 법

률가, 상담전문가 등이 이름만 바꾸어 스스로를 치유전문가로 재포장 했다는 것을 발견할 수 있다.

프로그램 포맷은 매회 매우 정형화되어 있다. 우선 스튜디오에 진행자와 각 분야 전문가 패널이 등장해 출연자 부부들에 대해 간단한 프로필 소개를 한다. 곧이어 참가 부부들의 문제 많은 일상이 각 커플별로 적나라하게 보여진다. 스튜디오 패널들은 참가자 부부의 일상이 담긴 영상을 보며 무엇이 잘못되었는지 전문가적 진단을 내리고 "눈 맞춤과 스킨십을 반복하면 잃어버렸던 신뢰나 애정을 회복할 수 있고 결과적으로 부부관계 개선에 도움이 될 것이다(정신건강연구소 소장)" 등과 같이 나름대로의 해결책을 제시한다. 그런데 시즌 말미가 되면 참가자 부부들 모두 프로그램 초기의 갈등을 거두고 극적인 화해를 하거나 다시 잘해 보겠다는 의지를 표명하기 때문에 전문가들이 내린 처방과 해결책은 진정한 해결책으로써의 권위와 신뢰를 획득하게 된다.

전문가 진단이 끝나면 스튜디오에 직접 모인 4쌍의 부부에게 댄스 미션이 전달되며 부부관계 회복을 위한 100일간의 연습과정이 시작된다. 그런데 춤 연습만 하는 것이 아니라 이들 부부는 100일의 동안 각종 치유 미션을 수행해야 한다. 세간나누기, 역할극, 남편 발 씻어주기, 아내의 머리 감겨주기, 서바이벌 게임, 난투극 등 미션은 그야말로 치유법의 종합전시장이라 불러도 손색이 없다. 그런데 이들 치유 미션은 하나의 놀이나 일상 생활의 일부 같은 인상을 주기 때문에 치유는 심각한 문제가 있는 사람에게나 필요한 것이라는 대중의 거부감을 해소하는데 상당히 기여를 하게 된다. 수용자들이 지금까지 몰랐던 수많은 치유 방법에 대해 알게 되고 이들 방법이 거의 대부분 긍정적인 것으로 판명되는 결과를 확인할 수 있다는 점에서 이 프로그램은 전문가 집단의 전공 분야를 홍보하는 장이라고 할 수 있다. 치유관련 각종 테크닉이나 방법들은 다양하게 소개하는 데 그치지 않고 전문가들이 각종 치유법을 결정한다는 점에서 〈미워도 다시 한 번〉은 치유 전문가 집단의 권력을 강화시켜 주는 역할 역시 수행한다.

전통적으로 보건의료 분야에서 개인의 몸에 대한 통제권을 가지는 집단은 그 사회에서 가장 파워가 있는 집단이었다. 의료권력과 관련해서는 낙태가 아마도 가장 많이 거론된 주제인데 중세에는 낙태는 전적으로 불법이었으며 금지할 수 있는 권한은 신을 대리하는 성직자들이 가지고 있었다. 이후 산업혁명기를 거치면서 낙태는 여전히 불법이었지만 의사들이 산모의 상태를 고려해 예외를 인정할 수 있는 권한을 가지게 된다. 이로써 여성의 몸에 대한 결정권은 전문가 집단에게 넘어가게 된다.

이후 1990년대 낙태허용운동이 미국 사회를 흔들었을 때 시위참가자들이 낙태 허용을 주장한 명분은 '내 몸에 대한 나의 선택권 보장'이었다. 실제로 낙태를 하겠다는 것보다는 의사나 성직자 대신 개인 주체가 신체에 대한 결정 권한을 가질 수 있도록 권리를 보장하라는 것이 낙태허용운동의 핵심 메시지였다.

역사적 사례들이 보여주듯이 의료 전문가들은 개개인의 몸이나 심리 상태에 대해 무엇이 바람직하며 무엇은 금해야 하는지를 결정하는 권한을 사회로부터 부여 받았기 때문에 상당한 권력을 가진 집단들이다. 치유문화의 열풍은 의사들에 비해 상대적으로 열세에 있었던 각종 심리분야 전문가들에게 개인의 웰빙과 관련해 많은 결정권을 행사할 수 있는 권한 획득의 기회가 되었다. 그리고 온갖 종류의 전문가들이 활약하는 〈미워도 다시 한 번〉은 전문가 집단에게 파워를 부여하도록 정당화하는데 기여를 하게 된다. 전문가에 대한 지나친 의존은 개인의 재량권과 자율성을 축소시킬 수 있다는 점은 상대적으로 관심을 받지 못하고 있다.

100일의 대 장정이 끝나면 마지막 댄스경연을 마친 부부들은 모두 눈물을 흘리며 화해하는 모습을 보여준다. 억눌렸던 감정을 눈물로 표출함으로써 긴 세월 축적되어 온 부부문제가 해결되는 것으로 그려지면서 시즌은 막을 내리게 된다. 그러나 자세히 살펴보면 부부들이 흘리는 눈물은 자기반성과 화해의 사인이기도 하지만 무엇인가 성취했다는 기쁨과 더불어 그간 겪어온 서러움이 터져 나오는 것일 가능성도 배제할 수 없다. 살사나 자이브를 성공적으로 이루어낸 자신이 자랑스럽고 이렇게 잠재력이 있는데 왜 그렇게 살았는가라는 회한이 반드시 배우자에 대한 이해와 배려를 의미하는 것은 아니다. 그러나 프로그램은 댄스경연과 그 직후까지만 보여주고 마무리되기 때문에 치유를 통해 지속적인 관계개선이 이루어졌는지 말하기는 힘들다.

〈미워도 다시 한 번〉을 분석해 보면 감정적 상처들을 치유하는 방식에 상당한 정형화가 발견된다. 자존감에 입은 상처는 외모, 스피치 능력의 개선을 통해 극복하며 부부갈등, 자녀와 갈등 등 핵가족 유지에 필요한 가족 관계의 문제는 역할극이나 협동과업 수행 등을 통해 풀어 나간다. 이는 〈자기야〉가 보여주는 치유의 인스턴트화와 일맥상통하는 부분으로 전문가의 가이드만 따라가면 별다른 노력 없이도 단시일 내에 관계회복이나 상처 치유가 가능하다는 신화적 믿음을 양산할 우려가 있다.

3) 치유의 상업화: 성형이 치유의 아우라를 입다

감정의 치료와 자아존중감 회복이라는 치유의 정신은 최근 그 영역을 점차 확장하면서 성형의 영역에 의해 포섭당하는 양상을 보여준다. 케이블 텔레비전의 채널 수 증가와 더불어 각종 미용관련 프로그램들이 대거 등장하는데 그 중 일부는 외모의 변화가 곧 마음의 치유라는 의미를 생산하고 또 강조하고 있다.

예를 들어 성형은 아름다움의 추구를 위한 것이 아니라 자아존중감을 되찾고 자신감을 얻으며 사회구성원들로부터 환대 받을 수 있는 치료의 방편으로 재의미화되고 외모의 '교정'이 가지는 치유적 중요성을 실제로 입증하기 위한 사례들이 텔레비전 프로그램에서 제시되고 있다. 성형은 곧 치유라는 시각은 성형을 바람직하지 않은 깃으로 간주하는 사회적 징서에 공개적으로 저항하지는 못하지만 성형을 통해서라도 아름다워지고 싶다는 모순되는 감정구조를 가진 수용자들에게 더할 나위 없이 좋은 출구를 만들어준다.

가장 대표적인 프로그램이 "평범하지 않은 외모로 고통 받는 여성의 삶을 바꿔주는" 케이블채널 스토리온(Story On)의 '메이크오버' 프로그램 〈렛미인〉이다. 타이틀 'Let me in'은 중층적 의미를 가진다. '미인이 되자'는 표면적 의미와 '나를 (정상적 혹은 주류 사회로) 들어가게 해 달라'는 2차적 의미이다. 프로그램 출연자들은 그러므로 어떤 문제로 인해 주변부에 밀려나 정상의 대열에 합류하고 싶어하는 사람들이라는 함의를 가진다. 〈렛미인〉의 치유의 대상은 외모로 인해 삶에서 문제를 경험하는 여성들인데 프로그램은 "외모뿐만 아니라 외모로 인해 생겨난 마음의 병까지 치유해 주는 것"을 목표로 내세우고 있다.

프로그램 포맷을 살펴보면 매회 의료전문가 집단이 신청자 주장의 타당성을 엄밀히 심사해 프로그램 출연 여부를 결정한다. 출연하게 되면 또 한 번의 전문가 심사가 이루어지는데 이때 의사들로 구성된 패널들이 외모 교정을 할 것인가 아닌가를 최종적으로 결정하게 된다. 선발된 신청자에 대해서는 수술 전의 일상, 성형수술과정, 수술 후 2개월의 합숙 과정을 카메라가 스토리텔링 형태로 밀착 취재한다. 출연자로 선발된 여성은 외과적 수술 외에도 정신과적인 상담과 치료 그리고 전문 메이크업 디자이너와 스타일리스트들의 도움을 받아 화사한 미인으로 탄생한다.

다음에 살펴볼 에피소드의 주인공은 자신의 두드러진 앞니 때문에 어렸을 적부터 열등감에 시달리고 주변으로부터 놀림의 대상이 되어 왔다고 주장하는 여성이다. '쿤타킨테', '당나귀'와 같은 별명으로 불리워 왔으며 그로 인해 입은 상처로 그녀의 내면은 매우 불안정한 상태이며 내레이션과 인터뷰는 시종일관 상처받은 내면 세계를 강조한다. 그러나 프로그램 자막은 그녀를 '쿤타킨테'라고 명명하는 매우 모순적인 모습을 보여준다.

쿤타킨테는 1970년대 텔레비전 드라마로 더 유명해진 알렉스 헤일리의 소설 〈뿌리〉에 등장하는 아프리카 출신 흑인이다. 아프리카에서 아메리카 대륙으로 끌려온 노예 1세대이며 그런 이유로 다른 인종의 피가 섞이지 않은 가장 원시적인 모습을 간직한 원주민이다. 그녀를 외모지상주의 세상이 만들어 낸 희생자라고 제시하면서도 보다 극적인 효과를 내기 위해 그녀를 아프리카 오지의, 가장 원시적인 인물의 상징인 '쿤타킨테녀'로 명명함으로써 주인공을 대다수 사람들에게 생소한 타자로 객체화시키고 있다.

'스스로의 노력으로 벗어날 수 없는 외모의 굴레'라는 자막이 나타내는 것처럼 출연자는 '외모의 굴레'에 의해 고통 받는 희생자로 자신을 인식하고 있다. 베스트(Best, 1997)에 의하면 희생자에 관한 이야기는 미디어에게 특히나 흥미로운 이슈가 되는데 왜냐하면 희생은 항상 극적인 형태로 제시될 수 있기 때문이다. 또한 시청자들에게 자신과 비슷한 처지의 이야기로 인식될 가능성이 높고, '희생'에 방점을 찍음으로써 의학계, 법조계, 학계 등 권위를 가진 전문가 개입을 정당화하여 희망을 줄 수 있기 때문이기도 하다.[54]

한편 개인들이 스스로를 희생자라고 느끼는 것은 자아존중감에 내한 집착을 반영하는 것이기도 하다. 개인의 사아존중감 결여는 곧 스스로 주체가 되어 능동적인 삶을 살아갈 수 있는 능력에 장애물이 된다는 문화적 믿음이 사회 전반에 걸쳐 작동하고 있으며 심지어 성형을 통해서라도 자아존중감은 반드시 복구해야 하는 것이라고 동의가 널리 퍼져 있다. 오프라 윈프리는 자신의 청중들에게 "이 세상에 존재하는 모든 문제의 근간에는 낮은 자아존중감이 존재한다"라고 말하는데 이처럼 자존감은 모든 사회적 문제를 유발시키는 원인으로 지목된다. 제니퍼 커닝햄(Cunningham)은 자아존중감을 높이는 일은 개인과 사회가 직면하는 모든 문제를 해결하는 마법의 총알로 간주된다고 주장하며 '자아존중감 결여'는 현대 사회의 신화라고까지 이야기하고 있다.

신화는 알다시피 거짓된 이야기이다. 그러나 거의 모든 사람들이 자연스럽게 받아들일 정도로 진실의 아우라를 가지고 있는 이야기이다. 자아존중감은 개인에게 좌절을 가져다주는 각종 구조적인 문제를 설명하는 지극히 개인화된 도구이다. 일자리를 구하지 못하는 것, 소득이 낮은 것, 좋은 배우자를 만나지 못하는 것, 원만한 관계를 유지하지 못하는 것 등 대다수의 문제는 자아존중감 결여라는 한마디로 설명이 가능해진다.

스토리 온 채널의 〈렛미인〉 에피소드에는 쿤타킨테라고 불리는 출연자의 친언니도 함께 등장한다. 언니는 이미 턱 부정교합으로 세 차례나 수술을 받았으며 수술 결과가 예상했던 것만큼 만족스럽지 않아 외부와 단절한 채 방에서만 지내는 상태이다. 카메라는 침대에 누워서 우울함에 빠져 있는 모습을 그녀의 일상을 상징하는 핵심 이미지로 제시한다. 이어 어두운 방안에서 "어떻게 하면 고통 없이 죽을 수 있는가" 만을 생각한다는 증언을 자막으로 보여줌으로써 외모에 대한 콤플렉스가 개인이 정상적인 사회 생활을 영위하지 못하게 할 정도로 큰 상처거리가 된다는 것을 부각시킨다.

주인공에게 있어 문제가 되는 것은 외모 그 자체가 아니라 자신이 원하는 외모와 일치하지 않는다는 강박적 불만이라는 것을 시청자는 금방 알아차리지만 카메라와 프로그램 전문가 패널은 애써 외면한다.

한편 전문의료진으로 구성된 자문단을 대거 참여시킴으로써 〈렛미인〉은 전문적 치유를 지향하는 프로그램이라는 성격을 스스로 명확하게 규정하고 있다. 외모 교정을 통한 자아존중감 상승이 궁극적 목적이며 미에 대한 개인의 허영적 집착을 충족시키는 프로그램이 아니라는 점에 대한 강조는 성형의 치유적 의미를 더욱 공고히 하게 된다. '쿤타킨테녀'가 탈락을 하더라도 또 다른 신청자가 중 누군가는 궁극적으로 시술의 대상이 되기 때문에 의료진 내부의 엇갈리는 의견은 하나의 의식(ritual) 혹은 제스처에 불과하다.

프로그램 〈렛미인〉에서 의료진은 출연자의 수술 여부를 놓고 설왕설래 의견 차이를 보이는데 이는 두 가지 의미에서 주목할 만하다. 첫째, 의사들 간의 이견은 외모를 바꾸는 것은 결코 간단한 결정이 아니며 심사숙고를 거쳐야 한다는 규범적인 메시지이다. 규범을 준수하고 윤리성을 강조함으로써 후반부에 이어질 각종 성형 시술들은 정당성을 확보하게 되고 나아가 이 프로그램에 참여하는 모든 전문가 패널들의 치료행위가 반드시 필요한 사람들만을 대상으로 이루어지는 진정한 교정이라는 의미를 생산하게 된다. 특히 정신과 의사가 패널 구성원으로 참여함으로써 여기서 내려지는 결정은 진정한 치유책이라는 인식을 심어주게 된다.

둘째, 여성들의 몸에 대한 결정권은 전문가가 가지고 있다는 의미를 생산한다. '쿤타킨테녀'와 그 언니가 아무리 간절히 원한다고 해도 수술을 통해 외모 개선이 어느 정도 이루어질 수 있는가 그리고 그것이 과연 환자가 기대하는 만족감을 가져다 줄 수 있을 것인가? 등의 판단들은 전문가 의료진들이 내리게 된다. 이 논의 과정에서 출연자 본인은 완전히 배제되는 양상을 보임으로써 개인은 외모 교정의 대상으로만 객체화될 위험이 존재한다.

수술적 시도가 끝나면 대중들에게 높은 인지도를 형성해 있는 메이크업 아티스트들이 전문가의 일원으로 합류해 방금 구원받는 여성들의 자아존중감 올리기에 힘을 보탠다. 이들의 이름 역시 자막으로 분명하게 소개됨으로써 방송에 나타난 결과를 보고 찾아 올 많은 고객들을 확보하게 되는 것이다. 메이크업 아티스트들은 전문의 자격증을 가진 의료진의 권위에 패키지로 편승해 의료진의 작업을 더욱 돋보이게 하는 역할을 하는 동시에 자신들의 권위를 상당 부분 확보하게 되며 나아가 메이크업 산업 전반의 이해를 촉진시킨다.

〈렛미인〉 내러티브는 희생자였던 여성이 자신감있는 여성으로 거듭남으로써 그간 스스로 시달려온 외모 콤플렉스에서 탈출하고 새로운 인생을 시작하는 것으로 마무리된다. 그러나 스토리텔링 말미에 총비용 2,070만원이라는 자막과 더불어 '턱밑 지방흡입 200만원', '쌍꺼풀 120만원', '이마 지방이식 200만원', '눈 밑 애교 필러 80만원' 등 성형 비용에 대한 상세한 자료가 주어지는 것은 "단순히 아름다워지기 위해 외모를 고치는 것이 아니라 마음의 상처를 치유하기 위함"이라는 프로그램의 원래 취지와 아무런 관련이 없다. 부위별 가격에 대한 친절한 언급은 이 프로그램에 등장하는 전문가 집단의 전공영역─성형, 피부, 치과─치료와 정확하게 일치하고 따라서 이들이 표방하는 환자의 자존감, 상처치료는 모두 진정성이 회의스러운 마케팅 활동으로 의심받을 수밖에 없다.

프로그램은 치유를 표방하고 있지만 사실은 성형시장의 각종 서비스 가능 시술들과 그에 수반되는 비용에 대한 살아있는 견적서를 제공하는 것에 다름이 아니다. 의료진은 수술 실적을 토대로 많은 고객을 확보할 수 있으며 의사들에게 시술을 받으러 가는 많은 여성들은 스스로가 자아존중감, 자신감을 찾으러 가는 것으로 정당화 할 수 있다. 출연자와 의료진 모두에게 윈윈게임(win-win game)이 되는 것이다.

최근 '자신감 향상', '경쟁력 강화'라는 취지하에 미용 산업과 화장품 산업의 광고물 역할을 하는 프로그램들이 케이블 텔레비전에서 급증하고 있다. 우리는 치유의 상업화가 내면을 어루만지는 데 머무르지 않고 외모변형으로까지 확장하는 시점에 서 있는 것이다.

6.
치유문화 범람의
사회적 함의

이상에서 살펴본 일련의 사례들처럼 감정적 상처와 나약함을 드러내 보이는 것은 대중문화 산물 전반에 걸쳐 점차 보편화되고 있다. 이 같은 추세는 감정 개방이 감정 억압을 당연시 하던 시대에 비해 더 진보적인 것으로 간주되면서 감정을 털어놓음으로서 개인은 보다 큰 자신감을 가질 수 있을 것이라는 사회적 믿음과 기대를 반영하는 부분이다.

연예인, 성공한 인물들, 비범한 재주를 가진 인물들이 스스로를 나약하고, 상처 입었으며 부서지기 쉬운 존재로 묘사할 때 공중의 공감대나 이해를 얻어내는 것을 보면서 대중들도 자신의 고백이 공감대를 얻고 위안을 가져다 줄 것이라는 일종의 신화적 기대를 가지게 된다. 그러나 나약함과 상처에 대한 감정적 터트림이 공감대를 끌어내는 트렌드는 자칫 '왜소화된 주체'의 등장을 부추기는 결과를 가지고 올 수 있다. 정도의 차이일 뿐이지 사람은 누구나 나약하며 갖가지 일상사들에 의해 감정적으로 상처 입는다는 사실을 잠시 잊고 각자의 나약함에 함몰된 수동적 개인들을 양산할 수 있는 것이다.

이는 근대사회 초입부터 지속되어온 개인의 자율성과 집단적 지지에 대한 믿음을 약화시키는 결과를 가지고 올 수 있다는 점에서 신중하게 받아들일 필요가 있다. 이미 고용불안정과 예측 불가능한 미래 등으로 개인들이 스스로의 삶에 대한 주체(agency)가 될 잠재력을 가지고 있다는 믿음에 균열이 생겨나기 시작했으며 집단적 사기 저하가 일어나고 있다. 이 같은 사기저하는 정치권과 사회전반에 걸쳐 미래에 대한 두려움을 키워나가게 된다. 결과적으로 치유를 매개로 한 전문가 집단이나 정부의 개인 일상에 대한 관여가 사회적, 문화적 정통성을 획득하게 된다. 동시에 사회 구조적 문제들을 개인적 감정의 차원에서 해결해야 하는 과제로 개인화시키는 결과를 낳을 수 있다.

상처와 불안, 우울, 극도의 피곤과 분노, 관계파괴 등 주된 치유의 대상은 물질적 토대를 가지고 있는 경우가 대부분이다. 일자리, 수입, 경제적 기회 등과 같은 사회구조적 문제가 사라진다면 이 시대 치유를 요하는 많은 증상들이 완화되거나 사라질 것이라는 지적에 누구나 동의할 것이다. 치유의 보편화는 구조는 바꿀 수 없는 것으로 남겨 두고 개인들이 대증적 해결책을 찾는 것이 자연스럽고 타당한 것으로 간주하게 할 위험을 안고 있다.

그렇다면 왜 감정에 대해 지금의 우리 사회가 이처럼 관심을 보이는가? 신자유주의를 살아가는 일상의 경험을 통해 개인의 나약함과 연약함, 불확실성이 흥미를 유발시키고 공감대를 형성시키기 때문이다. 바꿔 말하면 치유 정서(ethos)는 신자유주의의 시대정서 중 하나로써 규정될 수 있는데 치유 정서는 위축된 자아에 대한 해결책이면서 동시에 위축된 자아에 대해 대중적 관심을 확대시킨다. 그러나 보다 큰 이유는 치유가 상업적인 이익을 창출할 수 있는 엄청나게 번성 가능성이 높은 산업이 되어 가고 있기 때문이다.

감정노동의 증가, 일상의 불안, 울리히 벡(Ulrich Beck) 등이 이야기하는 각종 위험의 증가 등으로 치유 에토스는 쉽게 대중에게 받아들여질 수 있다. 또한 치유를 요구하는 상황은 극적인 휴먼팩터(human factor)를 포함하는 경우가 많기 때문에 항상 이야기 거리를 만들어 내야 하는 대중매체의 이해관계와도 쉽게 맞닿아 치유 에토스는 더욱 쉽사리 반복 재생산된다. 그러나 정형화로 인해 상처의 표피적 부분만 치료하는 데 그치는 치유의 피상성, 희생자 정신에 사로 잡혀 점점 위축되는 개인의 자아, 자아존중감과 자신감이 만병통치약인 것처럼 강조하면서 외모와 화술 등 사람들의 개성까지 병리화시키려는 상업적 이해 관계를 경계하지 않으면 치유는 신자유주의 시대가 만들어 내는 또 다른 시장으로 전락할 가능성이 다분하다.

Notes_____

40_ 곽백수 작가가 2004년부터 연재하기 시작한 온라인 만화로 네이버를 거쳐 현재 야후에서 연재되고 있다. 일상의 사소한 소재를 '반전'이라는 키워드를 가지고 표현해 내고 있어 인기를 얻고 있으며 만화가 주는 폭넓은 공감대로 인해 트라우마 에피소드 중 일부는 최근 동아제약 박카스 광고로 제작되기도 하였다.

41_ tvN의 토요일 밤 성인 코미디 쇼, 〈Saturday Night Live〉.

42_ 심리 치료 및 상담의 적용범위는 신경증적 문제에 대한 개입, 성관련 문제, 아동 청소년 행동장애 개입, 부부 및 성문제 치료, 자살방지개입, 위기개입, 약물오, 남용 문제 개입, 만성정신 질환자에 대한 개입, 불안 및 분노 조절, 동성애 문제 상담, 건전한 대인관계를 위한 치료적 개입, 여성 및 빈민, 노년을 위한 상담, 스트레스 대처 훈련 등이다.

43_ Eccleston, K., Hayes, D. and Furedi, F. (2005), "Knowing Me, Knowing You: The Rise of the Therapeutic Professionalism in the Education of Adults," *Studies in the Education of Adults*, 37(2): 182-200.

44_ Gordon, S. L. (1989), Institutional and impulsive orientations in selectively appropriating emotions to the self, in *The Sociology of Emotions*, Franks and McCartthy(1989).

45_ 산업혁명과 자본주의의 발전이 순조롭게 진행되고 있던 시기로 보수적인 가족관과 명확한 성역할 등 새롭게 부상하는 중산층을 중심으로 사회적 체면, 도덕성 등에 많은 비중을 두고 실천하려던 시기였다. 오늘날 자본주의 사회의 기본 가치관들이 형성된 시기라고 할 수 있다.

46_ Moscowitz, E. (2001), *In Therapy We Trust: America' s Obsession with Self-fulfillment*, Johns Hopkins University Press.

47_ Furedi, F. (2004), *Therapy Culture: Cultivating Vulnerability in an Uncertain Age*, Routledge.

48_ 자유기고가 이신정은 "… 부부사이의 은밀한 사적인 문제까지 시시콜콜 털어놓게 함으로서…"라고 아침마당 부부탐구 코너를 설명하고 있다(새가정문화, 1996. p.114).

49_ Livingstone, S. and Lunt, P. (2004), *Talk on Television: Audience Participation and Public Debate*, London: Routledge.

[50] Taylor, C. (1992), *The Malaise of Modernity*, Harvard University Press.

[51] Hughes, R. (1993), *Culture of Complaint: the Frying of America*, Oxford University Press.

[52] 한병철(2010), 『피로사회』, 문학과지성사.

[53] Furedi, F. (2004), *Therapy Culture*, Routledge.

[54] Best, J. (1997), "Victimization and the Victim Industry," *Society*: May, June: 9-17.

제3장

무한 경쟁의 문화: 서바이벌 오디션의 시대

1.
문화 산물의 대세
서바이벌 오디션

　포털 사이트 다음(Daum)이 2012년 한 해 동안 가장 많은 검색 빈도를 보인 키워드 10개를 선정해 보니 '오디션'이 1위를 차지하고 있었다. 이제 오디션은 우리 대중문화의 대세가 되었다고 해도 과언이 아니다. 하루가 다르게 새로운 오디션 프로그램들이 지상파와 케이블을 가로질러 양산되고 있고 월요일부터 일요일까지 도전자와 관람자 모두 서바이벌 게임에 동참해 승자와 패자를 가리는 일에 몰두하고 있다.

오디션은 참가자들의 재주와 재능을 즐기는 것 외에도 예측 불허의 긴장감, 꿈은 이루어진다는 대리만족감, 참가자들의 눈물겨운 인생역전 드라마 등 많은 재미거리를 제공해 주고 있다. 2009년 〈슈퍼스타 K(이하 슈스케)〉가 전 국민적 관심을 끌고 화제몰이를 하면서 오디션 열풍이 본격 밀어닥쳤다. 지상파와 케이블을 막론하고 자체 제작 능력이 있는 거의 모든 채널에서는 음악, 요리, 패션, 연기 댄스 등 그야말로 모든 분야를 가로질러 경쟁과 서바이벌을 프로그램 제작의 핵심 컨셉으로 도입하고 있다. SBS 〈K 팝 스타〉를 제작한 남승용 CP는 서바이벌 오디션이 이미 중요한 문화적 코드로 자리 잡았으며 시청자들에게 큰 재미를 주기 때문에 더욱 환영을 받고 있다고 이야기 한다.

> 이미 경쟁은 하나의 트렌드이다. 오디션은 로또식 구조를 가지고 있다. 1등이 3억 전부를 가지고 간다. (최종 라운드에 오른 경쟁자 간에) 실력차이는 크게 없지만 승자 독식이다. 사람들은 이를 보면서 "인생역전"의 대리만족과 짜릿함을 느낀다.
> _ 남승용 CP, 저자와의 인터뷰, 2012.06.

경쟁 프로그램들은 예전부터 존재했다. 〈대학가요제〉, 〈강변가요제〉, 〈전국노래자랑〉 등 기존 프로그램들은 축제의 의미를 내포하고 있었으며 기껏해야 자랑하고 뽐낸다는 단어 정도를 도입하였다. 이들 프로그램들은 '참가하는데 의의가 있고' 장려상까지 포함해 가능하면 많은 사람들이 상을 나눠 가지는, 어떻게 보면 잔치 쪽에 더 가까운 프로그램들이었다.

그러나 최근 오디션들은 양상을 달리한다. 〈슈퍼스타〉, 〈스타 오디션 위대한 탄생〉, 〈K 팝 스타〉, 〈프로젝트 런웨이〉, 〈마스터 쉐프 코리아〉처럼 제목이 주는 이미지도 매우 전문적이고, 상금과 대우도 가히 인생역전이라 불러도 좋을 만큼 파격적이다. 남승용 CP는 전통적으로 거액의 상금을 내거는 프로그램을 자제하던 지상파들도 오디션 대세에 합류하지 않을 수 없다고 이야기하고 있다.

> 이미 해외에서 대박난 장르이다. 일본만 예외이고 중국에서도 큰 성공을 거두었다. 물론 제일 활성화된 나라는 미국이다. 우리나라는 그동안 감히 시도를 못했었다. 공중파 독과점 체제가 아직은 위력을 발휘하기 때문에 굳이 높은 제작비를 투입하면서 시청률을 확보하려 하지 않아도 괜찮다. 그러나 '슈스케'의 성공을 보고 생각들이 달라졌다. _ 남승용 CP, 저자와의 인터뷰, 2012.06.

오디션 프로그램은 방송사, 수용자 대중 그리고 연예기획사 등 관련 주체 모두가 만족하는 윈윈(Win-Win) 형태를 띠기 때문에 더욱 파급력이 크다. 방송사들은 기꺼이 엄청난 액수의 보상을 제시하는데 서바이벌 오디션의 시청률은 기존 '가요제'나 노래자랑과 비교가 안 될 만큼 높기 때문이다. 더욱이 프로그램 구조상 회를 거듭할수록 더 박진감있고 몰입하도록 만들어져 있어 시청자 흡입력이 강하고, 일단 성공적인 반응을 얻게 되면 시즌을 거듭하면서 얼마든지 장기로 끌고 갈 수 있기 때문에 방송사 입장에서는 매우 매력적이다.

스타발굴이 곧 이윤창출과 직결되는 대형 기획사들 역시 텔레비전 오디션을 선호한다. 대형 기획사들은 오디션에 적극 협조하는 모습을 보여주는 이유는 프로그램이 지속되는 동안 참가자들은 적어도 일주일에 한 번은 시청자들에게 보여지고, 실력이나 외모 등이 시간이 갈수록 향상되는 참가자들의 모습은 대중에게 익숙함과 강한 친밀도를 형성해 주기 때문이다. 그리고 이렇게 형성된 친밀도는 기획사들이 두려워하는 신인의 리스크를 극복하는데 도움이 된다.

남승용 CP는 "외모가 좀 안 되는 아이들도 오디션 단계를 거치면서 인지도가 상승한다. 이는 매력도로 작용한다. 전국민에게 친숙도가 형성된다는 것은 기획사 입장에서는 메리트(merit)가 되기 때문에 기꺼이 데리고 간다."라며 기획사가 오디션에 적극적인 이유를 설명하고 있다.

한편 수용자들도 오디션에 열광하는데 그 이유는 디지털 기술에 힘입어 참여의 문턱이 대폭 낮아졌기 때문이다. 오디션 프로그램의 참가자가 날이 갈수록 증가하는 것은 UCC를 통해 전 세계에서 예선 참여가 가능해졌기 때문이고 같은 이유로 글로벌 오디션이란 호칭이 명실상부해졌다. 또 수용자들은 자신이 좋아하는 참가자를 위한 ARS 투표와 집계를 실시간으로 할 수 있다. 폴포츠(Paulpotts)의 사례가 보여주듯이 오디션 참가자는 인터넷 동영상을 통해 전 세계적인 지명도와 인기를 얻을 수도 있다. 디지털 기술의 조력이 없다면 서바이벌 오디션의 보편적 참가나 수용자의 프로그램 충성도는 기대하기 힘들다고 해도 과언이 아니다.

서바이벌 형태를 취한 슈스케는 이른바 승자독식(winner takes it all)의 형태를 취한 최초의 오디션이다. 올림픽에도 금메달, 은메달, 동메달이 있고 분야를 막론하고 경쟁은 적어도 3위까지는 그 우수성을 인정해주고 보상을 제시한다. 그러나 슈스케의 경우 "단 한 사람만 살아남는다"가 기본 컨셉이며 승자는 상금과 각종 특전을 모두 거머쥔다. 인생역전, 인생 한방이라는 생각을 가질 수 있게 할 정도로 승자가 누릴 수 있는 특권은 크고 매력적이다. 이는 슈스케 이후 봇물처럼 터져 나온 각종 서바이벌 경쟁프로그램에서 그대로 도입되고 있는 방식이다.

한편 오디션 프로그램들은 전 세계적인 프랜차이즈라는 것을 강조하는 양상 역시 보여준다. 국내 오디션, 서바이벌 프로그램들은 외국의 유명한 시리즈를 국내에 도입해 왔다는 것을 프로그램 홈페이지에 강조하면서 글로벌 프랜차이즈를 장점으로 내세우고 있다. 이는 독창성을 미덕으로 간주하고 카피(copy)를 부끄러운 것으로 여기던 예전의 방송프로그램들과 차이를 보여주는 부분인데 인터넷의 전 지구적 보급으로 해외 인기 프로그램들에 이미 노출되어 친밀감을 형성해 있는 시청자들을 보다 손쉽게 수용자로 확보하기 위한 전략이라고 할 수 있다.

문화산업의 첫 번째 원칙은 안전 지향이다. 위험하거나 입증되지 않은 것들은 기피대상 1호가 되기 십상이다. 하나의 장르나 프로그램 공식이 성공하거나, 특정 스타가 광범위한 대중적 인기를 누리게 되면 비슷비슷한 아류 프로그램들이 생겨나는 것은 어제 오늘의 일이 아니다. 그러나 최근의 오디션 광풍은 지금까지 보아 오던 스핀오프(spin off)와는 차원이 다르다.[55] 2000년경부터 본격 상승세를 보이는 서바이벌 오디션들은 점차 규모도 커지고 경쟁 양상도 지독해지는 경향을 보인다. 시간이 갈수록 자극적이고 극적인 요소들이 대거 투입되기 때문이다.

패자가 아무리 쿨하고 아름답게 묘사되어도 오디션에서 제일 중요한 것은 이기는 것이다. 그리고 승패를 가린다는 것은 경쟁을 통해 이루어진다. 그런 의미에서 오디션이 대세라는 것은 경쟁이 대세라는 것과 다르지 않다. 그리고 경쟁이 대세라는 것은 현재 우리가 살아가는 신자유주의의 핵심 가치관이 대세라는 것을 간접적으로 승인하고 정당화하는 분위기를 만들어 내는데 일조한다. 뿐만 아니다. 경쟁의 정신은 점차 남을 떨어트려야 내가 살아남는 방향으로 가고 있어 오디션 바깥 세상의 무한경쟁 이데올로기를 즐거움 속에서 심화시킨다.

케이블 TV에서 도입되어 시즌 6까지 진행되고 있는 다이어트 경쟁 프로그램은 〈다이어트 워(Diet War)〉라는 전투적인 메타포를 차용한 프로그램 제목을 사용하고 있다. '워(war)'는 살과의 전쟁이라는 의미도 포함하고 있지만 누가 더 많이 감량하는가를 놓고 때로는 기본적인 인간의 존엄성조차 존중받지 못하는 불편한 장면도 마다 않는 블루팀과 레드팀 간의 적나라하고 원색적인 경쟁을 지칭하는 용어로도 사용된다.[56]

서바이벌 오디션이 우리나라에서 대세로 자리잡기 전 이미 일련의 예능 프로그램들은 서바이벌을 주제로 구성되고 있었다. 〈1박 2일〉, 〈무한도전〉 등이 큰 인기를 얻으면서 신조어로 만들어 낸 '야생 버라이어티', '나만 아니면 돼' 등이 서바이벌이나 경쟁에 대한 호의적 관심도를 다져 놓았다. 워낙 여러 종류의 주제를 다루는 〈무한도전〉은 딱히 서바이벌 프로그램 범주에 넣기는 좀 애매하다. 그러나 〈무한도전〉의 출발점이 기차와 달리기 경기 등 무모한 도전을 해보자는 것이었고, 다양한 소재를 채택한 지금도 다소 무모해 보이는 도전을 시도하고 이룬다는 점에서는 서바이벌 프로그램과 일맥상통하는 부분이 있다. 전혀 경험이 없는 봅슬레이 대회에 참가한다든지, 피나는 연습을 거쳐 실재 조정경기 대회에 참가하는 등 '하면 된다', '무엇이든 도전하라'는 의미를 전달하는 에피소드들이 일상적으로 등장한다.

　오디션, 서바이벌, 하면 된다 등 예능 전반에서 서로 공명하며 울려 퍼지는 메시지들은 수용자 대중들에게 경쟁과 서바이벌을 당연한 미덕으로 받아들이게 하는데 일조하고 있다. 최근에는 〈정글의 법칙〉처럼 강도 높은 서바이벌 예능프로그램들이 등장해 주인공들의 절박한 투쟁을 거의 날 것으로 보여주고 있다. 애벌레와 뱀도 먹어야 하고, 잠잘 곳도 스스로 만들어야 하는 '자급자족 생존 버라이어티' 〈정글의 법칙〉은 시베리아, 알래스카, 팔라우 등 이른바 자연적 오지를 배경으로 하고 있지만 프로그램이 보여주고자 하는 것은 현재의 대한민국 사회에서 생존하기 위해 요구되는 것들이라고 할 수 있다. 세상이 곧 정글이며 세상에서 살아남기 위해서는 죽기 살기를 각오한 비장한 자세가 요구된다는 것이다. 실제 김병만과 그 일행은 한 예능 프로그램에 출연해 '오히려 정글이 서울보다 덜 살벌하다, 정글은 몸만 불편하면 되지만 서울은 심신이 모두 고달프다'는 이야기를 함으로써 현대 경쟁사회에서 살아남는다는 것이 얼마나 힘든가를 증언하고 있다. 두 세계를 넘나들며 생활한 경험자들의 생생한 진술은 시청자들에게 경쟁의 치열함과 불가피함을 생생하게 각인시키게 된다.

2.
국내에서 제작되는
오디션 · 서바이벌 프로그램들

    구글 검색창에 '오디션'을 치면 70여 개의 유사프로그램이 나타날 정도로 수많은 오디션 프로그램들이 지상파와 케이블을 점령하고 있다. 현재 진행 중인 다양한 분야의 오디션 프로그램들을 방송사 유형별 혹은 참가자 유형별로 분류하면 다음의 표와 같다.

채널 유형별 오디션 프로그램

지상파 방송	기적의 오디션, 나는 가수다(시즌1, 2), 다이어트 서바이벌 빅토리, 댄싱 위드 더 스타, 불후의 명곡 전설을 노래하다, 스타 오디션 위대한 탄생, 아나운서 공개채용 신입사원, 내 집 장만 토너먼트: 집드림, 휴먼 서바이벌 도전자, K팝스타, TOP 밴드(시즌 1, 2), 내 생애 마지막 오디션
케이블 TV	마스터 셰프 코리아, 더 보이스 오브 코리아, 슈퍼디바 2012, 슈퍼스타K(시즌1, 2, 3), 에드워드 권의 예스 셰프, 오페라 스타, 코리아 갓 탤런트, 프로젝트 런웨이 코리아, 메이드 인 유(종편 jTBC)

참가 대상별 국내 오디션 프로그램

일반인 대상	슈퍼스타K, K팝스타, 스타 오디션 위대한 탄생, 신입사원, 기적의 오디션, Contenders, 프로젝트 런웨이 코리아, 도전! 슈퍼모델코리아, 코리아 갓 탤런트, 에드워드 권의 예스 셰프, 더 보이스 오브 코리아, 라디오 오디션 국민 DJ를 찾습니다.
기성 스타 대상	서바이벌 나는 가수다, 오페라스타 2011, 불후의 명곡, 댄싱 위드 더 스타

인기몰이를 하는 이들 오디션의 상당수는 우리나라 사람들에게 이미 친숙한 프로그램들이다. 국내에서 자체적으로 오디션 프로그램 포맷을 개발하기 보다는 이미 지명도가 높고 흥행성이 입증된 해외 오디션 프로그램들을 들여오는 경우가 대부분이기 때문이다. 판권을 구입해 제목까지 그대로 사용하는 프로그램들도 있고, 정식 라이센스 구매는 하지 않더라도 컨셉을 차용하는 경우 혹은 기존 프로그램의 컨셉, 대상, 아이디어 등을

확장해서 재창작하는 경우가 대부분이기 때문에 전 지구적인 동질성은 오디션 장르가 가지는 큰 특징 중 하나이다.

우리 방송사들은 전 세계적으로 인기몰이를 하고 있는 포맷을 들여오는데 대해 자부심을 표명한다. 세계적 인지도와 인기가 곧 경쟁의 공정성, 타당성을 입증하기 때문이라고 해석하기 때문일 수 있다. 그러나 형식은 내용과 불가분의 관계를 맺고 있다는 점에서 포맷의 전 세계적 프랜차이즈화는 사고 방식의 전 세계적 동질성을 의미할 수도 있다. 뒤에서 살펴보겠지만 주로 영국이나 미국, 네덜란드 등 서구권에서 개발된 포맷들은 서구적인 가치관을 형식 속에 담고 있어 이들 국가에서 통용되는 살아남기, 또는 성공하기에 대한 정의를 대한민국에서도 재생산한다. 예를 들어 오디션이 팀프로젝트가 아니고 개인 경쟁이어야 하는 이유는 베블렌(Veblen)이 이야기한 농경사회와 목축사회의 차이를 드러내 보이는 부분이기도 하다. 서구문화의 기반이 되는 목축사회는 강력한 지도자를 중심으로 강한 자가 살아남는 적자생존의 법칙에 주로 지배당하지만 동양사회의 기반이 된 농경사회는 협동과 상부상조의 정신에 의해 움직인다. 오디션 프로그램 포맷은 서구적 가치관까지 패키지로 담아 오면서 '승자독식', '멘토링' 등 새로운 가치를 보편화시킬 뿐 아니라 '오페라 아리아', '피겨 스케이팅', '사교댄스' 등 예술 표현 영역도 서구 지향으로 흐르게 하는 결과를 낳고 있다. 서구 문화에 의해 지역 문화가 침식된다는 '문화제국주의' 논쟁은 거의 빛을 잃은 듯하지만 문화산업의 전 지구화가 일어나는 디지털시대에는 완전히 배제할 수 만은 없는 논의가 된다.

3.
왜 오디션이 성행하는가?:
문화산업의 경제학

1) 정보화사회와 주목경제[57]

　전 세계적으로 오디션 프로그램이 인기를 얻고 있는 이유는 물론 재미있기 때문이다. 아무리 좋은 내용을 다루더라도 재미와 감동을 주지 못하면 시청률이 모든 것을 결정짓는 텔레비전 세계에서는 살아남지 못한다. 그렇다면 여러 종류의 재미들 가운데 2000년대 중반으로 오면서 왜 하필 서바이벌 경쟁 포맷이 여러 방송사에 의해 반복적이고 일관성 있게 채택되는가라는 의문이 생길 수 있다. 유일한 설명은 아니지만 주목경제의 논리가 오디션 프로그램의 전 지구적 확산 현상에 대해 제법 큰 설명력을 가진다.

'주목경제(attention economy)'는 정보경영분야에서 생겨난 개념인데 인간이 표명할 수 있는 관심을 희귀한 상품으로 간주한다. 토지가 가장 큰 가치를 지녔던 봉건사회와 자본이 가장 중요한 경제적 가치를 가졌던 산업자본주의 사회를 거쳐 상품과 정보가 넘쳐나는 정보자본주의 사회로 넘어오면서 돈보다는 사람들의 관심이 더 희귀한 자원이 된다. 그리고 사람들이 관심을 할애하는 대상이 보다 큰 경제적 가치를 유발시키는 원천이 된다. 최초로 관심의 상품가치에 대해 주목한 사람은 노벨 경제학 수상자 허버트 사이먼(Herbert Simon)이다.

> … 정보가 풍부한 사회에서는 정보의 풍부함은 다른 것의 결핍을 의미한다: 다름 아닌 정보가 소비하는 것의 결핍이다. 정보가 소모시키는 것은 명백하다: 정보는 정보 수용자의 관심을 소비한다. 따라서 정보의 풍부함은 관심의 빈곤을 만들어 내며, 넘쳐나는 정보출처들 간에 효율적으로 관심을 배분할 필요성을 만들어 낸다. [58]

1990년대 들어서면서 대번포트(Davenport)는 이 주제를 좀 더 확장시키고 있다. [59] 정보화시대 도입부 신경제는 정보에 기반할 것이라는 말이 자주 거론되었지만 경제학의 기본 원칙에 의하면 경제란 희귀한 것에 의해 지배당한다. 디지털시대에는 정보는 널리 존재하는 것을 넘어서 바다를 이룬다. 때문에 희귀성과 거리가 먼 정보가 시장에서 가장 가치 있는 것이 된다는 것은 자칫 수긍하기 힘들어 보인다. 그렇다면 넘쳐나는 정보의 시대에 희귀한 자원은 무엇인가? 정보가 소비하고 소멸시키는 것은 무엇인가? 라는 의문이 생겨나는데 대번포트는 바로 정보 소비자의 관심이 희귀한 자원이 된다고 주장한다.

우리의 하루 생활을 들여다보면 매일 매일 내리는 결정의 대부분은 어느 곳에 관심을 할애할 것인가와 관련되어 있다. 이메일, 채팅, 페이스북 메시지, 검색 엔진 사용, 텔레비전 채널 선택, 음악 선곡 등 우리를 기다리는 수많은 결정 사안들은 결국 어느 곳에 관심을 우선적으로 배분할 것인가와 불가분의 관계를 맺고 있다.

오늘날 "주목경제"의 관심사는 소비자들로 하여금 기업이 원하는 곳에 관심을 쏟도록 하는데 있다. 텔레비전 산업도 예외는 아니다. 케이블과 IPTV의 등장으로 텔레비전의 채널은 점점 더 늘어나고, 텔레비전 대신 인터넷을 사용하는 인구도 증가하고 있다. 채널수 증가에 따른 경쟁, 대체 매체로부터의 위협 등으로 오늘날 텔레비전 수용자는 그 어느 때 보다 파편화되어 있다. 그리고 채널에 대한 충성도 역시 약화되어 있다. 그러므로 분산된 시청자들의 관심을 채널에 고정시키는 것이 텔레비전 산업의 가장 큰 과제가 된다고 해도 과언이 아니다.

그런 면에서 본다면 오디션은 파편화된 방송 시장에서 매우 매력적인 장르가 될 수 있다. 방송의 일회성에서 탈피해서 예선부터 시즌이 마감될 때까지 시청자를 묶어 놓을 수 있고 인터넷과 소셜미디어를 통해 지원자나 시청자들의 관심을 지속적으로 유발시켜 나갈 수 있기 때문이다.

2) 문화산업의 최우선 가치: 안정지향

오디션 프로그램의 전 지구적 확산을 이해하기 위해서는 문화산업의 특징을 설명할 필요가 있다. 필자는 2004년 한 논문에서 뮤직비디오 산업의 제작 관행을 살펴본 바 있다.[60] 문화 산물 생산은 근본적으로 위험한 사업이다. 대중의 취향은 변덕스럽고 예측하기 힘들며, 치밀한 수용자 조사를 거쳐 기획된 작품도 예상치 못한 변수들의 작용으로 성공보다 실패로 끝나는 경우가 많다. 100억대의 제작비를 투입해 3년이 넘는 사전준비 기간을 거친 TV조선의 드라마 〈한반도〉는 톱 배우들이 출연하고 이미 검증된 최고의 작가들이 대본을 맡았지만 시청률이 1%대를 넘나들다가 결국은 조기종영을 결정하였다. 아직까지 생소한 종합편성채널을 수용자들이 즐겨 찾는 채널로 받아들이지 못했기 때문이었다.

SBS 남승용 CP는 100억을 투자한 드라마 〈한반도〉가 성공하지 못하는 이유를 수용자의 텔레비전 시청 패턴에서 찾고 있다.

> 텔레비전은 생활 패턴의 일부이다. 주말에는 대부분의 사람들이 집에서 공중파 9시 뉴스 시작 전, 후에 드라마를 본다. 〈넝쿨째 굴러온 당신〉 시청률이 높고, 〈개그 콘서트〉 시청률이 높은 것은 재미가 있어서 그렇기도 하지만 그 시간대는 무엇을 해도 시청률이 높다. 왜냐하면 생활 패턴이기 때문이다. 그러므로 새롭게 채널이 생긴다고 해도 성공이 쉽지 않다. 드라마는 공중파나 종편이나 내용면에서 큰 차이가 없다. 어차피 외주 제작사가 만들기 때문이다. 그러나 비슷한 퀄리티라고 해도 사람들이 평소 텔레비전 보는 습관을 바꿔가면서 보게 하는 것은 기대하기 힘들다. _ 남승용 CP, 저자와의 인터뷰, 2012.06.

좋은 대본과 유명한 스타들을 대거 기용한 대규모 블록버스터도 시청자들의 텔레비전 시청 습관이라는 복병에는 속수무책으로 무너진 것처럼 문화 산물 제작에는 예기치 못한 위험요소가 도처에 잠복해 있다.

그로스버그(Grossberg, 1998)는 대중문화 산업이 위험한 이유를 크게 두 가지 원인을 가지고 설명하고 있다.[61]

첫째, 높은 유실 비용의 가능성을 내포하는 문화상품의 독특한 수익구조, 둘째, 수용자들의 낮은 충성도이다. 우선 수익구조면에서 본다면 영화나 텔레비전 프로그램, 음반 등의 문화 산물 제작 과정은 초기에 고정비용이 집중 투자되고 일단 손익분기점에 도달하면 별다른 추가비용 없이 이윤이 지속적으로 창출된다. 문화상품은 최초 완성본 생산에 제작비의 거의 대부분이 소요되며 마케팅 비용 역시 작품 출시 이전에 거의 대부분이 지출된다. 그러므로 순수 제작비와 프로모션 비용은 조기 고성비용이고 상업적으로 성공하지 못하면 회수가 불가능한 유실비용이다. 문제는 대부분의 작품들이 손익분기점에 도달하지 못하고 상업적 실패로 끝난다는 데 있다. 손익분기점에 도달하지 못하면 투자한 모든 비용은 고스란히 손실로 떠안는 수익구조 하에서는 문화 산물 제작은 개개 작품 하나하나가 높은 실패의 가능성과 성공 가능성을 동시에 가지는 위험한 모험이라고 할 수 있다. 대박 아니면 쪽박이라는 말이 가장 적절한 곳이 바로 문화 산업이라 해도 과언이 아니다.

문화 산물 생산이 높은 재정적 리스크를 항시 내포하는 또 다른 이유는 소비자들의 프로그램 충성도가 극히 희박하다는 점이다. 〈무한도전〉처럼 마니아층을 확보하는 프로그램도 있지만 텔레비전 시청률 조사가 분당 몇 %인가를 다툴 정도로 소비자들의 선택은 변덕스럽다. 지난 번 만족도가 높았던 제작자의 최신 상품이라고 해서 무조건 그 제작자의 텔레비전 프로그램이나 음반을 선택하는 경우는 거의 없다. 유명세를 확보한 제작자들의 작품을 선호할 가능성이 높지만 취향을 가장 잘 충족시켜 주는 작품이 있으면 가차없이 재미를 따라 떠나 버린다.

이처럼 문화 산물의 소비는 비반복성을 띠고, 개개인의 상품에 대한 수요는 단 한 번의 소비로 종결되므로 한 작품의 상업적 승패는 단시간에 판가름이 난다. 이는 자신의 아이디어가 대중의 취향에 어필 할 수 있을 것인가에 대한 확신이 없을 뿐 아니라 설령 어필한다 할지라도 그것이 수익으로 이어질 지에 대한 보장도 없는 상황에서 경험과 감(感)에 주로 의존해 작품을 기획하고 생산하는 제작자들에게 큰 압박으로 작용한다.

이처럼 문화 산물 제작은 높은 재정적 위험을 감수해야 하기 때문에 기획자나 제작자들은 안정지향적이 될 수밖에 없다. 이들은 불확실성을 줄이고 제작 과정 전반에 대한 통제력을 확보하기 위해 의식적 혹은 무의식적인 관행을 만들고 준수하게 되는데 이러한 관행들은 크게 이미 입증된 인물과 공식에 의존하는 방법 그리고 수용자에게 이미 친근한 포맷이나 코드에 의존하는 방법으로 나눌 수 있다. 기존의 흥행기록은 새로 제작되는 작품의 안정성을 담보하는 최상의 증거로 간주된다. 우리나라 'CJ 미디어'는 문화산업의 리스크를 누구보다도 잘 알고 검증된 요소들만 채택하는 리스크 관리에 가장 철저한 기업으로 평가받는다.

CJ는 원래 해외에서 철저히 검증된 포맷만 가지고 온다. 개발을 하기보다는 기존 성공 포맷에 의존하는 전략을 표방한다. CJ는 콘텐츠도 판매하지만 셋탑박스도 판매를 하기 때문에 대박난 장르를 고집하는 것이다. _ 남승용 CP, 저자와의 인터뷰, 2012.06.

성공적인 작품을 만들어낸 기획자나 감독들이 새로운 제작진보다 선호되며 이들이 제시하는 컨셉이나 시안이 실제 작품 제작으로 이어질 가능성이 높아진다. 마찬가지로 이미 대중성이 입증된 스타와 스타 이미지를 중심으로 작품을 기획하는 경향도 두드러진다.

영국 텔레비전 산업 구조를 조사한 고우(Gow, 1992)[62]는 스타 위주로 작품을 만들어 내는 프로덕션들이 방송사들로부터 더 많은 작품을 수주받아 번창하는데 반해 아이디어를 중심으로 작품을 제작하는 프로덕션들은 고객 확보의 어려움으로 수지타산을 맞추기에 급급하다는 관찰을 하고 있다. 이는 제작 현장에서 스타에 대한 의존도와 선호도가 어느 정도인지 잘 드러내고 있다. 오디션 프로그램들의 진행자들이 한결같이 설레브리티인 이유도 여기에 있다. 제작진 선정 뿐 아니라 작품 내용을 구성함에 있어서도 이미 입증된 성공작의 캐릭터나 플롯의 모방 혹은 변형이 두드러진다.

기틀린(Gitlin, 1980)은 텔레비전 프로그램의 흥행에서 가장 중요한 요인은 캐릭터가 가지는 호소력이라고 이야기하고 있다.[63] 수용자에게 호소력이 검증된 캐릭터를 모방함으로서 극의 친밀감을 훨씬 더 증가시킬 수 있었다고 지적하고 있다. 캐릭터 모방만큼이나 빈번한 것이 플롯의 모방인데 헐리우드의 유명제작자 아론 스펠링(Arron Spelling) 감독은 "모든 것이 다 모방이다.

독창적인 플롯은 아마도 일곱 개 정도에 불과하다"라고 진술하고 있거니와 그의 말처럼 대부분의 작품들은 기존의 플롯을 따라가면서 제작진 나름대로의 스타일과 차이점을 가미하는 형태를 띤다. 영국의 〈스트릭틀리 컴 댄싱〉이 미국과 한국에서 〈댄싱 위드 더 스타〉로 재탄생 하는 것처럼 오디션 세계에서도 스핀오프는 보편적인 관행으로 정착되었다.

이와 같은 변형 과정에서 제작자들이 관행적으로 강조하는 부분은 메시지의 전달력이다. 이 때 복잡한 스토리 라인보다는 한두 마디로 요약 가능한 내용이 수용자들에게 어필한다. 오디션 프로그램의 경우 '갖은 역경에도 불구하고 열심히 노력해 마침내 성공한다'가 바람직한 스토리 라인이 된다. 인물의 단순함도 흥행의 성공이라는 측면에서는 중요한 요소로 간주된다. 수용자들은 등장인물의 성격이 분명해서 누구를 좋아해야 하고, 누구를 성원해야 할지를 쉽게 판단할 수 있는 텍스트를 선호하기 때문이다. 문화 산물 생산 과정에서 실패를 최소화하는 또 다른 전략은 낯익은 코드나 컨벤션(convention)을 사용해 프로그램을 형식화하는 것이다(Ryan, 1992).[64] 특정한 방식으로 형식이 정해진 문화 산물은 수용자들의 이해도를 높이고, 친밀감을 형성시키며 내용에 대한 예측을 가능하게 해준다. 형식화의 대표적인 방법 중 하나가 장르이다.

헤스몬달(Hesmondahlgh, 2002)은 장르란 브랜드명과 유사하다고 주장하면서 수용자들에게 특정 장르를 선택할 경우 어떤 즐거움을 얻게 될 것인지 알리는 역할을 한다고 주장한다.[65] 오디션이 하나의 장르로 확실하게 정착하면서 수용자들은 나름대로 오디션 혹은 경쟁 프로그램들에 대한 관전 포인트를 예상할 수 있게 되었다. 그러나 관행에 의존함으로써 새로운 아이디어의 시장 진입은 심각하게 제한을 받게 되며 문화 산물의 자가복제 현상은 더욱 증가하게 된다.

미국 텔레비전 네트워크 내부의 의사결정 과정을 조사한 터로우(Turrow, 1991)는 기존에 다루어지지 않았던 새로운 아이디어가 프로그램 소재로 채택되기는 매우 힘들며 설령 채택된다 하더라도 시청률이 낮은 시간대에 주로 배치됨으로서 수용자 도달도가 떨어진다는 것을 발견하였다.[66] 따라서 창작자들이 표현하고자 하는 새로운 아이디어나 포맷은 기존 장르나 컨벤션에 의해 상당부분 제약을 받게 된다. 이처럼 새로운 발상이나 포맷의 체계적 주변화는 문화 산물 내용의 정형화, 내지는 동질화로 이어지고 나아가서는 특정 가치관의 재생산으로 이어질 위험이 존재한다.

최근에는 성공적 요소의 부분적 채택에서 한 걸음 더 나아가 아예 포맷을 생산해서 전 세계적으로 판매하는 기업들이 생겨났다. 그리고 전 세계적으로 열풍을 불러일으키는 오디션 프로그램은 포맷기업의 대표작이다.

3) 오디션 열풍의 숨은 조력자
: 다국적 프로그램 포맷 판매자들

포맷을 개발하고 전 세계적으로 프랜차이즈화하는 기업으로는 엔데몰(Endemol), 프리멘탈미디어(FrementleMedia), 영국 BBC 등이 가장 규모가 크다. 가장 큰 개발자인 엔데몰은 네덜란드에 기반을 두고 있으며 전 세계 31개국에 프랜차이즈를 가지고 있고 전 세계 포맷 시장의 45% 점유하고 있다. 오락과 리얼리티, 게임쇼, 만화, 코미디와 드라마 등 전 영역에 걸쳐 3,000개의 포맷을 개발해 판권을 가지고 있다. 엔데몰은 포맷 유통의 개척자로 불리며 국내에서 포맷 비즈니스 형태로 수입된 최초의 콘텐츠인 tvN의 〈Yes or No〉로 방영된 〈Deal or No deal〉도 엔데몰사가 개발한 프로그램이다. 엔데몰을 유명하게 만든 리얼리티 프로그램은 〈Big Brother〉이며 그 밖에도 〈Odd One In〉, 〈Love in the Wild〉, 〈The Money Drop〉, 〈101 Ways to Leave a Gameshow〉, 〈Fear Factor〉 등이 있다. 이 회사의 크리에이티브 팀은 끊임없이 새로운 포맷을 개발해 전 세계적으로 공유하고 있으며 매년 수 백 개의 포맷을 포트폴리오에 업데이트 한다.

포맷 개발자 중 전 세계 오디션 열풍을 일으킨 기업은 영국 프리멘탈미디어라고 할 수 있다. 프리멘털미디어는 유럽 최대의 미디어 프로덕션 기업인 베텔즈만 그룹의 콘텐츠 부문으로 영국에 본사가 있으며 세계적으로 유명한 〈갓탤런트〉 시리즈, 〈프로젝트 런웨이〉 등의 판권을 소유하고 있다. 영국의 BBC World Wide도 포맷을 개발하고 수출하는데 적극적이다. 영국은 현재 전 세계에서 가장 많은 방송프로그램 포맷을 수출하고 있는 나라이기도 하다. 〈Dancing with the Stars〉로 제작된 〈Strictly Come Dancing〉, 우리나라 케이블 TV에서 방영되고 있는 〈Top Gear〉, 그밖에 〈Doctor Who〉, 〈Pimeaval〉, 〈Sherlock〉, 〈Walking the Dead〉 등이 BBC가 판권을 가지고 전 세계로 프랜차이즈화한 프로그램들이다.

국내에서는 이들 포맷 개발자들을 PP(program provider)로 지칭하는데 대중문화 제작자들이 가장 두려워하는 위험부담을 덜어주는 기능을 하기 때문에 큰 환영을 받는다. 이들이 개발해 이미 시청률과 인지도가 형성된 프로그램 포맷을 들여오게 되면 높은 시청률, 인지도 향상, 투자자금최소화, 제작시간 절감 효과, 시행착오 방지 등 제작 전반에 존재하는 각종 리스크를 최소화할 수 있기 때문이다. 이들 포맷 개발자들은 '포맷 바이블'을 제공해주는데 바이블 구매 시에는 제작에 필요한 방송 진행 과정은 물론 장비와 카메라 위치 등 세밀하게 기록된 제작 매뉴얼과 시청자 자료, 배경음악, 세트정보, 컨설팅 서비스까지 종합적인 제작 및 진행 자료까지 꾸러미로 제공된다.

한편 매년 열리는 프로그램 페어들도 세계 각지에서 개발된 프로그램을 판매하는데 큰 역할을 하고 있다. 일명 세계 3대 방송 콘텐츠 마켓이라고 불리는 이들 페어를 살펴보자.

MIPTV(Marche International des Programmes de Television)

일명 칸느 방송프로그램마켓이라 불리며 세계 최대 규모의 영상 콘텐츠 마켓이다. 방송프로그램, 인터넷, 라이센싱, 뉴미디어를 포함한 포괄적인 국제방송프로그램의 견본시이며[67] 관련 산업 관계자들이 비즈니스를 위해 필수적으로 참가하는 세계 3대 견본시 중 하나이다. 매년 봄 칸느에서 개최된다. 주관사는 프랑스 리드미뎅사이다.

MIPCOM

깐느 영상물&방송콘텐츠 견본시 박람회라 번역되며, 비디오, DVD, 텔레비전, 케이블, 위성방송, 제작사, 배급사, 방송사, 통신사업자 등 영상물 전반을 취급하는 전문 견본 박람회이다. 전 매체에 걸친 제작, 투자, 판매, 구매, 배급 등 엔터테인먼트 콘텐츠의 모든 분야를 지원할 정도로 규모가 거대한 종합 서비스 견본시이다.

NATPE(National Association of Television Program Executives)

전미 텔레비전편성자협회의 약자로, 프로그램 연출자, 배급업자, 일반 매니저들이 모여 연출자의 지위 향상, 아이디어 교환 및 텔레비전방송업의 쟁점을 논의하는 기구이다. NATPE는 매년 지방 텔레비전 방송국의 프로그램을 대상으로 아이리스상(Iris Awards)을 시상하기도 한다. 비슷한 전시박람회로는 도쿄영상견본시(TIFFVOM)와 싱가포르 Asia TV Forum 등이 있다.

이처럼 활발하게 제작되는 프랜차이즈 프로그램에 대해 국내 제작자들도 대체로 환영하고 긍정적으로 평가하는 분위기가 형성되어 있다. 국내에서도 외국에서 높은 시청률을 기록한 프로그램과 유사한 형태의 프로그램을 제작하여 성공한 케이스가 종종 있었지만 표절이나 모방 등에 의존한 것이 대부분이었다. 보다 최근에는 포맷시장이 커지고 권리의식도 높아지면서 정식으로 포맷을 구입한 프로그램 제작에 대해 제작진들은 당연하다는 인식을 형성해 있다.

미국이나 유럽, 호주에서는 모든 것이 포맷 전문 회사가 만든 것을 사서 쓴다. 아시아가 약간 독특하다. 포맷은 자존심의 문제는 아니라고 본다. 해외에서는 전문 포맷회사가 만든 포맷을 사는 것이 너무나 당연하게 받아들여진다. 베끼는 것이 부끄럽지 사는 것은 부끄러운 것이 아니다.

_ 남승용 CP, 저자와의 인터뷰, 2012.06.

4) 서바이벌 오디션 포맷들의 전지구적 프랜차이즈화

브리튼즈 갓 탤런트(Britain's Got Telant)

폴 포츠(Paulpotts), 수잔 보일(Suzan Boyle), 코니 탤벗(Connie Talbot) 등의 월드스타를 배출한 영국 ITV의 오디션 프로그램으로 이미 우리나라에도 널리 알려져 있다. 2007년 시작되었으며 세계적인 프로그램 포맷회사인 프리멘털미디어의 영국 프랜차이즈인 FremantleMedia's Thames에 의해 개발되었다. 연령과 장르에 구애 받지 않고 재능을 가진 사람은 누구든지 오디션을 볼 수 있다. 오디션은 라이브로 진행되는데 참가자들은 관중과 심사위원 앞에서 자신들의 재능을 보여주도록 되어 있다. 노래나 춤 등 각종 장기를 보여주는 중간에 심사위원들이 탈락 버튼을 누르면 하던 공연을 접고 무대에서 퇴장해야 하는 규칙으로 진행된다. 참가자들 중 최후까지 살아남은 40인은 한 주 동안 공연을 벌이게 되며 시청자들이 투표를 통해 최종 승리자를 결정짓는다. 마지막 승자는 여왕과 왕족 앞에서 공연

할 수 있는 기회와 50만 파운드의 상금을 받게 된다. 영국에서 가장 크고 성공적인 재능 경쟁 프로그램이며 유럽 전역에 포맷이 수출되어 역시 흥행 성공을 거두었다.

〈브리튼즈 갓 탤런트〉는 미국의〈아메리칸 아이돌〉과 오디션 프로그램의 쌍벽을 이루고 있으며 양 프로그램 모두에서 매력적인 독설남으로 활약한 사이먼 코웰이 이 프로그램의 공동 창시자이다(http://talent.itv.com).〈브릿튼즈 갓 탤런트〉의 성공을 바탕으로 세계 약 40여 개국에서 동일한 포맷으로 '갓 탤런트' 시리즈를 제작하여 방송하고 있으며 국내에서는 CJ가 소유하는 tvN이〈코리아 갓 탤런트〉라는 타이틀로 판권을 구매해 '대국민 재능 오디션'으로 스스로를 포지셔닝했다. 기존 오디션들이 한 가지 분야에 대해서만 심사를 했던 것과는 달리 '갓 탤런트' 시리즈는 음악, 연기, 개그, 춤 등 자신이 가지고 있는 재능이라면 어떤 것이든 보여 줄 수 있다. 장진, 박칼린 등 영화와 음악 등 다양한 영역의 심사위원들이 출연하며 갓 탤런트 시리즈의 포맷에 따라 라이브 공연 도중에 탈락 혹은 합격을 결정한다. 영국과는 달리 국내판 버전인 코리아 갓 탤런트는 3% 내외의 시청률에 그치고 있는데 한자리수 시청률이지만 케이블 채널임을 감안한다면 결코 낮은 시청률이라고 하기는 힘들다.

아메리칸 아이돌(American Idol)

'아메리칸 아이돌'로 알려져 있으니 원제는 〈아메리칸 아이돌: 슈퍼스타를 찾아서(American Idol: The Search for a Superstar)〉이다. 노래 경연 프로그램으로 세계적인 프로그램 포맷 회사인 프리멘탈미디어의

자회사인 19엔터테인먼트에 의해 제작된다. 아메리칸 아이돌은 영국의 〈팝 아이돌 Pop Idol〉을 모태로 개발되었는데 〈팝 아이돌〉의 포맷은 원래 호주에서 개발되어 영국으로 수입되었다. 2002년 미국의 팍스 채널에서 처음 방영되었으며 미국 텔레비전 역사상 가장 성공적인 프로그램으로 손꼽힐 뿐 아니라 "텔레비전 역사상 가장 영향력 있는 쇼"로 평가되고 있다.[68] 2005년부터 2011년까지 AC Nielsen 시청률 조사에서 1위를 차지했고 현재 시즌 12를 위한 오디션이 진행 중이다. 15세에서 28세까지 연령의 미국 시민은 누구나 참가할 수 있으며, 지난 시즌에 참가한 경력이 있는 사람들은 참가가 제한된다.

프로그램 진행 방식은 시카고, 뉴 올리언즈, 오클라호마시티, 로스엔젤레스, 산 안토니오, 샬로트, 뉴왁 등 동서남북을 안배한 전국 7개 도시를 순회하며 재능있는 가수 지망생들을 선발해 경합을 벌이며 파이널에 진출한 13명의 최종 경쟁자들은 꿈의 도시 헐리우드로 보내 파이널 라운드를 치르게 된다. 파이널 기간은 특별히 헐리우드 주간이라고 명명하여 참가자들에게는 '헐리우드 호프풀(hopefuls)'이라는 명칭을 부여하고 있다. 호프풀 개개인에게 홈페이지를 제공하고 이들과 관련된 뉴스와 동영상을 끊임없이 업데이트하며 페이스북과 트위터 등 각종 소셜미디어에 연동해 실시간으로 다양한 채널을 통해 받아 볼 수 있게 해두었다. 개별 홈페이지에는 아이튠(itune)이 이들이 파이널까지 올라오면서 부른 노래 음원들을 판매하고 있다. 제니퍼 로페즈, 스티븐 테일러, 랜디 잭슨 등 유명 가수들이 심사위원으로 참여한다. 그러나 심사위원들은 참가자들의 공연에 대해 심사평을 제공하는 역할에 그치며, 우승자는 시청자 투표에 의해 결정된다.

전화, 인터넷, SMS 등을 통해 자신이 지지하는 참가자를 위해 투표를 한다. 팍스사가 홈페이지 운영에 심혈을 기울이는 이유 중 하나가 홈페이지를 통해 시청자들과 참가자들 간의 유대감을 형성해 투표를 권장하기 위함이다. 〈아메리칸 아이돌〉의 포맷은 국내에서는 Mnet의 〈슈퍼스타 K〉에 의해 채택되었다.

The Voice

미국의 NBC가 네덜란드의 〈보이스 오브 홀랜드〉 포맷을 도입해 2011년부터 제작해 오고 있는 노래 경연 프로그램이다. 네덜란드의 프로듀서이자 다
국적 프로그램 포맷 개발사인 엔데몰의 공동 창립자 존 드 몰 (John de Mol)이 개발한 이 프로그램은 전 세계 48개국으로 포맷 라이센스와 프로그램 방영권이 판매되었다.

〈더 보이스〉는 세 단계로 구성되는데 우선 네 명의 심사위원 앞에서 블라인드 오디션이 이루어지고, 심사위원들은 각자 자신이 우수하다고 생각하는 참가자들을 통과시킨다. 밖을 둘러볼 수 없게 둥근 원형으로 만들어진 의자에 앉은 심사위원들의 등 뒤에서 참가자들이 노래를 부르며 참가자의 노래가 마음에 들면 심사위원은 의자를 돌려 참가자를 정면으로 바라봄으로써 합격을 알려주게 된다. 선택의 기준은 외모도 댄스 실력도 아닌 오로지 가창력이다. 일단 선택된 참가자들에게는 자신을 선택한 심사위원을 자신의 멘토로 삼을 기회가 주어지며 두 사람 이상의 심사위원이 동일한 참가자를 데려가기 원할 때는 참가자에게 멘토 선택의 권한이 주어진다. 멘토 선택이 끝나면 각 심사위원별로 멘토링 그룹이 구성된다. 다음 단계는 각 심사위원들이 거느린 멘티 그룹 간의 경쟁 배틀 형태로 진행된다. 멘티들은 멘토 가수의 지도하에 자신의 능력을 개발시키며 배틀에서는 동일한 곡을 두 명의 제자들이 불러 생존자와 탈락자를 결정짓는다. 결승에서는 각 팀에서 최종까지 살아남은 생존자들이 경연을 벌여 마지막 우승자를 가리게 된다.

우리나라에서는 Mnet이 〈더 보이스 오브 코리아〉라는 이름으로 판권을 구입했으며 심사위원들이 앉아서 노래를 듣는 의자까지 포맷회사가 와서 조립할 정도로 엄격하게 포맷 규칙을 준수하고 있다. 홈페이지에 가면 미국의 NBC에서 방영되는 〈The Voice〉 홈페이지를 나란히 링크해 놓아 프로그램의 다국적성과 미국 내에서의 명성을 홍보 도구로 활용하고 있다. MBC의 〈위대한 탄생〉은 판권을 구입해 오지는 않았으나 멘토제라는 점에서 매우 유사한 포맷을 보여주고 있다.

ITV 〈Popstar to Operastar〉

영국 ITV에서 2010년부터 방영된 오페라 아리아 부르기 경연 프로그램으로 기존 스타들끼리의 대결이라는 점과 자신의 장르가 아닌 다른 장르에 도전한다는 점에서 여타의 오디션 프로그램과 차별성을 띤다. 레니게이드

(Renegade) 영화사가 제작을 맡고 있다. 메조소프라노로 명성을 얻었으며 장르를 넘나드는 노래를 소화하는 캐서린 젠킨스나 바이얼린 연주자로 유명한 바네사 메이 등 심사위원은 클래식 음악계의 셀레브리티들로 구성되어 있으며 이들은 심사 외에도

클래식 부르기 방법을 가르치는 멘토 역할을 수행한다. 참가 가수들은 관중 앞에서 라이브로 아리아를 부르게 되며 관중들은 누가 살아남을 것인지 투표권을 행사한다. 가장 적은 득표수를 보인 두 명의 가수들은 재경합을 벌이는데 재경합 전 불렀던 성적은 무효화 하고 심사위원이 두 사람 중 누가 살아남을 지 결정을 내린다. 만약 동점이면 관객 점수에 의존해 승자를 결정하도록 했다가 나중에 규칙을 바꿔 심사위원장이 결정하도록 하고 있다(http://wikipedia.Popstar to Operastar).

시즌 2의 첫 회가 약 600만의 시청자를 확보하면서 시청률 1위를 차지하였다. 매주 오페라 가수를 초대 손님으로 초빙하여 게스트 공연을 제공하고 있으며 시청자 투표에서 얻은 수익과 승리자의 상금을 자선단체에 기부하도록 한다는 점에서도 다른 오디션 프로그램들과 차별화 된다(www.itv.com).

국내에서는 CJ 미디어가 소유한 tvN 채널이 〈팝스타 투 오페라스타〉 포맷을 구매해서 한국 버전인 〈오페라스타 2011〉을 제작 방송하였다. 대중가수들이 발성법, 음악세계 등이 완전히 다른 스타일의 오페라 아리아 부르기에 도전하지만 이미 낯익은 아리아들을 주로 부르기 때문에 클래식 음악에는 크게 관심이 없는 시청자들도 흥미를 가지고 볼 수 있다.

댄스경연:

BBC ⟨Strictly Come Dancing⟩

ABC ⟨Dancing With the Stars⟩

영국 BBC가 개발한 포맷으로 유명 인사들이 전문 댄서들과 짝을 이루어 경연을 펼치는 프로그램이다. 최초의 제목은 스트릭틀리 컴 댄싱 ⟨Strictly Come Dancing⟩으로 2004년 최초로 방영되었으며 BBC 프라임 타임의 가장 인기 있는 프로그램으로 자리 잡았다. 영국에서의 인기에 힘입어 ⟨Strictly Come Dancing⟩는 전 세계를 겨냥하는 프랜차이즈 프로그램으로 재구성되어 세계 각국으로 수출되면서 전지구화, 시청자 참여 그리고 장르 융합이라는 텔레비전 산업의 경향을 잘 드러내 보이는 프로그램의 대표주자가 되고 있다(Enli, 2012). 경연 방식은 유명인이 선무 댄서와 짝을 지어 주어진 미션을 수행하는 형태이다. 슈퍼모델, 배우, 가수, 우주인, 올림픽 육상선수, 아이돌 등 다양한 설레브리티들이 참여하며 미리 정해진 댄스 장르를 연습해 심사위원과 시청자들의 점수로 공연을 평가받는다. 가장 낮은 점수를 받는 커플이 탈락하고 마지막에 남는 팀이 우승자가 되는 방식이다. 미국으로 건너가면서 ⟨댄싱 위드 더 스타즈⟩라는 제목으로 ABC 방송에서 방영되었으며 캐나다에서는 동일 제목으로 CTV에서 방영되었다. 이 프로그램은 수용자의 적극적 참여로도 유명한데 전화투표, 인터넷, 문자메시지 등을 통해 시청자들이 지대한 영향력을 행사하는 기념비적 프로그램으로 불리우고 있다.

우리나라에서는 MBC가 동일한 제목으로 판권을 구매하였다. 역시 프로그램 홈페이지에 영국과 미국에서 폭발적인 인기를 누리던 프로그램을 MBC가 도입하였다는 것을 적극 알리고 있다. 올림픽 마라톤 금메달리스트 이봉주와 소녀시대 효연, 유명 모델 제시카 고메즈 등 출연자들도 영국의 〈Strictly Come Dancing〉과 거의 유사한 다양한 출신 분야를 보여 준다.

ITV 〈Dancing on Ice〉
ABC 〈Skating with the Stars〉

〈댄싱 온 아이스〉는 영국의 피겨스케이팅 경연 프로그램으로 각계각층의 셀레브리티들이 프로페셔널 피겨 스케이팅 선수와 짝을 이루어 심사위원 앞에서 미션으로 주어진 공연을 하는 포맷이다. 제목에서 나타나듯이 영국 ITV의 〈Strictly Come Dancing〉과 유사한 성격을 가진 일종의 스핀오프(spin off) 프로그램이라고 할 수 있다. 〈댄싱 온 아이스〉는 전문 텔레비전 진행자들인 크리스틴 블리클리(Christine Bleakley)와 필립 쇼필드(Phillip Schofield)가 사회를 맡았으며 이탈리아와 칠레 등 전 세계 18개국에 방영되어 큰 인기를 얻었다. 이 포맷은 미국으로 건너가 〈Skating with the Star〉라는 제목으로 제작되어 ABC 방송을 통해 방영되었다.

점차 감소하는 시청률과 높은 제작비 등의 이유로 영국과 미국 모두 제작이 중단되었으며 국내에서는 SBS가 〈일요일이 좋다〉에서 〈김연아의 키스&크라이〉라는 제목으로 제작되어 2011년 5월부터 8월까지 방영되었다. 김연아와 신동엽이 진행을 맡고 가

수, 배우, 개그맨 등 다양한 출연진이 프로페셔널 스케이팅 선수와 짝을 이뤄 경합을 하고 우승자는 김연아의 아이스 쇼 무대 참가라는 특전이 주어지는 포맷으로 구성되어 있다. 김연아는 진행자 뿐 아니라 심사위원으로도 활약하였으며 프로그램의 주인공이 경쟁자들이 아니라 김연아라는 일부의 비판을 받기도 하면서 한 시즌 만에 막을 내렸다.

그 밖의 음악 경연 오디션으로 미국 케이블 채널 VH1의 〈Bands on the Run〉과 유사한 KBS 텔레비전의 〈밴드서바이벌 TOP 밴드〉가 있다. 오디션의 숫자가 증가함에 따라 음악 장르가 세분화되는 양상도 나타나면서 하위문화 장르 뮤지션들을 발굴하기 위한 오디션 프로그램들도 나타나고 있다. 미국 ABC/MTV가 래퍼와 힙합 가수를 선발하기 위한 목적으로 제작한 밴드 경연을 수제로 하는 〈Making the Band〉 등이 그 예가 된다.

프로젝트 런웨이(Project Runway)

〈프로젝트 런웨이〉는 미국 라이프타임(Lifetime)[69] 채널에서 방영되는 패션디자인 분야의 리얼리티 서바이벌 프로그램  이다. 유망 디자이너를 발굴하겠다는 취지를 가지고 신진 디자이너들에게 참가의 기회를 제공하는데 참가자들은 탈락하지 않고 살아남기 위해 매주 치열한 경쟁을 벌인다. 2006년부터 방영을 시작해 현재까지 이어져 오고 있으며 유명한 모델 하이디 클룸(Heidi Klum)이 진행자로 활약하고 있다. 팀 건(Tim Gunn), 니나

가르시아(Nina Garcia), 마이클 코어스(Michael Kors) 등 유명 디자이너들이 심사위원과 멘토로 참여하고 있다.

참가자들은 주어진 시간 안에 가장 훌륭한 옷을 만들어 내라는 미션을 가지고 경쟁한다. 12명의 패션 디자이너들을 참가자로 해서 시즌을 시작하며 최종 세 명의 디자이너가 남을 때 까지 매 회 한 사람 씩 탈락시켜 나간다. 심사위원들은 매회 디자이너들에게 런웨이 쇼[70]에서 발표될 옷을 만들 것을 주문하는데 다소 황당한 소재들, 예를 들면 식재료, 풀과 꽃, 재활용 쓰레기로 옷을 만들 것을 요구받기도 하고, 파티복, 웨딩드레스와 같이 특별한 주제를 가진 의상을 만들도록 주문받는다. 참가자들이 짧은 시간에 힘든 미션을 자기만의 방식으로 해결하는 과정을 밀착적으로 보여주어 시청자들에게 흥미진진함과 긴박감을 준다. 이 과정은 자신이 좋아하는 참가자를 응원하면서 좀 더 친밀감을 느끼도록 하는 역할도 수행한다. 승리자들에게는 리즈 클레본(Liz Clairbone) 등과 같은 브랜드 소유 디자이너들의 멘토링 하에 패션커리어를 쌓을 수 있는 기회를 제공한다.

국내에서는 온스타일 채널이 판권을 구매해 〈프로젝트 런웨이 코리아(프런코)〉라는 프로그램명으로 제작하고 있다. 슈퍼모델 이소라가 진행을 맡고 지명도 높은 패션계의 전문가가 심사위원으로 등장한다. 시즌 최우수 디자이너는 자신의 작품을 서울 패션위크 기간 동안 런웨이에 올리는 특전을 부여받으며 패션 창업자금을 지원받는다.

마스터쉐프(MasterChef)

〈마스터 쉐프〉는 1990년 영국의 영화감독이자 텔레비전 제작자인 프랑크 로담(Franc Roddam)에 의해 개발된 요리 서바이벌 프로그램이다. 이 프로그램은 전 세계 150개국에서 방영되고 있으며 동일 제목으로 20개국에서 자체 제작되고 있다. 프랑크 로담은 많은 프로그램 포맷을 제작하고 프랜차이즈화한 기업가적인 프로듀서이다. 호주에서 제작되는 〈마스터쉐프 오스트렐리아〉는 호주에서 가장 시청률이 높은 리얼리티 프로그램으로 수상을 할 만큼 높은 대중성을 띠는 프로그램이며 더빙되어 전 세계 많은 국가들로 수출되었다.

미국에서는 2010년 팍스 네트웍에서 판권을 구매해 제작하고 있다. 아마추어 요리사들과 지역 요리사들이 참가 자격을 가지는데 유명한 요리사이자 독설가로 유명한 고든 램시(Gordon Ramsay)가 진행을 맡는다. 전국에서 예비 오디션을 통해 100명의 요리사를 선발하고 이들은 자신이 가장 잘 만드는 요리를 세 명의 심사위원 앞에서 요리한다. 심사위원들은 각 참가자의 요리를 맛보고 그 자리에서 "예스", "노"를 결정한다. 두 사람 이상으로부터 예스를 받으면 통과하게 되고 다음 단계로 옮아 갈 수 있는 징표인 하얀 앞치마를 획득한다. 예선을 통과한 참가자들은 두 개의 도전을 통과해야 한다. 첫 번째 도전은 모든 참가자들이 양파나 사과를 썰거나 다지는 등 자신에게 주어진 미션을 수행하는 것이다. 이 관문을 통과하면 요리 주제를 받아 그 주제를 독창적으로 표현하는 단계로 넘어가는데 이 때 만들어진 요리는 외양, 맛 등의 기준에 의해 심사위원단에게 평가를 받는다. 그 밖에도 요리재료를 선택하는 미스터리 박스 미션, 팀 대결, 탈락 미션 등 다양한 경쟁이 이루어지며 특히 스타 쉐프와 요리 대결을 벌여 블라인드로 맛에 대한 평가를 받는 미션에서 승리하게 되면 탈락 면제권을 받을 수 있다(http:wikipedia.org/wiki/MasterChef(U.S).

〈마스터쉐프〉는 국내에도 CJ 미디어의 한 채널인 올리브채널에서 〈마스터 쉐프 코리아(마쉐코)〉라는 제목으로 제작되고 있다. 3인의 카리스마 넘치는 심사위원과 100명의 오디션 합격자로 출발해 전 세계적인 포맷과 동일한 여러 미션들로 진행되며 우승자에게는 3억 원의 상금과 자신의 이름을 내건 요리책, 기타 고가의 상품들을 제공한다. 흥미로운 것은 식재료로 CJ 제일제당이 생산하는 각종 식료품군을 사용하도록 해 시종일관 셀프 프로모션을 하고 있다는 점이다. 미디어어의 수평, 수직통합이 가능한 상황에서 대기업 계열사인 미디어 채널은 오디션 프로그램을 자사 계열 기업의 홍보 및 판촉 창구로 활용될 수 있는 위험이 항시 존재한다. 〈마쉐코〉의 보다 큰 관심사는 스타쉐프의 발굴보다 CJ 제일제당의 식재료를 간접광고하는 것이 될 수도 있는 것이다.

넥스트 탑모델(America's Next Top Model)

〈아메리카즈 넥스트 탑모델〉은 모델을 선발하는 경쟁프로그램으로 전 세계 120개국에서 방영되었거나 현재 방영되고 있다. 스포츠 일러스트레이트 잡지의 표지 모델이었으며 빅토리아즈 시크릿(Victoria's Secret) 광고 모델로 활약하면서 유명세를 획득한 모델 겸 방송인 티아라 뱅크스

(Tiara Banks)가 프로그램 포맷을 고안하였다. 2003년 최초로 방영되기 시작해 2012년 현재 18기 참가자들이 경쟁을 벌이고 있다. 여러 프로그램들이 사용하는 시즌이라는 용어 대신 싸이클(cycle)이라는 용어를 사용하고 있으며 각 싸이클은 10~25명 정도의 참가자들이 등장하는 9~18회 정도의 에피소드로 구성된다. 참가자들은 메이저 모델 에이전시와 전속 계약, 패션 잡지 표지 모델이 될 수 있는 기회를 놓고 매주 경연을 벌인다.

심사위원의 결정에 의해 한 회에 한 명, 드물게는 여러 명이 탈락하면서 최종 우승자만 마지막에 남게 된다. 매회 참가자들은 런웨이 워킹, 즉흥 연기, 상황에 맞춘 메이크업 등과 같이 다양한 미션을 수행해야 하며 승리자는 의상이나 포토세션, 탈락면제권 등 여러 가지 보상을 받게 된다. 매주 방영되는 에피소드는 참가자들이 실제 모델계에 입문할 경우 경험하게 되는 언론과의 인터뷰, 주어신 상황에 맞는 의상 선택 및 포즈 취하기, 상품 판매, 모델로 활동하고 싶은 기업 방문 등의 이벤트를 포함한다. 그밖에도 수영복, 란제리 등 각기 다른 의상 영역에서의 사진 촬영, 광고나 뮤직 비디오 촬영이 경쟁의 중요한 부분을 차지한다. 이렇게 촬영된 결과물은 심사에 중요한 자료가 된다.

심사위원은 쇼의 진행자인 티아라 뱅크스를 포함한 패션 업계 전문가로 구성되고 주간 미션의 종류와 특별하게 관련이 있는 게스트 심사위원이 초빙되기도 한다. 심사위원은 일주일 동안 모델지망생들이 활동하면서 찍은 촬영물을 면밀하게 검토하고 합격자들에게는 사진을 돌려주면서 생존사실을 개인별로 축하해 준다. 사진을 돌려받지 못하는 탈락자들은 심사위원 앞으로 불려가서 어떤 점이 문제인지에 대한 평가를 듣게 된다.

이 프로그램이 인기를 끌자 프랜차이즈 프로그램들과 아류 프로그램들이 등장했는데 캐나다의 〈캐나다즈 넥스트 탑모델(Canada's Next Top Model)〉, 미국 케이블 채널 브라보 TV의 〈메이크 미 어 수퍼모델(Make Me a Supermodel)〉, 호주의 〈서치 포 어 수퍼모델(Search for a Supermodel)〉 등이다.

우리나라에서도 CJ가 소유한 온 스타일(On Style) 채널에서 싸이클 17까지 방영되다가 자체 제작을 시작했으며 〈도전! 슈퍼모델 코리아〉라는 이름으로 2012년 현재 시즌 3까지 제작되고 있다. 사진작가, 잡지 편집장, 광고 크리에이티브 디렉터, 의류기업 임원, 슈퍼모델이 심사위원으로 참가하고 있으며 최종 우승자에게는 상금 1억 원과 단독화보 촬영 기회, 화장품 광고모델이 될 수 있는 특전을 제공한다.

기타

패션, 요리, 모델링 외에도 다양한 분야에서 꿈을 이뤄주기 위한 오디션은 이루어지고 있다. 국내 온 스타일(On Style) 채널에서 방영하는 〈On The Lot〉은 미국 폭스사가 미래의 스티븐 스필버그를 발굴한다는 취지로 만든 서바이벌 리얼리티이다. 아마추어 영화감독을 참가대상으로 하며 최종 우승자는 스티븐 스필버그 감독과 작업할 기회를 가지게 된다. 순수 예술을 하는 사람들을 위한 서바이벌 오디션도 존재하는데 국내 OCN에서 방영되는 〈Work of Art: The Next Great Artist〉는 미국 케이블 채널 브라보 TV가 만든 프로그램이다. 유명 여배우 사라 제시카 파카(Sarah Jessica Parker)가 제작자이며 사진작가, 공연 예술가, 추상화가, 개념예술가, 극사실주의 작가 등이 참가하는 예술가들의 서바이벌 리얼리티 쇼이다.

주류 연예 프로그램에도 기존의 오디션 아이디어가 확장되거나 변형되어 적극 도입되고 있다. 국내 최고의 가수들의 노래 경연 서바이벌 프로그램 MBC 〈서바이벌 나는 가수다〉, 아이돌 가수들의 명곡 재해석 겨루기 무대인 KBS 〈불후의 명곡 전설을 노래하다〉 등과 같은 노래경연 프로그램도 있고 MBC의 대표적 예능 프로그램 〈우리들의 일밤〉에서 시도된 〈내 집 장만 토너먼트 집드림〉 코너처럼 전문가들이 살고 싶은 집을 주제로 집을 짓고 한 가족이 그 집을 차지하게 되는 형식으로 진행되는 서바이벌 프로그램 포맷 변형, 확장의 사례들이다.

예능적 재능을 테스트하는 오디션만 서바이벌 경쟁 프로그램은 아니다. 보다 일반적인 능력, 예를 들어 체력, 지적 능력을 기반으로 하는 서바이벌 프로그램도 오디션과 일맥상통하는 살아남기 코드를 중심으로 포맷과 내용이 구성된다. 아나운서 선발, 라디오 DJ 선발 등 예능 분야에서 일반인들을 대상으로 한 프로그램들이 이미 방영되었고 최근에는 KBS 〈휴먼 서바이벌 도전자〉가 제작되어 1억 원의 상금과 스폰서 기업 취업 기회, 세계 일주 항공권을 제공하고 있다. 예선을 거쳐 선발된 남녀노소 각계각층 18명의 지원자가 하와이에서 각종 미션을 수행하면서 최종 1인이 승자로 남을 때 까지 진행된다.

〈휴먼 서바이벌 도전자〉는 미국 CBS의 〈서바이버(Survivor)〉와 프랑스 서바이벌 프로그램 〈코란타(Koh Lanta)〉 등에서 아이디어를 일부 차용한 것으로 보인다. CBS의 〈서바이버〉는 2000년 시즌 1을 시작으로 2012년 현재 시즌 24까지 방송되고 있는데 2006년 아시아계 최초로 한국계 미국인 권율 씨가 생존자로 살아남아 화제가 되기도 했다. 〈코란타〉는 〈서바이버〉의 프랑스판으로 세계 각지의 무인도에서 먹을 것, 입을 것, 살아가는 데 필요한 것을 스스로 해결하도록 해 '서바이벌'의 사전적 의미를 충실히 따르는 프로그램이다. 이 두 외국 프로그램은 최근 우리나라에서 방영되는 독한 서바이벌 〈정글의 법칙〉에도 지대한 영향력을 행사했다.

4.
오디션이 만들어 내는
현대 사회의 신화

1) 신화 1: 꿈은 이루어진다

오디션은 다양한 재미를 준다. 그리고 오디션은 현재의 우리 삶과 관련된 각종 서사와 믿음들을 만들어 내기도 한다. 오디션 프로그램들이 생산하는 의미들 중 가장 강력한 것은 '뜻이 있는 곳에 길이 있다'라고 할 수 있다. 오디션 프로그램들은 누구나 열심히만 한다면 인정받을 수 있고, 성공도 할 수 있으며 인생역전이 가능하다는 대단히 규범적이고 희망적인 메시지를 생산해 낸다. '절실한 자, 한 우물만 파는 자 꿈을 이룰 것'이라는 믿음은 실제로 그 가능성이 존재하기 때문에 받아들여지기도 하지만 그런 가능성이 있다는 사실만으로도 힘든 일상에 위안이 되기 때문에 현실에 대한 냉철한 분석 없이 더욱 쉽게 기정사실화된다.

누구나 절실히 꿈꾸면 이루어지는 사회에 살고 싶어한다. 아직 꿈을 이루지 못한 사람은 충분히 노력을 하지 않았기 때문이며 좀 더 열심히 노력한다면 마침내 원하는 곳에 도달할 것이라는 믿음은 누구나 기꺼이 받아들이고 환영하는 우리 시대의 대표적 신화이다.

최근의 오디션 프로그램들과 서바이벌을 표방하는 프로그램들은 승자와 패자를 가리는 승부자체에 더 비중을 두고 있으며 참가하는데 의의가 있다는 것은 아미추어적인 발상이 되고 있다. 그리고 맹목적이고 게임의 규칙에서 조금 벗어난다 하더라도 '절실하다'는 것은 승리를 향해 가는 과정에서 발휘해야 할 큰 미덕으로 제시된다. 〈K 팝 스타〉 후반부에 탈락자로 지목된 이정미가 "심사위원 앞에서 노래를 한 번 만 더 부르게 기회를 주면 안 되겠느냐"고 페어플레이에 원칙에 다소 어긋나는 제안을 했을 때, 자신에게 주어진 가수 선택권을 포기하려던 심사위원 보아는 "바로 그런 정신이 필요하다"고 말하면서 노래실력은 조금 미흡하지만 그 용기를 높이 사서 SM에 캐스팅하겠다고 이를 받아들였다. 원칙대로 한다면 실력 미달자는 캐스팅 하지 않아야 더 적절하지만 탈락당하지 않고 살아남겠다는 의지가 심사위원의 마음을 움직인 것으로 방송에서는 제시되었다. 인터넷 언론들은 이겨야겠다는 절실한 의지가 게임의 규칙에 선행할 수도 있고 칭찬거리, 본받을 정신이 될 수 있음을 선언한 사례라고 이 상황을 매우 긍정적으로 해석했다. 네티즌들은 "대단한 용기다, 꿈을 쫓아가는 데 있어 나는 얼마나 절실했는지 되돌아보게 되었다" 등 감동했다는 의견들로 게시판을 채웠으며 시간이 갈수록 많은 인터넷 언론들이 앞다투어 이를 뉴스거리로 다루었다.

〈K 팝 스타〉를 제작한 남승용 CP 역시 자신의 프로그램이 가지는 가장 큰 가치로 사람들에게 하면 된다는 희망을 주는 것이라고 강조하고 있다

전체적으로 〈K 팝 스타〉가 브랜드 가치를 형성한 것은 아이들의 절실한 도전을 보고 많은 사람들이 감명을 받기 때문이다. '많은 사람들이 꿈을 가지고 도전하게 하는 것이 나의 목표이다. 이정미 방송이 나가고 '나는 내 삶에 최선을 다하고 있는가?' 등 SNS에서 난리가 났다. _ 남승용 CP, 저자와의 인터뷰, 2012.06.

절실함을 어필하기 위해 오디션 프로그램에는 종종 참가자들의 드라마틱한 삶이 소개된다. 어떻게 보면 절실함은 드라마와 어우러질 때 더욱 그 효과를 발휘한다. 남승용 CP는 자신은 가능하면 실력 중심으로 접근하지만 드라마를 완전히 배제하지는 않는다고 이야기한다.

요즈음은 학원도 다니고 노래를 웬만큼은 다 잘한다. 노래실력이 비슷하다면 프로그램 작가 입장에서는 스토리가 있는 친구들이 낫다. 왜냐하면 감동과 재미를 줄 수 있기 때문이다. (댄스 신동) 최래성의 경우 박진영이 큰 감명을 받았다. 그래서 봤더니 스토리를 가진 친구였다. 물론 춤 실력이 없었더라면 관심

의 대상이 되지 못했을 것이다. 그러나 재능이 있었고, 스토리가 있었으니까 밀착 취재를 통해 카메라 밖의 삶을 보여준 것이다.
_ 남승용 CP, 저자와의 인터뷰, 2012.06.

tvN의 〈코리아즈 갓 탤런트〉에 도전한 최성봉 씨의 사례는 절실한 꿈이 너무나 드라마틱하게 소개되어 국내를 넘어서 전 세계적인 반향을 불러일으켰다. 어린 시절부터 고아원에서 자란 최성봉 씨는 대전터미널 근처에서 껌과 음료수를 팔며 길거리 생활을 했다. 그러나 힘든 와중에도 초중학교를 검정고시로 마치고 자신이 너무나 좋아하는 노래를 배우기 위해 대학생을 찾아가 막무가내로 가르침을 청했다. 음악을 하겠다는 일념 하나로 배우고 연습하다보니 악보도 못 보던 '무지랭이'에서 예술고등학교 학생이 될 수 있었다. 불우한 시절을 보내고 고등학교도 겨우 마친 채 일용직으로 일하던 최성봉 씨가 〈코리아 갓 탤런트〉에 도전해 천상의 목소리로 노래를 불렀을 때 비록 2위에 머물렀지만 해외 언론과 전 세계 사람들은 큰 관심을 보냈으며 팬클럽만 5만 명에 달하는 스타가 됐다. 실생활의 열악함과 무대의 영광이 대비되면서 절실한 염원의 결과는 더욱 극적이고 아름다운 것으로 보여졌다. 그러나 정작 최성봉 씨 본인은 "실력보다 나의 환경, 드라마가 더 부각되었기 때문에 설령 1등을 했어도 좋아하지 않았을 것"이라고 심경을 터놓고 있다. 노래 잘 부르는 최성봉이 아니라 고아 출신의 껌팔이 소년으로 배를 곯으며 정규교육도 못 받았음에도 노래를 잘 부르는 최성봉으로 각인된 데 대한 불만일 것이다. 본인의 심경과는 무관하게 사람들은 껌팔이 소년의 간절한 염원이 성취된 곳으로 오디션을 인식한다.

김은하(2012)[71]는 사람들은 노래의 음악적 요소보다는 가수의 인생역전 스토리를 소비한다고 주장하면서 폴포츠가 되고 싶으면 노래보다는 스토리텔링을 하라고까지 이야기 하고 있다. 그리고 폴포츠되기 공식이 오디션에 존재한다는 것을 분석해 내고 있는데 "정규 예술학교에서 교육을 받지 못했거나 받았더라도 경제적 이유로 중도 포기해야 한다. 예술계에서 완전히 밀려난 사람만이 폴포츠라는 상징자본을 획득할 수 있다. 두 번째, 하층계급의 불안정한 직업을 가지거나 소외계층이어야 한다. 살아온 삶이 험난할수록 폴포츠로 승인될 가능성이 높다"는 관찰을 하고 있고 이는 최성봉의 사례와도 정확히 일치한다.

삶에 최선을 다한다면 사람의 마음도 움직일 수 있고, 불가능을 가능으로 만들 수도 있다는 믿음을 주기 때문에 오디션은 사랑받는다. 최고의 교육, 직장, 재산 등 기존의 성공을 결정짓는 자원들을 가질 기회는 누리지 못했지만 다른 기회가 있다는 희망 그리고 그것은 절실한 자, 열심히 하는 자의 것이다 라는 서사가 힘을 얻는 것이다. 그러나 현실은 매우 냉정하다. 71만 3,503명이 지원한 〈슈퍼스타 K〉 시즌 1에서 '수퍼위크'에 오른 참가자는 129명이다. 0.018%의 참가자만 최종 심사대상이 된 것이다. 시즌2에서는 탈락률이 더올라간다. 134만 6,402명이 지원해 151개 팀이 '수퍼위크'에 진출해 0.011%의 생존율을 보여주었다.[72]

아무리 절실해도, 아무리 노력해도 성공에 이를 수 있는 사람은 너무나 소수이다. 사회적 약자였던 이들의 성공은 계급갈등, 자본주의 사회의 구조적인 문제들을 증발시켜 버린다. 이들의 성공 앞에 오늘의 고난은 언제든지 극복될 수 있는 한시적이고 개인적인 불운이 되어버리는 것이다.

2) 신화 2: 내가 스타를 만들 수 있는 힘을 가지고 있다

오디션 프로그램에서 출연자, 심사자와 더불어 프로그램 진행의 중심축을 형성하는 것은 시청자이다. 시청자들은 출연자에 대한 호감 표현에서 한걸음 더 나아가 자신의 힘으로 스타를 만들어 낼 수 있다는 생각에서 열정적인 수용자가 된다. 방송사들은 텔레비전 채널수가 급증하면서 수용자의 파편화가 심화된 환경에서 시청자 참여는 프로그램에 대한 충성도를 높일 수 있기 때문에 시청자 참여를 독려하려고 문자, 인터넷, ARS 등 다양한 참여 방식을 도입한다. 프로그램 밖에서도 팬카페나 프로그램 홈페이지에 개설된 참가자 방을 통해 정보공유와 지지를 표명하면서 점점 감정이입을 하게 된다. 대중이 감정이입을 시작하면 '대박'은 따논 당상이기 때문에 시청자의 관심은 오디션 프로그램의 승패를 좌우하는 매우 중요한 자원이다. 디지털 기술은 ARS나 인터넷 게시판 등 시청자와 프로그램이 상호작용할 수 있도록 해주는 플랫폼들을 가능하게 해주기 때문에 방송사들은 이를 적극 활용한다.

엔리(Enli, 2009)[73]에 의하면 영국에서는 시청자가 오디션 심사위원보다 더 큰 영향력을 발휘한 대표적 사례가 존재한다. 〈스트릭틀리 컴 위드 댄싱〉의 2008년 가을 시즌에서 64세된 전직 정치부 기자 서전트(Sergeant)에 대한 평가를 놓고 심사위원과 시청자들은 각기 다른 의견을 보였다. 제작자는 사전에 전직 기자 서전트에게 프로그램에 참가해 달라고 세 번이나 부탁을 했으며 춤에는 소질이 없다고 거절하던 서전트는 계속되는 설득에 마침내 출연을 결심했다. 경연이 시작되면서 심사위원들은 서전트에게 연거푸 최하 점수를 주었으나 시청자들은 그를 열렬히 지지했고, 시청자 투표결과에 의해 그는 계속 살아 남을 수 있었다.

심사위원들은 프로그램이 댄싱 실력보다 출연자의 지명도에 의해 좌우된다는 사실에 공개적으로 우려를 표명하였다(Enli, 2012). 심사위원 중 한 사람은 "이처럼 실력이 부족한 사람이 이렇게 오래 동안 살아남은 적은 없었다. 나는 서전트가 승리자가 되지 않기를 진심으로 희망한다. 왜냐하면 그렇게 된다면 쇼의 본질이 변하는 것이 될 것이기 때문이다."라고 불만을 제기하였다(Pryor, 2008).[4] 이에 대해 서전트의 팬클럽 회상은 "이 프로그램은 예능이다. 나는 출연자들의 발 스텝이 멋있는지 아닌지 모른다. 그러나 나는 약자(underdog)를 지지한다."라고 반발했다. 서전트는 이 같은 논란이 지속되자 쇼에서 하차하겠다는 의사를 밝혔으나 이는 오히려 팬들을 더 자극하는 결과를 낳게 되었다. BBC가 사퇴를 종용했다는 등의 루머가 설득력있게 퍼지면서 방송국에는 항의가 빗발쳤다고 마침내 BBC는 온라인 게시판을 폐쇄하는 조치를 내려야만 했다. 마지막 경연에서 170만 명의 사람들이 서전트를 위해 투표하였는데 전체 시청자의 3분의 1정도가 그에게 투표한 것으로 추정되고 있다. 서전트의 공연은 전문가의 기준으로 보았을 때 완성도와는 거리가 멀었지만 그가 가지는 시청자 어필은 전문가의 견해보다 더 큰 힘을 발휘한 것이다. 물론 BBC도 이 과정에서 많은 것을 얻었다. 연일 계속되는 공방 덕분에 프로그램에 대한 관심과 서전트 팬의 프로그램 충성도가 상승해서 시청률의 안정화에 큰 기여를 했기 때문이다.

우리나라에서 방영된 〈K 팝 스타〉에서도 실력과는 다소 무관하게 시청자의 성원과 지지로 결승까지 진출한 이승훈의 사례가 유사한 양상을 보인다. 음악성이 다소 부족한 참가자였지만 순발력과 연출력, 감수성 등이 뛰어난 그는 기발하고 독창적인 힙합 가사를 만들어 부르면서 심사위원들의 호평을 얻고 있었다. 한 주에 한 사람씩 탈락자를 내면서 결승으로 갈수록 그의 기본기 부족이 심사위원들에 의해 빈번하게 지적되었고 아마도 탈락이 얼마 남지 않았다는 심사평이 나오고 있었다. 그러나 이승훈은 번번이 살아남았는데 시청자 투표 결과가 심사위원 판정보다 높은 점수 영향력을 발휘했기 때문이다. 팬카페 회원들은 심사위원들의 우려와 그의 실력에 대해 회의를 표하는 다른 시청자들에 맞서 그를 최종 결승까지 진출시키기 위해 다양한 전략들을 도입했다. 팬카페에서는 하루 한 번 투표, 온가족 명의로 투표를 하는 등의 방법들이 제시되고 독려되었다. 또한 불법 아이디를 만드는 구체적 방법을 알려주고, 같은 후보자 중 특히 누구를 견제해서 투표를 해야 하는지도 알려 주면서 스타만들기에 적극 동참하는 모습을 보여주었다.

팬카페, SNS 등으로 그 어느 때보다 신속하게 정보를 공유하고, 투표과정에서 적극적인 수용자의 힘을 발휘할 수 있게 된 기술적 환경에서 시청자들은 자신의 힘으로 약자의 인생을 역전시킬 수 있다는 신화적 생각을 하고 몰입한다. 그리고 어느 선까지는 자신들의 결집된 힘이 영향력을 발휘할 수 있다는 것을 목격하기 때문에 더욱 흥미진진함을 느끼고 열중하게 된다.

흥미로운 것은 서전트의 경우나 이승훈의 경우처럼 전폭적 지지를 받는 참가자는 주류적 기준에서 봤을 때 조금 부족하고 약자의 위치에 놓인 인물이라는 것이다. 폴포츠나 수잔 보일도 외모나 직업 등이 오히려 평균에 못 미치는 사회경제적 지위를 가지고 있었다. 폴포츠나 수잔 보일의 사례는 아래에서 조금 다른 각도로 다시 다루겠지만 수용자들이 이들의 동영상을 유튜브에 올리고 퍼 나르고 하지 않았다면 지금과 같은 명성은 얻지 못했을 수도 있다.

약자를 향한 지지를 보내고 때로는 약자를 위기에서 구함으로써 시청자들은 자신이 좋은 일을 하고 있으며 누군가의 인생을 역전시킨다는 짜릿함에 빠지게 된다. 누구나가 인정하는 실력자, 아름다운 외모나 학벌을 가진 자가 아니라 누구의 기준에서 봐도 무엇인가 부족하기 때문에 더욱더 만족감이 크다. '내가 약자를 구한다. 또는 기회를 준다'는 생각은 프로그램에 대한 통제권을 가지고 있다는 착각에 빠지게 한다. 회를 거듭할수록 오디션이 마치 심사위원들과 참가자 팬들 간의 대결구도 같은 양상을 띠게 되는 것도 그런 이유 때문이다. 가진 자를 살리려는 심사위원들과 그 와중에서 못 가진자를 구원하려는 팬들 간의 줄다리기가 되는 것이다. 그러나 수용자가 가지는 파워는 프로그램의 상업적인 성공을 돕는 도구역할을 하는 범위까지만 허용된다.

방송사들은 시청자의 몰입이 프로그램의 중요한 자산이 되기 때문에 수용자에게 여러 가지 방법으로 심사위원과 탈락 결정권을 나눠가지도록 포맷을 구성한다.[75] 그리고 프로그램 홈페이지에 참가자별 카페를 만들어 시청자들이 떠나지 못하게 한다. 뿐만 아니다. 이색적 인물을 놓고 공방이 펼쳐질수록 뉴스 보도도 증가하게 된다. 각종 투표전략 짜내기에 몰두하며 자신들이 심사위원이나 방송사를 움직일 수 있다는 믿음을 형성해 나가는 시청자들은 자신들의 관심(attention)이 미디어 기업을 위한 상업적인 자산이 된다는 생각을 하지 못한다.

'내가 프로그램을 움직인다'는 생각은 오디션 프로그램들이 숨겨놓은 시청률 잡기 장치이지만 각종 게임기기, 스마트폰, 그밖의 디지털 디바이스 사용을 통해 시간과 공간을 통제한다는 인식에 익숙해진 시청자들은 오디션의 세계도 게임의 세계처럼 전략으로 통제가능하다는 생각을 하게 되는 것이다. 통제권은 오디션이 주는 재미 중 큰 부분을 차지한다.

3) 신화 3: 평범한 사람도 하루아침에 인생역전할 수 있다

경쟁사회의 안전밸브로 기능하는 오디션

누구나 한 번 쯤은 인생역전을 꿈꾼다. 끝없이 가시적 성과를 요구하는 경쟁사회를 살아가면서 인생역전은 점점 더 많은 사람들에게 동경의 대상이 된다. 그리고 오디션에 열광하는 가장 큰 이유는 오디션은 인생역전이 가능한 곳이기 때문이다. 역전의 주인공은 학력이나 자본 등 남보다 더 큰 경쟁력을 가진 엘리트들이 아니라 너와 나 같은 보통 사람들이다. 누구나 폴포츠를 알고 있다. 인생역전의 산 중인인 폴포츠 외에 수잔 보일도 누구나 꿈을 가지면 성공한다는 현대판 오디션 신화의 주인공이다.

수잔 보일의 경우를 살펴보자. 프리멘털사의 〈갓 탤런츠〉 포맷을 기반으로 하는 〈브리튼즈 갓 탤런트〉는 보통 사람을 스타로 만들어 준다는 아이디어에서 출발했다. 2009년 이 프로그램에 참가한 수잔 보일은 노동자 계층의 여성으로 당시 직업도 없었고 뚱뚱한 외모에 스타성은 전혀 찾아볼 수 없는 참가자였다. 무대에서 긴장해서 자기소개도 제대로 하지 못하는 무대 경험이 전무한 전형적인 보통 사람이었다. 처음 그녀가 무대에 섰을 때 스튜디오의 청중과 심사위원들은 별다른 기대도 하지 않았을 뿐 아니라 불신의 눈빛을 보냈다. 그러나 그녀의 노래가 시작되자 분위기는 급반전 되었으며 심사위원은 그녀에 대해 '가장 큰 놀라움', 'TV 쇼 역사상 가장 큰 발견'이라고 칭찬을 아끼지 않았다. 보일은 누구나 오디션에 출연해 해낼 수 있으며, "평범한 사람이 가진 예상치 못했던 재능"이 오늘날 재능 경연의 기본 뼈대를 구성한다는 것을 시연한 사례이다(Enli, 2012). 동시에 모든 사람의 내면에는 아마도 스타가 들어 있을 수 있다는 생각을 단적으로 보여준 사례로 평가받는다.

〈마스터 쉐프 코리아〉에는 요리사 외에도 요리를 좋아하는 기자, 회사원 등 예상 외의 직업을 가진 사람들이 참가해 인생의 전환점을 찾고자 한다. 요리라는 취미가 억대의 창업 자금과 고가의 빌트인 주방가전 등 인생역전의 기회를 가져다주는 것을 사람들은 매주 금요일마다 목격한다. 시청자의 눈으로 본다면 아주 특별한 요리도 아닌 것 같고, 음식은 매일 접하는 것이기 때문에 누구나 웬만큼 할 수도 있겠다는 생각을 가지게 되며 차즘 오디션은 나와 무관하지 않다는 생각을 할 수 있게 된다.

노래, 요리, 몸매, 예능 순발력, 그 외에도 내가 가진 장기를 겨루는 경연 기회가 언제 생겨날지 모른다. 학력을 통한 사회적 신분 상승의 계단이 대다수 사람들에게는 거의 봉쇄된 채 극히 일부에게만 허용된 현대 사회에서 춤이든, 노래든 아니면 이승훈같은 순발력이든 하나의 재주만 갖춘다면 인정받을 수 있고 성공할 수 있다는 것은 하나의 안전밸브(safety valve)로 기능할 수 있다.

안전밸브는 사회학자 루이스 코저(Lewis Coser)[76]가 사회갈등을 설명하기 위해 사용한 용어이다. 사회집단이 큰 스트레스를 겪을 때 다른 집단과의 갈등은 스트레스를 분출할 수 있는 효과적인 통로가 되며 안전밸브 역할을 한다는 의미에서 갈등은 순기능적인 측면이 있다는 것이 코저가 펼치는 논의의 핵심이다. 증기가 가득차서 폭발의 위험이 있을 때 안전밸브를 열어 증기를 내보내는 것처럼 사회는 불만과 스트레스를 내보낼 수 있는 장치를 필요로 한다. 미국의 예를 살펴보면 실업이라는 사회갈등 이슈를 다루기 위해 안전밸브로써 사람들이 거의 살지 않는 서부를 적극 활용한 시대도 있었다.[77] 많은 이민자들이 미국 사회로 몰려들면서 동부의 일자리가 귀해졌을 때 서부에 무료 토지를 제공한다면 일자리 문제를 해소할 수 있는 배출구가 될 것이라는 전제하에 정부는 무상토지분배와 관련된 법안을 만들어 운영하였던 것이다.

현대 사회에서는 디지털 기술이 점차적으로 인간 노동력을 대치하면서 일자리를 포함한 각종 기회가 줄어들고 있지만 서바이벌 오디션들은 그 어느 때보다 견고해진 계급의 벽을 뛰어넘을 수 있게 해주는 마법의 신분상승제 역할을 한다. 그럼으로써 디지털사회의 안전밸브가 되고 있는 것이다.

모두가 상을 받을 수 있는 것은 아니지만 때로는 참가만으로
도 인생역전이 가능하기 때문에 오디션은 더욱 매력적이다. 음
악 오디션에서는 수천 명의 가수지망생들이 스타 반열에 오를
기회를 얻기 위해 경쟁한다. 상을 받지는 못한다 하더라도 오디
션 경쟁 과정으로부터 많은 혜택을 입게 된다. 최종회가 가까워
질수록 유명인의 지위를 얻게 되고 음반사들로부터 캐스팅이
되기도 한다.

　　한편 광범위하게 네트워크화된 각종 소셜미디어들 덕분에 굳
이 좁은 오디션의 관문을 거치지 않아도 영웅이 될 수 있는 통로
가 만들어져 있다. 오디션 프로그램에서 인상 깊게 들었던 노래
나 퍼포먼스, 하이라이트 등을 유튜브나 각종 사이트에 올리는
것이 사람들 사이에 재미가 되고 일상의 한 부분이 되었으며 조
회수가 많은 동영상은 화제를 불러일으키면서 눈덩이처럼 클릭
수기 붙이고 주인공은 대중적인 인기를 누리게 된다. 그리고
이미 형성된 대중과의 친밀도는 주목사회에서 큰 자산으로 작
용해 성공으로 가는 발판을 마련해 준다. 보통 사람이 하루아침
에 세계적 영웅이 될 수 있는 기술적 기반이 가능하고 문화적 실
천이 이루어지는 시대가 온 것이다.

　　현대 사회에서 사회적 지위를 결정짓는 가장 큰 요소는 교육
이다. 부르디외(Bourdieu, 1984)는 사회적 위치를 결정하는 요소로
서 문화자본(cultural capital)의 중요성을 이야기를 하고 있는데 문
화자본은 교육에 의해 획득한다.[78] 한 사회의 지배계급에 의해
가장 높이 평가되는 언어를 이해하고 활용하는 능력이 많으면
많을수록 문화자본을 많이 소유할 수 있으며, 문화자본의 분배
와 전수방법 역시 용이하게 통제할 수 있기 때문에 문화자본의

소유, 분배, 교환정도는 계급을 구분하는 기준이 된다. 이를 바꿔서 생각하면 문화자본은 문화적 불평등을 통한 계급간의 구조적 불평등을 재생산하는 핵심적인 요인이 되기도 한다. 문화자본의 획득은 기존의 사회경제적 계급과 밀접하게 연결되어 있다. '강남 아이'들이 명문대학에 많이 가는 것이 이를 설명한다. 교육을 통한 사회적 지위와 신분의 획득은 소수에게만 허용된 특권이다. 오디션은 이런 장벽을 개인의 노력에 의해 뛰어넘을 수 있는 것으로 의미화하는 역할을 한다. 그리고 우리가 살아가는 사회는 학력, 공부만으로 거의 모든 것이 결정되는 사회가 아니며 개인이 가진 특별한 능력이 있으면 성공할 수 있다는 의미 역시 생산하게 된다. 88만원 세대의 비루한 일상이나 현재 한국의 20대 연령층에서 상위 5%만 안정적인 직장을 얻을 수 있다는 현실은 오디션의 세계에서는 사라진다.

미국 스카이 랩 뮤직 그룹의 총수이면서 음반 제작자인 아티 스카이(Arty Skye)[79]는 인생 역전의 꿈을 가지고 〈아메리칸 아이돌〉에 도전하는 사람들에게 자칫 환상에 빠질 수 있다는 경고를 하고 있다. 그는 "음악 산업에서 성공은 순식간에 얻을 수 있는 것이라는 잘못된 생각이다. 아메리칸 아이돌에서 성공을 거두는 것은 아주, 아주 희귀한 예외적 사례이다. 가수들은 아메리칸 아이돌을 거치는 것이 성공으로 가는 경로가 되며, 이 프로그램이 아니면 다른 경쟁프로그램을 찾아 하루 밤에 스타가 될 수 있다고 믿기 시작하였다. 이런 생각은 '금전적 성공을 거두려면 로또를 사면된다'고 믿는 것과 다를 바 없다"라고 오디션의 신화를 경계한다. 오디션은 전 지구적으로 유사한 기대와 꿈을 만들어 내고 있는 것이다.

Notes_____

55_ 스핀오프는 성공을 거둔 프로그램에서 일정 요소들을 가지고 와서 제작하는 아류들을 지칭하며 헐리우드에서는 한 프로그램의 큰 성공은 줄줄이 이어지는 스핀오프를 낳는다.

56_ 지나치게 비만한 참가자들이 살이 미어져 나오는 꽉 끼는 트레이닝복을 입고 잠자는 장면, 살이 출렁거리는 장면, 코치에게 인격적 모독을 당하는 장면 등 보기에 민망한 장면들이 자주 등장한다. 살을 빼야 한다는 단 한 가지 목적을 위해 비만한 신체의 노출, 때로는 희화화를 불가피한 것으로 제시하고 있다.

57_ 주목경제는 사용자에 따라 관심경제, 매력경제 등 다양한 용어로 번역되고 있다.

58_ 1972 (with Allen Newell), *Human Problem Solving*, Prentice-Hall.

59_ Davernport, T. (2001), *The Attention Economy: Understanding the New Currency of Business*, Havard University Press.

60_ 양정혜 (2004), "뮤직비디오 제작의 관행이 텍스트 구성에 미치는 영향: 제작진과의 인터뷰를 중심으로", 한국방송학보, 18(2): 134-168.

61_ Grossberg, L. (1998), *Media Making*, Thousand Oaks: Sage.

62_ Gow, J. (1992), "Music Video as Communication: Popular Fomulas and Emerging Genres," *Journal of Popular Culture*, 26(2): 41-70.

63_ Gitlin, T. (1981), *Inside Prime Time*, New York: Pantheon Books.

64_ Ryan, B. (1992), *Making Capital from Culture*, New York: Walter de Gruyter.

65_ Hesmondahalgh, D. (2002), *Culture Industries*, London: Sage.

66_ Turrow, J. (1991), *Mcdia Industries, White Plains*, New York: Longman.

67_ 견본시(trade fair, 見本市)는 교역을 촉진시키기 위해 세우는 일시적 시장이다.

68_ Carter, Bill (February 20, 2007), "For Fox's Rivals, 'American Idol' Remains a 'Schoolyard Bully,'" *The New York Times*, Archived from the original on April 25 2008, Retrieved March 13, 2008.

69_ 프로젝트 런웨이의 판권은 여러 방송사와 프로덕션으로 옮기면서 복잡한 소송에 휘말렸으나 최종적으로 라이프타임으로 확정되었으며 이 책에서는 소송과 관련된 타 방송사들에 대한 언급을 생략하도록 하겠다.

런웨이는 활주로라는 의미인데 패션쇼에서는 모델들이 의상을 입고 워킹하는 활주로 모양의 패션쇼 무대를 지칭한다.[70]

김은하(2012), "폴포츠 신드롬의 예술사회학", 『문화사회학』, 살림.[71]

조영수·김영한 (2011), 『스타오디션 30초의 승부』, 한국경제신문사.[72]

[73] Enli, G. S. (2009), "Mass Communication Tapping into Participatory Culture: Exploring Strictly Come Dancing and Britain's Got Talent," *European Journal of Communication* 24(4): 481-493.

[74] Pryor, Fiona (2008), "John Sergeant Dances through Divide," *BBC News*, Nov. 17. 2008.

[75] 이승훈이 참가한 〈K-pop Star〉의 경우 심사위원 60%, 사전 온라인 투표와 문자 투표를 합쳐서 40%로 배점을 해놓았다.

[76] Coser, Lewis (1956), *the Function of Social Conflict*, New York: the Free Press.

[77] Richardson, Heather Cox (1997), *The Greatest Nation of the Earth: Republican Economic Policies during the Civil War*.

[78] Bourdieu, P. (1984), *Distinction: A Social Critique of the Judgement of Taste*, Harvard University Press.

[79] Arty, Skye (2009), "A Lesson From American Idol on Becoming a Famous Singer: 4 Myths to Avoid in Attaining Music Stardom," (http://www.skyelabmusic.com/Music_Production.html).

제4장
소셜미디어의 거울에 비친 나르시시즘

1. 나르시시즘 문화의 범람

　현재와 과거를 비교했을 때 두드러지는 차이를 꼽아보라면 사람들이 그 어느 때보다 이목을 끌고 지위를 얻는 일에 몰두하고 있는 것이라고 이야기할 수 있다. 트웬지와 캠벨(Twenge and Campbell)은 오늘날 나르시시즘은 국지적 현상이 아니라 문화 전반에 걸쳐 확산되는 보편적 경향이라고 주장하며 상당한 우려를 표명하고 있다.[80]

　이들에 의하면 나르시시즘은 자신에 관한 매우 긍정적이고 과장된 시각이다. 나르시시스트들은 자신들이 타인들보다 우월하다고 믿으며 끊임없이 외부로부터의 관심을 추구하고 내면보다는 물리적인 외모와 물질적 부를 더 중요하게 여기는 사람들이다.

관심이나 주목과 관련해 언제부턴가 존재감, 허세 등의 키워드가 우리 사회의 친숙한 문화적 요소로 자리 잡기 시작했다. 대중 속에 익명의 한 사람으로 남아 있기보다는 깨알같은 특징이라도 드러내 보여 주목받고 싶어하고 남과 다르다는 것은 알리고 싶어하는 트렌드가 점점 가시적인 것이 되고 있는 것이다. 30분만 인터넷을 검색해 봐도 은근한 자기 과시가 도처에 넘쳐난다는 것을 금방 발견할 수 있다. '새로 오픈한 고급 레스토랑에 다녀왔다', '일요일 여유롭게 즐긴 브런치', '조르지도 않았는데 남편이 명품 가방을 또 사줬다', '광고를 보다가 문득 다녀오고 싶어 무작정 크로아티아로 떠났다', '새로 산 44 사이즈 원피스' 등 '부러우면 진다'는 우리 시대의 새로운 진리에도 불구하고 부러운 마음을 불러일으키기에 딱 좋은 포스트들이 거의 1분 단위로 올라온다. 카카오톡 소개말에는 밑도 끝도 없이 로맨틱하고 감성적인 글귀들이 알듯 모를 듯 사용자의 감정 상태에 대한 관심을 유발시키고 있다.

소비의 과시 뿐 아니다. 부의 과시, 외모의 과시, 인맥의 과시 등 내가 가진 유형, 무형의 것들을 총동원해 나를 돋보이게 하려는 직간접적인 노력들이 소셜미디어에 넘쳐난다. 경제적, 인맥적 후광효과를 가져와 자신을 돋보이게 하려는 사람들 외에 막강한 달란트를 가진 사람들도 강력한 존재감을 발하는 또 다른 집단이다.

요리, 공예, 뜨개질, 음악, 디지털 기술에 대한 해박함 등을 포스팅하는 사람들을 보고 있으면 이 세상의 모든 사람들이 적어도 한 가지는 뛰어나게 잘한다는 신화적 믿음을 부인하기 힘들어진다. 달란트를 가졌을 뿐 아니라 이를 기부하는 의식있는 사람들도 많다. 유기견보호소에 후원금을 보내기 위해 직접 만든 애견옷을 판매하는 블로거의 홈에는 의식 있는 애견인임을 칭찬하고, 옷 만드는 솜씨를 찬양하는 200여 개의 댓글들이 하루 만에 올라온다. 재능기부가 딱히 다른 사람의 인정을 바라고 하는 행위는 아니겠지만 많은 사람들의 우호적 반응이 이 블로거의 다음 벼룩시장을 촉진시키는데 큰 기여를 한다는 것을 부인하기는 힘들다.[81]

주목과 관심 끌기 현상에 병행하는 우리 시대 또 하나의 신드롬으로 과도한 자신감을 들 수 있다. 아이돌 그룹의 노래 가사에서 스스로에게 감탄하며 마음에 들지 않는 사람이나 인간관계는 쿨 하게 잘라버리고 새로운 관계를 찾아 떠나는 가사가 대세를 이룬 적이 있었다. 마치 나르시시스트적 인성 특징을 염두에 두고 쓴 것같은 이들 노랫말을 음미해 보면 "누가 봐도 내가 좀 죽여 주잖아…. 내가 제일 잘 나가", "이런 여자 어딜가야 또 있겠어", "날 너에게 맞추려 하지마" 등 극도로 자기중심적이며 권리의식으로 가득 차 있다. 그런데 이런 노래들이 인기몰이를 하면서 대량으로 양산되는 것은 나르시시스트적 메시지가 최소한 젊은 층에게는 폭넓은 문화적 공감대를 얻을 수 있기 때문이다.

자기과시, 자기중심적인 담론들로 특징 지워지는 현재를 나르시시즘적인 사회라고 칭하며 우려를 표명하는 학자들이 증가하고 있다. 미국에서 18세에서 25세 집단을 대상으로 자기 세대

나르시시스트적 노랫말을 가진 아이돌 그룹의 가사들

가 수	제 목	노 랫 말
DJ DOC	나 이런 사람이야	나에게는 관대하고 남에게는 막 대하고/이 카드로 저 카드 막고 일 벌렸다 하면 사고/괜찮아 나니까 하나를 배우면 열을 깨달아 버리는 나니까/손발 다 써도 안되면 깨물어버리는 나니까/대박 나든 쪽박 차든 쏠리는대로 사니까/아닌걸 보고 아니라고 하니까
현아	Bubble Pop	날 너에게 맞추려 하지마/있는 그대로의 날 보라
브라운 아이드 걸스	Hotshot	위스키, 럼, 하나 없이도/이런 여자애가 어딜 가야 또 있겠어/사람은 불러서 뭐해/어차피 나 하나로 족해/복잡한 얘기는 다 넣어둬/아침이 오기 전에 우리 어서 즐겨/ 남친을 묻기 전에 상관 말고 느껴/위스키, 럼~ 안 사줘도 폼~나게/하지만 너무 다 믿진 마/기억은 못할지 몰라 그럴지 몰라
2NE1	내가 제일 잘 나가	누가 봐도 내가 좀 죽여주잖아/둘째가라면 이 몸이 서럽잖아/내가 제일 잘 나가/네가 나라도 이 몸이 부럽잖아/선수인척 폼만 잡는 어리버리한 Playa/넌 바람 빠진 타이어처럼 보기 좋게 차여/어떤 비교도 난 거부해 이건 겸손한 얘기/가치를 논하자면 나는 Billion dollar baby/뭘 좀 아는 사람들은 다 알아서 알아봐/아무나 잡고 물어봐 누가 제일 잘 나가?

의 가장 중요한 목표가 무엇인지 설문한 조사에 의하면 81%의 응답자가 "부자되기"를 인생의 가장 중요한 목표로 지목했고 다음이 "유명해지기"로 51%의 응답자가 이같이 답하였다.[82] 이 타적이거나 정신적인 가치관의 추구와는 거리가 먼 응답을 보

면서 연구자들은 젊은 세대들이 매우 나르시시스트적인 가치관을 가지고 있다고 이야기한다.

이처럼 자기애적 경향이 문화 속에 널리 퍼져나가는 이유는 무엇인가? 여러 가지 원인을 들 수 있겠지만 우선 현대인이 느끼는 고독함이 주요 원인이 된다. 집단주의가 점차 빛을 잃어가고 개인주의가 팽배하면서 현대인들은 외견상으로는 수많은 관계에 속해 있어도 사실은 매우 외롭고 고독한 사람들이다.

각종 소비자조사 결과에도 나타나듯이 현대 사회의 인간관계는 스터디클럽, 동호회처럼 목적에 따라 단기간에 걸쳐 나타났다가 없어지는 매우 실용적인 양상을 보여준다. 분주하게 많은 모임에 참가하고 사람들을 만나지만 실제로 마음을 터놓을 수 있는 사람 수는 많지 않고 오히려 디지털 기기와 보내는 시간이 더 길다. 불안정한 관계, 피상적인 관계는 사람들로 하여금 여러 가지 방법으로 다른 사람들의 관심을 추구하게 하고 그 결과 종종 있는 그대로의 모습보다 더 과장된 자기를 제시하도록 만든다. 평범하면 관심의 대상이 되기 힘들기 때문이다.

나르시시스틱한 자기표현을 유발시키는 또 다른 이유로 끊임없는 자기 점검과 검증이 생활화된 사회 환경을 들 수 있다. 타인과의 경쟁이 치열해진 오늘날 사람들은 타인들을 의식하면서 경쟁적으로 자기계발에 몰두한다. 그리고 끊임없이 현재의 자신의 위치를 평가 받고 싶어하고, 자신의 성취를 타인은 물론 자기 자신에게도 증명하려고 노력한다. 인증샷의 보편화가 보여주듯이 모든 것을 확인하고 검증하는 것은 거의 모든 사람들이 사이버 세계의 구성원이 된 현재에는 이미 문화적 대세가 되었다. 온라인상의 자기표현과 관련된 일련의 연구들을 보면 사람들은 있는 그대로의 나를 보여주기도 하지만 되고 싶은 나를 표현하는 경우가 많다.

한편 케이블 TV나 IPTV, UTube 등 각종 미디어 아울렛의 증가로 유례없이 많아진 리얼리티 프로그램들은 '지켜보기 문화'를 자연스러운 것으로 확산시켜 나가고 있다. 데이트 상대를 찾아서 모인 남녀들이 함께 합숙하면서 마음에 드는 사람을 물색하는 광경을 지켜보면서 다른 사람들은 어떤 기준을 가지고 연인이 될 사람을 결정하는지, 어떤 사람이 인기를 얻고 어떤 이들이 비호감인지 등 매우 사적인 관찰을 할 수 있는 기회가 빈번해졌다. 넘치는 연예뉴스는 스타나 유명인들의 일거수일투족을 업데이트해 보여 주고 있으며 성형수술의 절차, 화장하는 방법 등 사적 영역에 숨어있던 수많은 것들이 이제는 보여지는 대상이 되고 있다.[83]

있는 그대로의 리얼에 대한 목격은 보여지는 대상이 매력적이거나 관심을 끄는 것일 때 모방욕구를 만들어 내게 된다. 특히 스타나 유명인의 말과 행동, 그들이 입고 있거나 걸치고 있는 것은 즉각적으로 관찰되며 스타와 자신을 동일시하고 싶은 욕망을 가진 사람들에게는 나르시시스트적 모방을 촉진시킨다.

마지막으로 단순히 지켜보는데서 벗어나 타인들에게 자신을 보여 주려는 사람들의 욕구는 기술의 발전에 의해 더욱 촉진된다. IT기술의 대중화는 사람들의 드러내보이기 욕구를 더욱 쉽게 표출할 수 있도록 해주는데 예를 들어 디지털 카메라의 광범위한 보급과 이미지 편집과 공유의 용이성은 사소한 일상까지 거의 실시간으로 드러내 보이는 것을 가능하게 해주고 있다.

이상 열거한 요인들을 좀 더 체계화시켜 보면 새로운 감수성을 소유한 'Me세대'의 등장, 정보자본주의 사회의 소비주의 문화, 설레브리티 문화의 확산, 소셜미디어 플랫폼의 증가 등이 나르시시즘 문화를 확산시키는 배경으로 지목될 수 있다. 이들 각각의 요인에 대해서는 계속해서 상세히 살펴보도록 하겠다.

2.
나르시시즘
의미의 시대적 변천

나르시시즘(Narcissicism) 용어 자체는 심리학의 대가 지그문트 프로이트가 처음 사용하기 시작했으며 주로 임상적이고 병리학적인 차원에 국한되는 용어였다. 나르시시스트들은 보여지는 자기 이미지에 매우 큰 우선순위를 부여하며 자신들이 다른 사람들보다 사회경제적 지위나 지적능력, 매력도, 중요도 등에서 더 우월하다는 생각을 가지고 있다. 나르시시스트들은 자기 통제적 행위를 함으로써 긍정적 자기 이미지를 유지하려고 하는 경향을 보여준다. 자기통제적 행위들은 본질적으로 개인 간의 관계를 염두에 두고 이루어지는데 예를 들면 관심을 끌기 위한 각종 언행, 언제 어디서나 화려하고 즐겁게 보이는 것 등이다.

나르시시스트적 성향을 가진 사람들은 인간관계를 맺을 때 관계 속에서 느끼는 친밀감이나 감정적 교류보다는 관계를 통해 자신이 인기 있고 성공적으로 보일 수 있는가 아닌가에 더 높은 가치를 부여한다.[84]

그러나 최근 대중문화의 새로운 코드처럼 보이는 나르시시스트적 성향은 사회병리 현상이라기 보다는 자기중심적인 시각에서 타인의 관심 끌기에 열중하는 집단적 감정구조의 부상이라고 바라보는 것이 더 적절하다. 이미 19070년대에 크리스토퍼 래쉬(Christopher Lasch, 1977)[85]는 미국 사회가 나르시시스트적인 곳으로 변하고 있다고 주장하면서 나르시시즘을 보다 사회학적인 의미로 재해석하였다. 래쉬의 주장은 고프만(Goffman)과 같은 사회학자의 논리와 맥을 같이 하면서 나르시시즘 문화를 폭넓게 조명해 볼 수 있는 이론적 맥락을 제공해 주고 있다.

1) 고프만의 인상관리

고프만의 인상관리(impression management)에 대한 논의[86]는 지금 널리 성행하고 있는 자기 드러내기에 대한 좋은 이론적 설명틀을 제공한다. 고프만에 의하면 사람들의 사회적 상호작용은 다른 사람에게 영향력을 행사하려는 목적을 가지고 이루어진다. 다른 사람들과 어울려 사회생활을 영위하는 과정에서 사람들은 자신에 관해 가장 유리한 인상을 전달함으로써 다양한 형태의 보상을 얻고자 한다. 사람들이 기대하는 보상은 자신의 행동이 적절하고 옳다는 사회적 승인, 타인과의 친밀한 친교관계, 권력 등이다. 팔로워 수가 엄청난 트위터는 팔로워들의 생각에 영향을 미칠 수 있다는 점에서 권력을 얻는 것이 된다. 상호작용의 또 다른 동기는 자기표현이다. 다르게 말하자면 정체성과 개성의 형성인데 사람들은 이상적이라고 설정한 이미지를 염두에 두고 그 이미지와 일치하는 방식으로 자신을 표현하는 양상을 보인다. 마치 영화배우가 외부에 인식되어 있는 자신의 이미지에 맞는 모습들을 선별적으로 공중에게 보여줌으로써 자신의 배우 정체성을 유지하는 것과 유사하다.

사람들은 자기표현 혹은 인상관리를 위한 전략을 사용하는데 전략의 핵심은 자신의 장점들을 강조함으로써 사회적인 매력도를 높이는 것이다. 그런데 어떤 행동들이 타인에 의해 장점으로 간주되는가 혹은 그 반대인가를 결정하는 것은 사회가 공유하는 문화적 규범들이다. 개성이나 정체성 형성은 전적으로 개인적인 것이 아니며 사회가 미리 만들어 놓은 기준들에 의해 영향을 받기 때문이다. 아름다움, 도덕성, 이타주의적 성향, 부, 지위, 권위 등 다양한 가치들이 장점을 지닌 것으로 간주되는 규범들이다. 보편적인 기준에 잘 들어맞는 존재로서 자신을 드러내 보이는 것을 이상화(Idealization)라고 부른다. 이상화를 위한 전략은 크게 두 가지가 있는데 하나는 관객 격리이고 또 하나는 특별한 관계 강조하기 이다. 전자의 경우 개인이 상호작용을 맺는 집단의 기대와 특성에 따라 여러 개의 자신을 각기 다르게 보여주는 것이다. 예를 들어 친구집단에게는 매우 자유분방한 모습을 보이다가 보수적인 부모들 앞에서는 가부장제에 순응하는 순종적인 여성의 모습을 보이는 사례 같은 것이다. 특별한 관계 강조는 각각의 상호 작용 집단이 자신과 매우 특별한 관계를 맺고 있다는 것을 타인들에게 강조하는 전략이다.

최근 등장한 소셜미디어의 세계는 이상화와 관련해 오프라인 세계와는 구분되는 규범과 가치들을 가진다. 그리고 참가자 개개인은 어떤 정보를 어떤 방식으로 노출해야 하는가를 배워나가면서 자신에 관한 특정 사실은 강조하기도 하고 주변화하기도 한다. 이런 관점에서 본다면 사회 생활은 일종의 치밀하게 계산된 공연과 유사하다고도 할 수 있다. 타인에게 좋은 인상을 주고 관리하기 위해 끊임없이 자신의 말과 행동에 신경을 쓰며 동시에 다른 사람들의 행동도 주의 깊게 관찰하고 때로는 감시한다. 사회 구성원 개개인은 바람직한 모습을 보여주기 위해 날마다 애쓰며 살아가고 있는 것이다. 보여준다는 것은 물론 감춘다는 것까지 포함한다.

인터넷 기반 각종 플랫폼의 등장은 사람들의 인상관리 전략에 상당한 변화를 가지고 왔다. 다양한 연출과 탈맥락화 등이 가능하기 때문에 진정성을 확인하기 힘들고 이는 현실과 동떨어진 방식으로 자기를 포장하는 나르시시즘적인 문화를 촉진시키는데 크게 일조한다.

크리스토퍼 래쉬는 1970년대로 넘어오면서 사회가 보다 풍요로워짐에 따라 나르시시즘이 하나의 사회적 현상이 되었다고 주장하고 있다.

모든 시대는 고유한 형태의 병리적 현상을 발전시키는데 …
나르시시즘의 개념은 (1960년대) 사회 변화가 야기시킨 심리적
인 영향력을 이해할 수 있도록 해준다… 나르시시즘은 우리 시
대 '해방된 개성(personality)'의 정확한 자화상을 제공한다.
_ The Culture of Narcissicism, p.10.

래쉬가 말하는 해방된 개성은 페미니스트 운동과 가부장제의
쇠퇴를 염두에 둔 것이다. 제2차 세계대전 후 서구 사회는 유례
없는 물질적 풍요를 누리게 되었고 물질만능주의, 소비주의가
팽배하게 된다. 반면에 물질만능에 혐오를 느낀 히피족, 남녀평
등을 주장하는 페미니스트, 베트남전에 반대하는 대학생 등도
생겨나면서 많은 사회적 소요가 일어나게 된다. 래쉬는 이 두 가
지 상반되는 트렌드가 모두 나르시시즘 확산의 원인이라고 진
단했다. 우선 전자를 살펴보면 노동자 계층도 부를 누리게 되면
서 유례없는 개인주의가 생겨나게 되고 생활이 윤택해지면서
미래를 바라보고 밖을 바라보는 대신 사람들은 내면을 향하고,
현재를 살며, 즉각적인 만족을 추구하게 되었다는 것이다. 그리
고 도덕적으로나 윤리적 측면에서 더 개방적이 되고 더 세속적
이며 소비지향적으로 바뀐 미국 사회 전체가 나르시시트적인
인간성을 보편적인 것으로 정착시키는데 일조하였다고 지적한
다.

한편 페미니스트들을 위시한 각종 사회운동 집단들은 기존
질서를 거부하고 자신들의 권익을 추구하려 한다는 점에서 나
르시시트적이라고 래쉬는 주장했다. 여성의 권리를 찾기 위해
사회의 중요한 근간이 되어온 가부장제를 흔든다는 점에서 자
기중심적인 나르시시스트들의 특징과 일맥상통한다는 것이다.

가족을 위해 모든 것을 희생하던 엄마와 아내에서 '나(Me)'를 주장하는 것은 가족과 결혼과 같은 전통적 제도를 무너트리고 보다 심각하게는 국가의 이상을 침식한다고 보았다.

래쉬의 주장이 얼마나 타당성을 지니는가와는 별개로 그의 논의에서 한 가지 주목할 것은 한 사회가 보여주는 집단적 심리 성향은 사회의 물질적 토대와 밀접한 관계를 맺고 있다는 주장이다. 그의 논의에는 성숙기로 접어드는 자본주의의 변화가 미국인들의 인성을 바꾼다는 시각이 내재되어 있고 따라서 프로이트가 이야기한 타고난 인간본성 중 일부로서의 나르시시즘과는 차이를 보여준다.

이후 2000년대 중반 트웬지(Twenge) 등은 미국 사회의 나르시시즘의 증가와 그 사회적 파급효과를 다시 이슈화하고 있다. 트웬지 등은 개인이 태어나는 시대의 지배적 가치관이나 태도, 예를 들면 양육이나 교육에 대한 태도가 나르시시즘의 확산에 큰 역할을 한다고 주장한다는 점에서 래쉬와 유사한 부분이 있다. 트웬지는 소셜미디어 플랫폼의 증가 역시 나르시시트적 문화를 형성하는데 일조하고 있다고 지적하는데 이 같은 주장을 통해 한 사회의 경제적 토대, 지배적 가치관, 당대의 지배적 기술 환경 등이 중층적으로 작용해 집단적인 정서를 생성해낸다는 결론이 잠정적으로 가능해진다. 뒤에서 살펴보겠지만 기술 등과 같은 변수들은 집단적 감정구조의 생성 뿐 아니라 그의 방향성을 설정하는데도 상당 부분 영향력을 행사하게 된다.

2) 소비문화와 나르시시즘

　타인의 관심과 사회적 지위는 인간 역사에서 언제나 중요한 것이었다. 베블렌(Veblen) 등 경제학자와 사회학자들은 소비의 개념을 가지고 사회적 인정과 지위 추구에 대한 설명을 제공한다.

　이들의 주장에서 유추하자면 특정 상품의 획득이나 소유가 곧 사회적 지위를 상징한다는 소비사회가 만들어 낸 일련의 신화적 믿음들이 나르시시즘적 소비주의를 진작시키는데 중요한 역할을 한다. 사회적 지위와 상품의 소비를 연결시키려는 시도는 매우 고전적인 마케팅 전략이다. 이미 1920년대에 자동차 산업은 운송, 운반이라는 자동차 고유의 기능 외에도 자동차가 제공할 수 있는 부가적 가치들을 부각시켰는데 그 중 중요한 것이 자동차는 사회적 지위의 상징물이라는 의미 생산이다. 보다 많은 부를 축적하고 높은 명예를 성취한 사람들은 자신들이 나머지 대중과 다르다는 것을 가시화하고 싶어했으며 이 같은 과시 욕구를 충족시켜주는 역할을 상품들이 수행하게 되었다.

　베블렌(1899)의 유한계급 이론(Theories of Leisure Class)은 부유한 사람들이 매우 과시적으로 상품들을 소비하는 목적은 부를 드러내 보임으로써 사회적 지위와 특권을 얻고자 하는 욕구를 충족시킬 수 있기 때문이라는 요지로 구성되어 있다.[87] 베블렌에 의하면 사회적 지위는 부를 물리적으로 과시함으로써 강화된다.

> 다른 사람들로부터 존중을 획득하고 유지하기 위해 부의 증
> 거를 제시해야만 한다. 존중은 증거에 의해서만 주어지기 때문
> 이다. _ 베블렌, 1899, p.24.

사회적 관습에 의하면 부의 증거는 과도하게 비싼 상품의 획득이나 시간, 금전적 낭비를 동반하는 소비이다. 사람들은 가격이 높을수록 더욱 기꺼이 구매할 의사를 가지고 있으며 이를 '베블렌 효과'라고 부른다. 실속과는 거리가 멀고 비합리적이고 비이성적으로 보일 수 있지만 실제로 이 같은 현상이 존재하는데 이는 소비를 통해 지위를 추구하려는 인간 본성이 개입되기 때문이다. 나는 남과 다르다는 것을 혹은 나는 보통 사람과 다르다는 것을 소비를 통해 선언하는 것이다.

오늘날 유한계급은 그다지 좋은 함의를 가진 용어는 아니다. 놀고먹는 룸펜에 더 가깝게 인식되고 있다. 그러나 베블렌이 살았던 시대에는 일하지 않고 토지자산이나 금융자산으로 부를 누리는 집단은 사회적 선망의 대상이었다. 유한계급에 진입하지 못한 사람들도 과시적인 소비를 통해 자신이 상당한 부와 여유를 가지고 있는 것처럼 보이고 싶어했고, 그 결과로 과시적 소비는 더욱 성행하게 되었다. 과시적 소비는 반드시 경제적으로 넉넉한 사람들에게 국한되는 것은 아니다. 베블렌의 이러한 주장은 명품 브랜드나 '지위' 상품 관련해 많은 관심을 유발시키는 계기가 되었으며 '베블렌 효과'는 보통 명사화될 정도로 보편적 논의가 되었다.

베블렌의 분석에 충실하자면 상품의 유용성은 소비와 가격 사이의 균형을 놓고 판단되는 것이 아니라 소비와 지위간의 균형을 두고 결정되게 된다.

베블렌은 과시적 상품 소비를 유발시키는 동기는 두 가지가 있다고 이야기한다. '위화감 조성을 위한 비교(invidious comparison)'와 '없어 보이지 않기 위한 소비(pecuriary emulation)'이다. 전자는 상위 계층의 사람이 하위 계층의 사람들로부터 자신을 구분짓기 위해 의도적으로 다른 계층에게 패배감을 주면서까지 과시적 소비를 하는 경우를 지칭한다. 후자는 하위 계층의 사람이 자신도 상위 계층의 일원처럼 보이거나 간주되고 싶다는 열망에서 과시적인 소비를 하는 상황이다. 형편이 안 되는데도 무리해서 고급 자동차나 명품 가방을 구입하는 사례 같은 것이다. 두 가지 형태 모두 일종의 표식행위(signalling)이라는 점에서는 동일한 성격을 가진다. 럭셔리 브랜드를 구입하는 이유는 럭셔리 상품들이 남들보다 더 큰 부를 표식해 주는 역할을 하기 때문이다.

베블렌 효과와 반대인 것처럼 보이지만 본질적으로는 유사한 소비의 형태로 소비의 '스노브 효과(snob effect)'가 있다. 여기에는 다른 사람들이 모두 소유하고 싶어하는 것을 오히려 거부하고 남들과는 다른 것을 소유하거나 소비함으로써 자신과 다수 집단을 분리시키고자 하는 자기 과시적 의도가 개입되어 있다. 남들이 소유하지 못하는 것을 소유한다는 것이 반드시 고가의 명품이어야만 하는 것은 아니다. 부자가 벼룩시장에서 소박한 골동품을 구매하는 것도 스노브적 소비가 될 수 있다.

라이벤스타인(Leibenstein, 1950)에 의하면 스노브 효과는 매우 복합적인 요소들로 구성된다. 그의 논의를 정리하면 스노브 효과는 두 가지 상황으로 나누어 생각할 수 있다. 한정적이고 배타적으로 생산되는 상품에 대해서는 스노브들은 가격과 무관하게 구매하는 양상을 보인다. 왜냐하면 어쨌거나 아주 소수의 사람들만이 그 상품을 소유할 수 있기 때문이다. 한정판 등의 타이틀을 달고 나오는 상품들은 이런 심리를 겨냥한 것이다. 스노브들은 높은 가치를 지니고 있으며 한정된 개수의 상품들만을 원하는 반면 언제든지 살 수 있는 상품들은 달가워하지 않는다. 희귀한 것들이 곧 존중과 특권을 의미한다고 생각하기 때문이다(Solomon, 1994).[88] 두 번째 스노브적 상황은 많은 사람들이 구매를 해서 그 가치가 쇠퇴했다고 판단되는 상품에 대해서는 소비를 거부하는 것이다. 독특하면서도 많은 사람들이 소유하지 않은 것들에 대해서는 언제든지 소유를 하고자 하는 열망을 가지고 있지만 그것이 대중화가 되면 스노브들의 관심은 돌아선다. 최근에 등장한 사회적 책임을 나눠가지는 소비 역시 부분적으로는 소비의 스노브 효과가 개입된다. 실리를 추구하는 상품 대신 명분을 추구하는 상품들을 구매함으로써 스스로에 대한 만족감을 얻는 것이다.

베블렌 효과와 스노브 효과가 나는 남들과 다르다는 것을 드러내 보이기 위한 동기에서 이루어진다면 '밴드웨곤(Bandwagon)' 효과는 다른 사람들에게 뒤지지 않기 위해서, 바꿔 말하면 남들과 동질감을 얻기 위해 이루어진다. 이때 동질감을 형성하고 싶은 대상은 내가 동경하고 따라잡고 싶은 집단이라고 할 수 있다. 다수의 사람들이 선호하고 높은 수요가 형성되는 제품이 있을 때 그 제품을 소유하는 집단에 소속되기를 원해서 명품 등을 구매하는 것이 밴드웨곤 효과이다. 밴드웨곤 효과는 스노브 효과와 다른 양상을 보이는데 두 가지 모두 자아를 강조하기 위해 일어나는 소비라는 점에서는 공통점을 가지지만 밴드웨곤 소비자들은 다른 사람들과 동질성을 추구하기 위해 소비를 하고 스노브 소비자들은 특별해 보이고 튀기 위해서 소비를 한다.

정보가 넘쳐나는 디지털시대의 소비자들은 그 어느 때 보다 쉽게 풍부한 제품 정보들을 얻을 수 있다. 어떻게 보면 인터넷이나 스마트폰 자체가 온갖 종류의 벤더들이 가게를 열어 놓고 있는 거대한 시장이다. 얼리 어답터, 파워 블로거들, 전문적인 지식을 가진 사람들은 기꺼이 제품과 관련된 정보를 공유하며 그 정보는 매우 전문적인 내용까지 포함하고 있다 '갤럭시 S3'가 어떤 기능을 보강했는지, 무엇이 장점이고 한계점인지 친절하게 자신의 지식을 제공하는 사람들로 넘쳐난다. 텔레비전 연예 뉴스에서는 실시간으로 유명 스타의 공항 패션을 소개하면서 상의, 하의, 가방, 신발이 무슨 브랜드인지 친절하게 알려주고 있다. 샤넬이나 루이뷔통 등 세계적 명품 브랜드는 실제 스토어보다 더 화려한 제품 사진들로 가득찬 e카탈로그를 개설해 놓고 있다.

이미지 포화의 현대 사회에서는 현실을 나타내는 이미지, 즉 시뮬라크라가 원본보다 더 실재 같다는 보들리야르(Baudrillard)의 말처럼 이들 카탈로그들이 보여주는 각종 제품의 이미지는 실재보다 더 실재같은 하이퍼 리얼리티(hyper-reality)를 구성하고 있다. 이미지와 실재의 경계가 모호하고 이미지가 실재보다 더 아름답고 매력적인 환경은 소비 열망을 부추기는데 매우 효과적이다. 인터넷 뿐 아니라 텔레비전이나 영화도 거대한 시장의 성격을 띠게 된 지 오래되었다. 각종 PPL(Product Placement)을 통해 자동차부터 운동화, 레스토랑 등 온갖 종류의 상품이 스타의 후광효과를 빌어 너무나 매력적으로 보여진다. 그리고 이들 상품들은 텔레비전 매체와 인터넷 간의 상호울림 작용을 통해 메아

리처럼 공명된다. 게다가 블로그, 유튜브 등 인터넷 기반 개인 매체들은 한 번 소비하면 종결되는 방송의 일회성을 극복하고 동일 메시지가 반복적으로 되풀이되도록 해준다.

PPL로 도배된 미용 관련 프로그램들은 나르시시스틱한 소비를 부추기는 데 중요한 역할을 한다. 〈겟잇뷰티〉, 〈뷰티의 여왕〉 등 제목만 다르고 내용은 대동소이한 리얼리티 뷰티 프로그램들은 '아름다워지는 방법'에 대해 수많은 제품정보를 제공한다. 어떻게 하면 어려보이는 화장을 할 수 있는지 혹은 성숙해 보일 수 있는지, 커리어 우먼처럼 당당해 보일 수 있는지 등 화장이 개인의 정체성을 만들어 낼 수 있다는 내용을 전달하면서 소비의 밴드웨곤에 동참하도록 부추긴다.

이들 프로그램이 제공하는 내용은 백화점 화장품 코너에서 진행되는 메이크업 쇼 프로모션 행사와 거의 다를 바가 없다. 뿐만 아니라 화제가 되는 연예인들의 메이크업 따라하기 등 소비자들의 관심을 끌 수 있는 소재를 선택해 전문가들이 세밀하게 테크닉을 설명하기 때문에 시청하는 사람들은 자신들도 따라해 보고 싶다는 생각을 하지 않을 수 없다.

〈겟잇뷰티〉 에피소드에서 소개된 "타임머쉰 메이크업"은 화장과 머리모양을 통래 원하는 연령대로 더 나이 들어보이게, 또는 더 어려 보이게 변신할 수 있다는 내용이다. 매회 주제는 바뀌지만 외모가 정체성을 만들어 낼 수 있다는 기본적 메시지는 반복된다. 이런 프로그램의 확산은 외모를 통해 자신에 대한 관심을 얻고 싶다는 사회적 욕망으로 이어진다. 그리고 이 욕망을 구체화 할 수 있도록 시청자를 완전히 다른 사람으로 변신시켜 줄 수 있는 상세한 제품 소개가 이루어진다. 〈겟잇뷰티〉에는 이른바 "뷰티선택단의 블라인드 테스트"를 도입해 프로그램이 추천하는 제품에 대한 신뢰도와 객관성을 인증받고 있다. 블라인드 테스트 결과는 대학생들 사이에서 특히 열광적인 반응을 얻고 있는데 굳이 비싼 제품을 구입하지 않아도 럭셔리 제품과 동일한 효과를 낼 수 있다는 이유 때문이다. 텔레비전의 블라인드 테스트는 제품명을 밝히지 않으나 다음날 올려지는 수십 개의 블로그 포스팅들은 어제 봤던 그 제품이 어느 회사 무슨 제품인지 상세한 정보들을 제공해 준다.

그런 의미에서 본다면 〈겟잇뷰티〉는 신뢰도의 아우라를 풍기는 사실상의 제품쇼이다. 비슷한 성격의 다른 프로그램은 시청자와 소비자들을 위해 유용한 쇼핑정보를 제공한다는 취지하에 샵과 아울렛 등을 방문해서 제품들을 보여주고, 어울리는 액세서리, 가방, 구두와의 코디법을 알려 주며 특별 세일 중이라는 것까지 빠트리지 않고 알려 준다. 이제는 뷰티 관련 텔레비전 리얼리티 프로그램 자체가 하나의 쇼핑몰인 것이다.

페코라(Pecora, 2002)는 앞서 논의한 텔레비전 리얼리티 프로그램에 의해 촉진되는 현실 관찰 문화는 나르시시즘과 동전의 앞뒷면 관계에 있다는 주장을 하고 있다.[89] 지켜보는 것을 즐기게 되었기 때문에 자신도 타인으로부터 바라봄을 당하는 대상이 된다는 것을 기꺼이 받아들이고 보다 이상적인 모습을 보여주기 위해 노력한다는 것이다. 이 같은 환경은 베블렌 효과, 스노브 효과, 밴드웨건 효과를 때로는 동시에 때로는 선별적으로 유발시키면서 소비와 정체성을 동일시하게 만든다.

일부 연예인들이 성형수술한 모습 역시 경쟁적으로 미디어에서 다루어진다. 유명인이기 때문에 대중이 수술 전 얼굴을 충분히 인식하고 있는 상태에서 수술이 이루어지고, 수술 후 모습이 주로 텔레비전 매체를 통해 보여지기 때문에 성형외과들이 게시하는 수술사례 사진과는 비교가 되지 않게 차이가 확연히 두드러진다. 텔레비전은 이들의 수술을 심기일전하여 새로운 인생을 살아보겠다는 각오, 외모가 주는 한계점에서 벗어나 폭넓은 연기활동을 하고자 하는 일종의·자기계발 노력으로 프레이밍(framing)[90]하는 경향을 보여준다. 말하자면 연예인으로서의 경쟁력을 강화하는 하나의 수단으로 성형이 의미화되는 것이다.

이는 자연스럽게 사회 전반에 걸쳐 성형에 대한 허용적인 문화가 형성되게 이어지도록 일조한다. 연예인들의 수술이 성형산업의 전폭적 지지를 받아 무상으로 이루어지며 일반인들보다 훨씬 더 심혈을 기울여 이루어지는 홍보수단이라는 것을 알면서, 때로는 인식조차 하지 못하면서 성형대열에 합류하게 뇌는 것이다. 외모에 대한 유례없는 관심과 과시욕구는 나르시시스틱한 문화가 보여주는 대표적 양상이다.

3.
나르시시스트는
누구인가?

　　나르시시즘 현상에 대해 활발한 연구를 하고 있는 트웬지 (Twenge)는 오늘날 젊은이들이 보여주는 나르시시스틱한 경향을 세대론을 가지고 설명하고 있다. 언제 태어나는가가 그 사람이 경험하게 될 문화적 환경을 상당부분 결정할 뿐 아니라 경제적 현실, 행위규범 그리고 세계관에도 영향을 미친다는 것이다. 정보화시대에 태어나 인터넷과 함께 성장한 세대가 경험하는 현실은 그들의 할아버지, 할머니가 살아온 현실과 매우 다를 것이라는 것은 쉽게 상상할 수 있다.

트웬지는 1970년대 후반, 80년대, 90년대에 출생한 사람들을 "Generation Me(이하 Me세대)"라고 명명하고 있다. 미국 사회를 중심으로 세대를 분석하였기 때문에 시차를 두고 미국과 많은 유사점을 보여주는 우리나라 사회에 대입한다면 Me세대의 연령층은 이보다 낮아져 10대부터 30대 정도를 아우르는 세대라고 할 수 있을 것이다. 이들을 지칭하는 다른 용어로는 'Y 제너레이션(Generation Y)', '밀레니얼(Millenial)' 등이 있다.

트웬지의 미국 사회로 돌아가보면 현재 20대 초반에서 40대에 이르는 Me세대가 보여주는 집단적 특징 중의 하나가 나르시시스트적인 성향이다. 1960년대 청장년층 대다수가 우선순위를 부여하는 중요한 가치는 정직, 근면, 충성심, 타인에 대한 배려 등이었다. 자연히 전체 사회나 지역 사회의 지배적인 규범과 관행에 순응하는 것 역시 당연시되었다. 사회구성원으로서의 의무와 책임이 개인의 필요와 욕구보다 더 중요하게 간주되었기 때문이다.

그러나 오늘날 세대는 개인의 필요에 의해 움직이도록 가르침을 받으며 자라났다. 그 어떤 것보다 선행해 자신의 꿈을 따라가고, 행복을 추구하라는 이야기를 들으며 자란다. 남들과 다른 것은 이상한 것이 아니며 자신이 좋아하는 것을 하도록 가르침을 받는다. 교사나 부모, 권위 있는 사람들의 말에 순종하도록 교육받는 것이 아동에게 바람직하다는 이야기를 하는 사람은 거의 없다. "네가 행복하다고 느끼는 것을 해라. 다른 사람이 무슨 생각을 하던지 상관하지 마라"는 정신이 사회적인 대세이다. 한 대기업에서 만들어 젊은이들에게 많은 호응을 얻었던 기업

이미지 광고는 우리 사회 전반에 널리 퍼져있는 '격려와 존중'의 트렌드를 잘 포착해서 보여주고 있다.

> 말주변이 부족한 사람이 아니라 더 신중하게 말하는 사람일 뿐입니다. 출발이 늦은 사람이 아니라 준비를 더 충분히 한 사람일 뿐입니다. 누가 당신에게 부족한 점이 많다고 말하던가요? 부족한 점이 많다는 것은 그만큼 좋아질 점도 많다는 것입니다.
>
> _ 두산그룹 CF 카피 전문

말주변이 모자라고 준비가 부족한 사람을 광고주 그룹이 선뜻 채용해서 나아지고 좋아지기를 기다릴 가능성은 매우 희박하다. 그럼에도 불구하고 취업난의 와중에서 좌절하는 청춘들에게 있는 그대로의 너 자신이 아름답다는 메시지를 감동적으로 전달하고 있다. Me세대는 이런 종류의 자아존중감 촉진 담론을 날 때부터 들으면서 자라온 집단이고 따라서 베이비부머와 여러 가지 면에서 차이를 보여준다.

제2차 세계대전 이후 태어난 베이비부머들도 사실은 풍요로운 환경에서 성장한 개인주의적이고 소비지향적인 성향을 가진 집단이라고 할 수 있다. 전쟁을 겪으면서 가족의 중요함을 깨달은 참전용사 세대들이 베이비부머의 부모가 된 세대로서 제2차 세계대전 후의 경제 성장기를 살아가면서 자신의 아이들에게는 모든 특권과 기회를 누리도록 해주고자 애썼다.

이런 베이비부머의 다음 세대인 Me세대는 더 많은 격려와 관심 속에 자라나 자신이 우주의 중심이 되어야 한다고 생각하는 성향을 가진 집단이다. Me세대와 베이비부머와 비교해 보자.

Baby Boomers	Generation Me
자기실현	재미
여정, 잠재력, 추구	이미 존재
세상을 바꿔라	너의 꿈을 쫓아라
시위와 집단 활동	지켜보기, 웹 서핑
추상	실용
영적인 것	구체적 사물
인생철학	자신에 대한 긍정적 느낌

출처: Twenge, 2009. Generation Me, p.51

　베이비부머들이 자기실현을 인생의 중요한 가치로 삼고 자기계발에 힘써왔다면 Me세대는 단순히 재미에 몰입한다. 그리고 재미의 추구는 소비적인 것이 아니리 생산적인 것으로 장려된다. 페이스북 창시자 주거머기를 역할모델로 집중조명하면서 소셜미디어 기업, 모바일 기기 기업, 인터넷 콘텐츠 제공자, 닌텐도 등 디지털 경제의 주축이 되는 기업들은 사회전반에 걸쳐 재미를 권장한다. 베이비부머 세대들이 자신의 잠재력을 찾기 위해 여러 가지 경로를 탐색하지만 Me세대는 이미 자신이 하고 싶은 것, 가고 싶은 곳을 알고 있다. 다름 아닌 명성과 부이나. 베이비부머들이 외부로 눈을 돌려 더 나은 세상을 만드는데 일조하겠다는 생각을 가지고 있다면 Me세대는 내면으로 눈을 돌려 세상의 변화 보다는 자신이 원하는 것을 이루는데 더 많은 관심을 표명한다. 당연히 전자는 각종 사회활동에 활발하고 필요하다면 길거리로 뛰어나가 명분을 위한 시위에도 동참하는 반면 후자는 지켜보는데 더 익숙하다. 바깥세상 보다는 나 자신이 더 중요한 관심사이기 때문이다.

지켜보기는 인터넷 기반 각종 매체에 의해 더욱 촉진되며 디지털사회의 큰 특징 중 하나가 지켜보기 문화라는 주장들도 힘을 얻고 있다(Pecor, 2002).[91] 물론 앞서 말한 바와 같이 지켜보기의 일상화는 나르시시즘과 불가분의 관계를 맺고 있다. 보고 있기 때문에 드러내고, 드러내기 때문에 보는 것이다. 이 부분에 대해서는 이 장의 후반부에서 좀 더 논할 것이다. 한편 베이비부머들이 추상적인 가치를 놓고 고민했다면 Me세대에게는 실용적인 가치관이 더 중요하다. 마이클 샌델 교수의 〈정의란 무엇인가〉가 서점가에 돌풍을 일으키면서 우리 사회가 추상적인 가치관에 결코 무관심하지 않다는 것을 입증하기도 했지만 이 책의 판매부수가 뉴스거리가 된다는 자체가 이 시대 젊은이들이 추상적인 것에 별 흥미가 없다는 것을 반증하는 것이다. 최근 발간된 소비자 조사에 의하면 젊은이들 사이에 효율적 시간 사용을 위해 잠자는 시간까지 활용하는 '수면관리'가 트렌드로 나타나고 있어 Me세대의 생각과 행동이 얼마나 실리적인지 잘 짐작할 수 있게 한다.[92] 이 같은 환경이므로 Me세대는 영적인 것에 관심을 가지기 보다는 볼 수 있고 만질 수 있고, 실체를 가시적으로 확인할 수 있는 사물에 대해 더 중요도를 부여한다. 베이비붐 세대를 일생동안 가이드하고 끌어 주는 것은 인생철학이지만 Me세대에게는 '스스로에 대한 긍정적 느낌'이 살아가면서 자신을 이끌어주고 지탱해 주는 버팀목이다.

트웬지는 그의 저서 〈Generation Me〉에서 Me세대의 특징을 좀 더 세분화해 열 가지로 요약하고 있다.[93]

1. 직설적 세대: Me세대는 생각하고 느끼고 원하는 것을 거침없이 말하는 편이다. 매우 개방적이며 얼핏 보기에는 해맑다고도 할 수 있다. 다른 사람들에게는 자칫 무례하게 보일 수도 있으나 자신의 감정을 솔직히 드러내는 것을 좋아한다. '돌직구'라는 신조어는 Me세대의 직설적 성향을 잘 반영하고 있다. 야구에서 유래한 이 용어는 상대방 입장을 고려하지 않고 직설적으로 말하거나 행동하는 것을 지칭한다. 최근 100분 토론의 한 여성 방청객이 토론 출연자 정치인에게 '말을 돌리지 말고 묻는 말에 답하라'고 이야기하면서 한때 유행어가 되기도 하였다. 그간 정치인들의 말을 이해하기 위해서는 뉘앙스나 행간의 뜻을 읽는 것이 사회적인 관례가 되어 왔다. 단도직입적으로 묻는 말에만 답을 하라던 돌직구녀는 네티즌들로부터 큰 호응을 불러일으켰는데 생각의 직설적인 표현을 긍정적으로 받아들이는 Me세대의 감성을 읽을 수 있는 부분이다.

2. 자아존중감의 세대: Me세대는 자신감이 넘치는 것처럼 보인다. 과도한 자아존중감을 심어준 장본인은 베이비부머 세대인 부모들로서 교육과 자녀 양육 등에 자아존중감을 중요한 가치로 도입한 세대이다. 이유식 광고에서 보여지듯이 '내 아이는 특별하고', '이 세상에서 좋은 것만 해주고 싶은' 대상이기 때문에 어릴 때부터 자신이 너무나 특별한 존재라는 생각에 익숙해지기 쉽다. 여기서의 특별함은 뛰어난 재능이나 학문적 소양 등과는 별개로 자신의 존재 그 자체만으로 큰 의미가 있다는 해석이 더 적절할 것이다. "난 소중하니까요"라는 유명한 광고 카피처럼 업적이나 성취와 무관하게 개개인은 관심과 존중을 받아

야 한다는 것이 현대의 정신이다. 가정 뿐 아니라 학교들에서도 자아존중감 기르기 프로그램들을 중요한 교육 활동의 일부로 개발, 운영했는데 결과적으로는 '내가 우선'이라는 사고와 나르시시즘을 낳는데 일조하였다. 아이들은 항상 격려받고 자신감을 가져야 한다는 이유로 수업 중 실수를 하더라도 바로 잡아주지 않는 교사들이 생겨났고 성적도 인플레되는 경향을 보여주게 되어 자신이 다른 사람들보다 우월하다는 인식을 가진 학생들이 집단적으로 배출되는 결과를 낳았다. 언제나 관심을 받고 인정을 받다가 대학에 들어가거나 직장에 들어가서 성취위주의 현실에 직면하게 되면 Me세대는 쉽게 좌절감을 느끼게 된다.

3. 특권의식의 세대: 자기중심적인 누에고치 속에서 살아오면서 Me세대는 자신이 모든 것을 즉시 누릴 특권이 있다고 느낀다. 뿐만 아니라 많은 젊은이들이 자신은 남들보다 더 많은 것을 누릴 권리가 있다고 생각한다. 바꿔 말하면 모든 것이 내 방식대로 이루어져야 한다는 사고방식이 널리 퍼져 있다고 할 수 있다. 그리하여 주변 환경이 자신의 기대에 맞지 않게 흘러갈 때 맹렬하게 화를 내고 공격적이 된다. 지하철에서 맹인안내견을 치우라고 행패를 부린 여성이나, 자신이 내릴 역을 지나쳤다고 전동차를 세우는 등 각종 '무개념' 행위로 지탄을 받는 독특한 개인들은 자신이 우주의 중심이라고 생각하고 다른 사람의 입장은 이해하지 않으려는 Me세대가 보여주는 극단적 모습이라고 할 수 있을 것이다. 흥미로운 것은 개인의 과도하고 비합리적인 흥분에 좌우되어 실제로 달리는 전철을 세운다는 것이다. 그래서 Me세대는 다른 사람들을 통제하는 것이 매우 용이하다는 생각

을 가지고 있다. 인터넷에 유포하고 시끄럽게 만들어 얼마든지 다른 사람에게 피해를 줄 수 있고, 가족들도 자신의 막무가내 주장을 지지해 줄 것이며 사람들은 이를 무서워 한다는 것을 잘 알기 때문이다.

트웬지는 밀레니얼 세대(Generation Millennilal)가 다른 사람에 대한 배려나 이타심이 가장 부족하고 다른 사람들로부터 가장 많은 것을 당연하게 요구한다고 주장하고 있다. 2005년 AP통신은 "권리의 세대"라는 기사를 실었다. 신입사원들이 너무 많은 것을 너무 단시간에 원한다고 고용주들이 불평을 토로한다는 것이 기사의 주된 내용으로, 한 예를 들자면 입사한지 얼마 되지 않아 임금 인상이나 승진 등을 기대한다는 것이다. 마찬가지로 인턴을 나간 학생들이 사소한 보조 대신 처음부터 중요한 임무를 기대한다든지 하는 예가 여기에 해당된다.

4. 비판에 민감한 세대: Me세대는 비판에 잘 대처하지 못한다. 자라면서 비판받는 적이 별로 없기 때문이다. 비판에 직면하면 자신이 잘못했을 리가 없다고 느낀다. 학점이 낮게 나올 경우 놀라고 당황하는 경우가 빈번하다. 열심히 수업에 참여하고, 출석도 빠트리지 않았는데 왜 A가 아닌가 이해하지 못하는 학생들도 많다. 다른 사람들도 다 같이 최선을 다한다는 생각을 미처 하지 못하는 것이다. 사고의 중심이 '나'이기 때문에 내가 못할 수도 있다는 것에 대해 납득하기 힘들어 한다. 직장에서 상사가 최선을 다하지 않는다고 나무라면 좌절하게 된다. 과거에는 좀 서툴거나 시간을 맞추지 못해도 거의 모든 사람이 결과보다는 노력 자체에 대해 칭찬을 했었기 때문이다.

5. 불가능한 꿈을 꾸는 세대: "원하기만 하면 무엇이든 될 수 있다", "불가능한 것은 없다", "결코 꿈을 포기하지 마라" 등의 생각은 특권의식과 더불어 강력하게 나타나는 Me세대의 큰 특징이다. 글쓰기 역량을 전혀 갖추지 않았으면서 기자를 지원한다든지, 재능이 전혀 없는데도 가수나 연예인을 지망하는 사례들을 종종 볼 수 있다. Me세대는 힘든 현실에 직면할 때까지 모든 것이 가능하다고 생각한다. 청소년들이 가장 보편적으로 꾸는 꿈은 배우, 스포츠 스타, 음악가, 영화 시나리오 작가 등이며 전국의 대학신입생을 대상으로 설문조사에서도 배우나 연예인이 되고 싶다고 응답한 학생들이 일반 평범한 직종을 희망하는 사람들 보다 더 많은 것으로 나타난다.

우리나라도 트웬지의 주장과 유사한 패턴을 보여주는데 한 인력수급 업체가 전국 청소년 '청소년 장래희망 직업'을 조사한 결과 '교사'(15.3%)가 1위를 차지하며 희망직업 1순위를 차지했고 근소한 차이로 '연예인'(14.8%)이 2위를 차지했다. 연예인 중에도 가수가 47.8%로 압도적으로 많았고, 배우(30.4%), 모델(14.1%)순이었다. 다음으로 '공무원'(13.8%), '요리사'(11.3%), '디자이너'(10.4%, 63명)가 5위권에 올랐다. 연예인 외에 요리사와 디자이너, 모델들도 각종 오디션 프로그램을 통해 텔레비전에서 자주 볼 수 있는 직업이라는 점에서 대중매체를 통해 화려하게 조명을 받는 직업들이 선호되고 있다고 할 수 있다. 무엇이든지 꿈꾸면 이루어질 수 있다는 생각은 현실을 충분히 고려하지 않는 매우 자기중심적인 사고라는 점에서 나르시시즘과 일맥상통한다.

6. 교육에 올인하는 세대: Me세대는 좋은 교육을 받으라는 압력이 그 어느 때보다 강한 시기를 살아가고 있다. 옛날과 달리 학위나 졸업장은 안정된 직장을 보장하지 않는다. 그렇다고 안정적 사회 진입을 보장하는 다른 통로가 있는 것도 아니다. 대학 졸업장만으로는 충분하지 않다는 불안감에 Me세대는 이른바 스펙 쌓기에 열중한다. 외국어, 자격증, 봉사활동, 인턴십 등 모든 기회를 찾아 헤매지만 서점가에서는 자기계발 서적들이 더 많은 역량과 노력이 필요하다는 담론을 만들어 내고 있다. 그래서 겉으로 자신만만하고 무엇이든 이룰 듯 보이지만 Me세대는 큰 불안과 걱정에 고민하는 세대이다.

7. 지루함은 싫어요 세대: 각종 역량들을 갖춤으로서 Me세대는 실무 중심으로 직업세계에 대한 준비를 한다. 그러나 정서적으로는 어떤 준비를 하는가를 살펴본다면 막상 별다른 준비가 없다고 할 수 있다. 즉각적인 재미를 추구하는데 익숙해져 있기 때문에 눈에 보이지 않은 추상적인 가치관은 상대적으로 덜 중요한 것으로 간주된다. 사물에 대한 중요한 판단 기준은 재미를 주는가 아닌가에 달려 있다. 나아가 지루한 것은 참지 못한다. 이런 Me세대의 정서적 부분을 채워주는 것은 화려하고 멋있어 보이는 영화나 텔레비전 속 캐릭터이다. 연예인, 스포츠 스타는 항상 여러 가지 형태의 재미를 주며 결코 지루하지 않기 때문이다. 셀레브리티 문화가 널리 퍼진 것은 이들이 일종의 역할 모델로 받아들여지는 결과라고 할 수 있다.

8. 내 잘못이 아니다 세대: Me세대는 무엇인가 잘못되었을 때 항상 원인은 외부에 존재하며 스스로의 내면에 문제가 있다고 생각하지 않는 환경에서 성장하였다. 이는 자신들의 단점이나 문제점이 부모나 교사의 책임으로 돌려질 때부터 생겨나는 특징이다. 그러므로 피해자 정신(victim mentality)이 길러지는 것이다. 트라우마라는 단어를 쉽사리 사용하는 것도 누군가, 무엇인가 상처를 주었기 때문에 자신이 지금과 같은 어려움을 겪고 있다는 사고의 반영이라고 할 수 있다. 모든 것이 다른 사람이나 환경의 잘못이고 그렇기 때문에 나는 아무런 잘못도 없다는 생각은 나를 더욱 더 중요한 존재로 인식하게 하고 다른 사람들이 내 문제에 책임을 져야 한다는 의존적 태도를 낳을 수 있다.

9. 생계가 힘든 세대: Me세대는 높은 기대수준을 가지고 있지만 실제로 직면하는 현실은 매우 냉혹하며 원하는 것의 극히 일부만 이룰 수 있는 집단이다. 특히 경제적인 부분이 더욱 힘든데 일자리를 찾는 것도 어려우며 학자금 대출, 엄청난 주택가격, 자녀 보육비용 등은 베이비부머 세대들보다 Me세대들에게 훨씬 큰 부담이 된다. 우리나라의 경우 2011년 대졸자 8명 중 1명은 월급이 100만 원에도 못 미쳤고 월 200만 원 이상의 임금을 받은 사람은 37%에 그쳤다. 20대의 17% 정도는 비정규직이다 (2012 건강보험공단 통계). 이처럼 이상이나 기대와는 괴리가 큰 현실은 무기력감과 냉소주의를 배양시킨다.

10. 아무 것도 바꿀 수 없다고 포기하는 세대: 그간 배양해 온 직업에 대한 기대 수준과 맞아 떨어지지 않는 임금과 직무 등 여

러 가지 힘든 현실은 자연스럽게 굳이 애쓸 것 없다는 냉소주의를 낳게 된다. 이는 앞서 이야기한 무엇이든 할 수 있다와 대조를 이루는 특징이다. 강한 자신감이 존재함에도 불구하고 대부분의 일들은 자신의 통제권 밖이며 그러므로 굳이 애쓸 필요 없다는 냉소주의가 공존하는 것이다. 연애나 결혼, 출산 등 장기적인 계획을 요하는 것을 미루고 당장 현재를 즐기겠다는 생각이 증가하는 것처럼 보인다.

이상에서 살펴본 Me세대의 특징은 하나의 사회심리적 경향이고 문화적 징후이지 모든 사람에게 일반화 시킬 수 있는 사실은 아니다. 나르시시즘의 확산을 촉진시킬 수 있는 특성만 정리한 것이기 때문에 위에서 열거한 특징들과 상반되는 다른 특징들, 예를 들면 Me세대에서 성행하는 재능기부, 현명한 소비추구 등은 나르시시즘과는 거리가 있는 특징늘은 충분히 살펴보시 않았다. 그럼에도 불구하고 여기서 논한 Me세대의 특징은 아니라고 부정하기에는 힘든 우리 시대 젊은이들의 자화상의 단면이다.

트웬지가 말하는 Me세대는 한마디로 정서적 유대 없이 살아가면서 단기적인 이해관계를 추구하고, 내면에서는 매우 외롭고 고독하다. 가장 나르시시스트적인 사람도 다른 사람과의 관계에서 정서적인 가치를 찾고 있으며 외부로부터의 관심과 인정에 목말라 하고 있다(Elliott and Lemert, 2006).[94]

여성신문의 한 기사는 자신만만한 Me세대의 또 다른 얼굴을 우려하고 있다.

청소년 사망 원인 1위는 '자살'

2009년 15~24세 청소년의 사망 원인은 '고의적 자해(자살)' 가 가장 많았다. 이어 '운수사고 (교통사고 등)', '악성신생물(암)' 순이었다. 특히 인구 10만 명당 청소년 자살자 수는 2008년 13.5명에서 2009년 15.3명으로 늘었다. 경제협력개발기구(OECD) 회원국의 청소년 자살률과 비교하면 한국은 6.2명으로 OECD 평균 6.8명보다는 다소 낮았다. 하지만 그리스, 이탈리아, 스페인 등과 비교하면 3~4배나 높았다. 통계청에 따르면 15~24세 청소년의 8.8%가 지난 1년 동안 한 번이라도 자살하고 싶다는 생각을 해본 적이 있는 것으로 나타났다(사회조사, 2010). 자살하고 싶은 이유 1위는 '성적·진학(37.8%)' 때문이었다. 가장 고민하는 문제 역시 '공부(38.6%)'와 '직업(22.9%)'이었다. 특히 2002년 20~24세 청소년의 경우 '직업' 때문에 고민한 비중이 8.6%에 불과했지만 2010년은 38.5%로 올라 큰 대조를 보였다.

지난해 15~24세 청소년의 69.6%는 '전반적인 생활'에서 스트레스를 받는다고 응답했다. 또 15~19세 10명 중 7명이 '학교생활'과 '전반적인 생활'에서 각각 스트레스를 느끼는 것으로 조사됐다. 15~24세 중·고·대학생의 학교생활 만족도 조사 결과 '교육 내용'에 만족한다고 응답한 비율은 44.4%에 불과했다. '교육 방법'은 36.8%, '교사(교수)와의 관계'는 43.5%만 만족한다고 답했다. 도움말=통계청 _ 여성신문, 2011.05.20.

4.
소셜미디어와
정체성

　최근 다시 주목을 받고 있는 나르시시즘 문화는 2004년 페이스북을 필두로 급확산되기 시작한 소셜미디어에 의해 촉진된 부분이 크다.[95] 나를 보여주려는 나르시시즘과는 반대로 페이스북은 사람들이 본능적으로 가지고 있는 관음증을 배양시킨다는 일련의 주장이 있다(Seligman, 2011).[96] 사이트가 가지고 있는 공공성과 개방성, 예를 들면 친구의 사진과 글 그리고 활동들을 볼 수 있는 특징은 관음증을 심화시킬 수 있으며 몇 시간이고 다른 사람들의 페이스북을 실시간으로 감시하는 "페이스북 스토킹"이라는 조어까지 만들어 내고 있다. 그러나 친구들이 우리가 무엇을 하는지 볼 수 있다는 것을 인식하는 것은 오히려 나르시시즘을 부추긴다. 그리하여 타인의 시선을 염두에 두고 완벽한 프로필을 만들고 재치있는 소개말을 만들며 수없이 많은 친구들을 맺어나가는 일에 몰두하게 된다.

셀리그만(Seligman)은 나르시시즘의 표현이 때로는 매우 미세한 방식으로 이루어지기 때문에 자칫 나르시시즘처럼 보이지 않을 수도 있다고 이야기한다. 즉 무엇을 말하는가를 바꾸는 것이 아니라 어떻게 말할지에 보다 더 집중하는 페이스북 사용자들은 방문자들의 즐거움을 위해서라기보다는 자신이 의도하는 결과를 염두에 두고 포스트를 링크하거나 대화를 시작한다. 지위(status)가 있는 사용자들과 친밀한 관계라는 것을 가능하면 많은 사람들에게 드러내 보일 수 있는 방식으로 태그를 달고 링크를 걸고 하는 행위들이 미세하게 자신을 과시하는 전형적인 사례가 된다.

이런 맥락에서 본다면 소셜미디어는 나르시시스틱한 성향을 배양시키는데 특히나 비옥한 토양을 제공해 준다. 수백 명의 사람들과 간편하게 관계를 맺을 수 있는 통로가 되고, 자기 재현에 대해 사용자가 완전한 통제권을 가지기 때문이다. 실제로 버팔디와 캠벨(Buffardi and Campbell, 2008)은 나르시시즘 성향을 가진 사람들이 온라인 커뮤니티에서 보다 적극적으로 활동하고, 자기 자랑이 들어간 콘텐츠를 더 많이 생산해 낸다는 것을 관찰하였다.[97]

"소셜(social)"의 원래 뜻은 사회적, 사교적인데 미디어와 만나면서 "웹 2.0의 기술적, 이데올로기적 토대 위에 만들어진 인터넷 기반 플랫폼으로 사용자가 콘텐츠를 생산도 할 수 있고 교환도 할 수 있는 일련의 어플리케이션"이라고 정의되고 있다(Kaplan and Haenlein, 2010).[98] 웹2.0시대의 대표적 서비스로 나타난 소셜미디어의 특징은 콘텐츠 공유, 상호작용, 실시간성 그리고 집단지성 등 네 가지 정도로 요약될 수 있다.

소셜미디어 특성

공유 (Sharing)	누구나 쉽게 콘텐츠를 제작할 수 있고 서비스를 제공할 수 있는 툴이 다양하기 때문에 자신이 만들어 낸 콘텐츠를 자신이 속한 소셜 그룹 내에서 공유할 수 있다.
상호작용 (Interactive)	정보나 의견을 교환하고 이를 통해서 콘텐츠의 제작, 수정 등 다양한 활동이 가능하다.
실시간성 (Real Time)	정보제공자와 소비자를 실시간으로 연결이 가능하며, 이는 전통적인 미디어보다 훨씬 빠른 정보의 확산을 가능하게 한다.
집단지성 (Collective Intelligence)	관계를 형성하고 정보를 공유하기 위해 소셜미디어 그룹이 조직되고 이는 집단지성으로 발전한다. 개인들이 서로 협력하거나 경쟁을 통하여 얻게 되는 정보를 커뮤니티를 통해 개방적인 분위기에서 지속적으로 축적하고 발전시킴으로써 거대한 지성을 이룬다.

소셜미디어 플랫폼에서 사용자들은 자신에 대해 바람직한 정보를 전달할 수 있고 자신을 돋보이게 하는 매력적인 사진들을 포스팅할 수 있다. 사용자는 관계망 내 수백 명의 사람들과 익명의 방문자들을 염두에 두고 사소한 이야기들을 생산해냄으로써

고프만의 용어를 빌자면 인상관리를 할 수 있는 것이다. 페이스북 사용 동기를 설문한 한 연구에서 응답자들은 주로 친교와 오락, 정보 수집 및 지위획득을 위해 페이스북을 이용한다고 답하였다(Paradise, 2012).[99] 재미있는 와중에 다른 사람들도 지켜보고, 자신의 사회적 평판이나 인기 등을 쌓겠다는 동기가 소셜미디어로 사람들을 불러 모으고 있는 것이다. 한 가지 짚고 넘어가야 할 것은 개인들은 소셜미디어를 통해 원하는 것은 무엇이든 표현할 수 있다고 인식하지만 엄밀하게 말하면 사용자들은 소셜미디어 서비스를 개발한 기업이 미리 정해놓은 범주와 용량 내에서 표현의 자유를 가진다는 것이다. 자신의 특징을 한눈에 표현하는 프로파일, 자질구레한 새 소식 업데이트, 간단한 메모나 사진 동영상 업로드 등이 사용자들에게 허용된 표현방식이다. 구조화되고 미리 결정된 포맷이 존재하기 때문에 사용자들 간의 비교가 더욱 용이해진다. 누가 얼마만큼의 친구를 가지고 있고, 날짜별로 어떤 활동을 하고 있으며, 누구와 친근한 관계를 맺고 있는지 등 사용자의 일상을 한눈에 파악할 수 있으므로 더 긍정적이고 더 매력적인 자기 프로모션 메시지들을 생산하는 콘텐츠 경쟁이 심화될 수 밖에 없다.

소셜미디어의 역할 중 나르시시즘과 관련해 가장 주목할 만한 기능은 정체성 형성이다. 마르쿠스와 뉴리우스(Markus and Nurius)[100]에 의하면 사람들의 자아 이미지는 두 가지 형태로 이루어진다. 남들을 대상으로 확립하는 "현재의 자아(now self)"와 남들에게는 알려지지 않은 "가능한 자아(possible self)"가 있다. 싸이월드나 페이스북 사용자들은 정보를 홀드하거나 바람직하지 않은 신체적 특징은 드러내지 않거나 자신이 의미있는 역할을 수행하는 모습 등을 보여줌으로써 후자 즉 "가능한 자아"를 만들어 내려는 양상을 보여준다. 예를 들어 직장생활하는 신혼 새댁이 운영하는 블로그에서 남편과 다정한 모습만 보여주고 부부싸움을 한 이야기는 하지 않는다거나, 매일 남편을 위해 준비한 예쁘고 영양 밸런스가 갖춰진 음식 사진들을 올림으로써 '현모양처 커리어우먼'이라는 모두가 부러워하는 '이상적 자아'를 구축하는 경우 같은 것이다.

싸이월드나 페이스북처럼 실명제로 운영되는 소셜사이트들에서도 정체성 구축은 얼마든지 가능하다. 오프라인 상에서는 보여주지 않았던 "가능한 자아"의 모습을 사진과 글로 표현함으로써 정체성 선언을 할 수 있는 것이다. 실제로 모범생 이미지로 각인되어 있는 학생이 섹시한 포즈의 사진들을 게시함으로써 자신의 다른 면모를 인지시키는 경우를 종종 목격하게 된다.

미국 럭거스 대학의 나민(Naaman) 교수와 보즈(Boase) 교수는 소셜미디어 사용자들의 특징을 분석하기 위해 트위터 사용자들의 이용 행위를 관찰하였다.[101] 그리고 전체 사용자의 80%가 '미포머(meformer)'들이며 이들이 전송하는 메시지는 '지금 나(Me Now)'의 상황을 알리는데 집중되어 있다는 것을 발견하였다. 미포머들은 "자신들의 소셜미디어 플랫폼을 매일 일상에 내한 업데이트를 위해 사용하는 집단으로 이들에게는 인간관계, 감정, 생각, 느낌 등이 주된 이야깃거리가 된다. 반면 인포머(informer)들은 주로 정보공유의 목적으로 소셜미디어를 사용하는 집단으로 뉴스 기사를 링크하는 등의 행위가 대표적 활동이다. 미포머들이 나르시시트적 속성을 강하게 가지고 있는 집단이거나 최소한 나르시시트적 목적으로 트위터를 사용하는 집단이라고 할 수 있다. 지금까지의 연구결과들에 의하면 트위터의 세계는 나르시시즘적 목적이 우세하다.

연구자들은 또한 트위터 사용자들이 생산하는 메시지를 분류함으로서 사용자들의 속성을 찾아내려는 시도도 병행하였다. 트위터 메시지 내용을 분석한 결과 아홉 가지 유형의 메시지 형태를 구분할 수 있었다. '정보공유', '자기 PR', '의견이나 불만 개진', '생각이나 진술', '지금 나', '팔로워들에게 묻는 질문', '존재감 관리', '자신에 관한 일화', '다른 사람에 관한 일화' 등이다. 이들 아홉 가지 메시지 유형 중 어떤 유형을 더 많이 생산해 내는가에 따라 사용자들 역시 미포머와 인포머로 구분했는데 이처럼 세분화시켜서 살펴보아도 미포머가 80%를 차지하면서 지배적 다수가 되는 양상을 보여주었고 인포머는 20%에 머물렀다. 흥미롭게도 더 많은 친구와 팔로워 집단을 가진 사람들은 미포머가 아니라 인포머들인 것으로 나타났다.

사용자들 역시 소셜미디어는 나르시시스트적 내용들이 대부분이라는 것을 알고 있다. 산디에고에서 열린 소셜미디어 심포지엄[102]에서는 청년층 사이에서 소셜미디어가 나르시시스트를 위한 것이라는 인식이 형성되어 있음을 보여주고 있다

유사한 연구결과는 또 있다. 트웬지(2006)는 1,068명의 대학생들을 대상으로 소셜미디어 사용패턴과 소셜미디어 사용에 대한 인식을 조사하였다.[103] 응답자들의 40%는 자기과시, 과도한 자신감, 관심 끌기 등이 경쟁적인 세계에서 성공하는데 도움이 된다고 인식하고 있었다. 응답자의 92%가 페이스북이나 마이스페이스와 같은 소셜미디어를 사용하고 있다고 답했으며 84%는 하루에도 몇 번씩 온라인 접속을 통해 소셜미디어를 방문한다고

밝혔다. 이 같은 결과를 통해 트웬지는 다수의 대학생 집단이 매력적으로 자신을 드러내 보이려는 자기중심적 속성을 가지고 있다는 것을 확인했다고 결론내리고 있다.

국내의 한 신문 기사도 나르시시즘과 소셜미디어의 관계에 관한 연구를 기사로 다루고 있는데 우리나라에서도 나르시시즘에 대한 사회적 관심이 보편적인 것이 되어간다는 것을 실감나게 해준다.

SNS 열심히 하는 당신은 나르시시스트?

페이스북을 열심히 하는 사람들은 자기도취중인 나르시시즘 (narcissism)이 강하다는 결과가 나왔다고 일리노이 주립대학 보고서를 인용해 CNN닷컴이 22일 보도했다.

일리노이 주립대 연구팀은 많은 수의 페이스북 친구를 가지고 있으며 '좋아요'를 자주 누르면서 열심히 활동하는 사람 300명을 대상으로 보고서를 작성했다. 이들이 답변한 설문지를 기반으로 심리 분석을 통해 논문을 작성한 것.

이들은 일반인에 비해 나르시시즘이 강하며 타인과 인맥을 통해 자신의 가치를 규정하는 것으로 나타났다. 특히 대중이 원하는 사진이나 정보를 올려놓고 그에 대한 피드백이나 반응을 얻으면 자신이 인정받고 있다는 느낌을 얻는 경향이 강한 것으로 분석했다.

나르시시즘에 빠진 사람, 일명 나르시시스트 중 대다수는 프로필 사진란에 자신이 잘 나온 사진을 올려 가치를 높이고 친구 찾기를 통해 끊임없이 인맥을 넓히는 것으로 나타났다. 이들 중 온라인에서만 대화를 나누는 친구가 있는 사람은 전체의 53%에 이르는 것으로 드러났다. 즉 현실에서 볼 수 있는 진실한 관계가 아닌 온라인에서만 안부를 주고받는 짧고 강렬한 관계인 셈이다.

연구를 주도한 크리스 카펜터 박사는 "나르시시스트들은 건전하고 지속적인 관계를 형성하는데 방해가 된다"며 "이들은 처음에는 매력적이지만 결국 주변인을 자신의 이익을 위해 이용하는 등 상처를 준다"고 지적했다.

　　하지만 페이스북에서 열심히 활동하는 사람 모두가 그런 것은 아니라고 지적했다. 연구팀은 "페이스북 등 소셜네트워크서비스(SNS)는 현대 사회에서 일반적인 소통 도구 중 하나가 됐다"며 "나르시시즘의 정도만 알 수 있을 뿐 절대적인 것은 아니다"라고 덧붙였다. _ 전자신문, 2012.03.22 15:26, 허정윤 기자.

5.
시각문화의 지배와
나르시시즘

사람은 중요한 판단을 내리고 의견을 형성할 때 시각적 요소에 의해 크게 영향을 받는다. 시각적 이미지가 개인과 사회에 미치는 영향력을 입증한 사례는 많다. 그 기원이 되는 사례를 찾아 시간을 거슬러 올라가 보면 컬러텔레비전의 등장으로 보다 현실적이고 화려해진 영상이 베트남전[104]에 대한 미국 국민들의 태도를 바꾸어 놓은 사건이 시각 이미지의 파워를 가장 잘 입증했다고 할 수 있다. 단기간에 베트남의 공산주의 세력을 제압할 수 있을 것이라는 미국의 예상과는 달리 전쟁이 장기화되자 전쟁의 명분을 놓고 의견이 분열되어 강경한 매파와 온건한 비둘기파 사이에 공방이 벌어지게 되었다. 초기에는 세계적으로 미국의 정치적 헤게모니를 장악해야 한다는 매파의 주장이 매우 우세한 양상을 보여주었다. 맥카시즘(McCarthysm)과 같은 어이없는 정치스캔들이 발생할 정도로 사람들은 공산주의에 대해 극도의 경계와 두려움을 가지고 있었기 때문에 미국이 주축이 되어 북베트남을 제압하는 것은 당연하다는 인식이 지배적이었다. 그러나 시간이 갈수록 사망자가 늘어가고, 전쟁에 투입되는 예산이 늘어났으며 정부의 예측과는 달리 전쟁의 승리가 불확실해지자 군사철수와 전쟁개입 중단을 주장하는 비둘기파들이 힘을 얻게 되었다.

그 와중에 컬러텔레비전이 1970년 보급되는데 뉴스 미디어에게 전쟁은 항상 중요한 뉴스거리이므로 흑백시대와 마찬가지로 컬러텔레비전 시대에도 전쟁은 비중있게 다루어졌다. 미 국방부는 기자들이 전쟁터에서 자유롭게 영상을 촬영하고 취재를 하는 것에 대해 별다른 제재를 가하지 않았고 많은 종군기자들은 전쟁의 참상을 앞다투어 카메라에 담았다. 그런데 피 흘리며 죽어간 병사들과 민간인, 불타는 마을 등이 생생한 컬러로 보여지게 되자 여론은 급반전하는 양상을 보였다. 사상자가 많음을 우려하고 무고한 양민 학살을 비판하는 신문기사나 흑백텔레비전 보도에는 크게 동요하지 않던 민심이 선명한 피와 불길들을 보고 반전 쪽으로 완전히 돌아서게 된 것이다.

정치인들의 인식도 마찬가지였다. 반전시위는 더욱 거세지면서 의회에서도 철수의 목소리가 더 높자 미국은 마침내 1975년

베트남에서 군사력을 철수한다고 발표하였다. 시각 이미지의 힘을 절감한 미 국방부는 향후에는 전쟁에서 카메라의 자유로운 취재를 허용하지 않는다는 법안을 만들었고 1990년대 걸프전(Gulf War)부터 기자들은 정부가 제공하는 브리핑자료에 의존하도록 하였다.

시각 이미지가 사람들의 인식에 큰 관심과 반향을 불러일으킨 사례는 많다. 2011년에는 중국의 한 소녀가 비현실적으로 아름다운 사진을 인터넷에 올리면서 국제적 논쟁의 대상이 되었다. '인형녀'라고 명명되면서 실제냐 합성이냐를 놓고 우리나라에서까지 공방전이 벌어지면서 실시간 검색어 1위를 차지했다. 며칠에 걸쳐 네이버 대문 사진을 장식했던 그녀의 정체에 대한 궁금증은 인터넷 뉴스 기사거리가 되었고, 나중에 합성사진임이 밝혀졌을 때도 뉴스거리가 되었다. 사진 몇 장으로 몇 개의 나라가 한동안 떠들썩했던 이 해프닝은 우리 사회가 시각 이미지에 얼마나 민감하게 반응하는지 잘 드러내주고 있다.

시각 중심의 나르시시즘 문화에 불을 지피는데 일조를 한 것은 한동안 사회 전반에 걸쳐 얼짱 신드롬을 일으킨 얼짱 카페라고 할 수 있다. 한 여고생에 의해 2002년 개설된 '오대 얼짱카페(cafe.daum.net/5i)'에서 인터넷에 올려진 사진 중 가장 예쁜 얼굴을 가진 사람 다섯 명을 선정해 '5대 얼짱'이라고 명명하였다. 1990년대 중반 대중적 모델이 개발되어 2000년대 초반 본격적으로 보급되기 시작한 디지털 카메라와 싸이월드 등 인터넷 기반 각종 플랫폼을 통해 가능해진 '자신 드러내 보이기'가 얼짱 신드롬의 중심에 있었다. 얼짱으로 선정된 학생들 중 구혜선, 박한별, 임수정 등이 유명 연예인의 반열에 오르면서 얼짱은 더 많은 관심을 끌게 되었다. 이 카페는 지금도 30만이 넘는 회원을 가지고 있으며 전국 각지에서 5대 얼짱에 선정되기를 희망하는 사진들이 올라오고 있다. 유사 카페들도 많이 생겨난 상태이다. 재미로 시작한 놀이이지만 디지털 카메라의 보급, 각종 소셜사이트의 등장, 참가자들의 명예와 부 획득 등이 동시에 작용하면서 비현실적인 모습을 담아내는 얼짱 각도는 전 국민의 사진 촬영 포즈가 되었고, 사진을 통해 자신을 표현하려는 시도가 생활화 되었다고 해도 과언이 아니다. 한편 얼짱은 몸짱, 동안(童顔) 신드롬으로 이어지면서 세대를 초월해 외모에 대한 관심과 집착이 문화적 코드로 정착하게 되고 사진을 통해 이상적 자아 정체성을 표현하는 것이 사람들의 일상적 활동이 되었다.

1) 향장미용산업과 나르시시즘의 촉진

온라인 상의 수많은 시각 이미지들의 범람은 오프라인 사회의 변화와 별개의 현상은 아니다. 특히 청소년과 청년 집단의 나르시시스트적 사진 올리기 열풍은 실제 사회에서 활발하게 촉진되고 있는 향장미용산업의 이해관계와 긴밀하게 연결되어 있다. 특정 시기 특별한 장소에 가 있는 자신의 모습도 소셜미디어 사진들에서 중요한 부분을 차지하지만 귀여운 표정, 성숙한 표정, 도도한 표정, 외로운 표정, 날씬한 바디라인 등 얼굴이나 신체에만 초점을 맞춘 사진들도 대세를 이루고 있다. 이 때 외모만큼 중요한 것은 메이크업이다.

국내 화장품 산업의 추이와 업계가 가지고 있는 인식을 살펴보면 나르시시즘은 단순히 미디어 플랫폼의 증가와 광범위한 사용에 의해 촉진되고 확산되는 것이 아니라 외모에 대한 관심을 부추기는 오프라인 세계의 마케팅 전략에 의해 상당부분 영향을 받는다는 논의를 전개할 만하다. 화장품 생산 및 수출·입 자료를 토대로 산출한 2010년 우리나라 화장품산업 시장규모는 6조 3,084억 원으로 전년대비 14.0% 증가한 양상을 보여준다. 화장품산업 시장규모는 지속적으로 증가하고 있으며 2007년부터 2010년까지 연평균 13.1%의 성장세를 보여준다.

국내 화장품산업 시장 현황 (단위: 백만원)

구분별	2007	2008	2009	2010
생 산	4,073,745	4,720,053	5,168,589	6,014,551
수 출	323,465	409,286	530,985	690,211
수 입	606,019	793,795	896,587	984,076
무역수지	- 282,554	- 384,509	- 365,602	- 293,865
시장규모	4,356,299	5,104,562	5,534,191	6,308,416

한국보건산업진흥원, 2011년 화장품산업분석보고서, p.48.

우리나라 화장품 시장규모는 세계시장의 약 2.3%를 차지하며 순위로는 12위를 기록하고 있다. 이는 전 세계 화장품시장 성장률을 상회하는 높은 성장률이며, 아시아시장에서는 일본(11.5%), 중국(6.1%)에 이어 3위권을 유지하고 있다(한국보건산업진흥원, 2010 보건산업백서, p.55). 화장품업계에서는 외모에 대한 관심 증대와 동안 열풍으로 인해 화장품시장이 꾸준히 성장하고

있다고 진단하고 있지만 역으로 초등학생들도 화장품 소비자로
편입시키기 위한 유스마케팅(youth marketing) 전략이 외모에 대한
관심을 유발시킨다고도 할 수 있다. 최근 국내 화장품 시장에서
두드러진 고객 변화 추이 중 하나는 화장품 구매 연령대가 점차
낮아지면서 10대 소비자가 주요 고객층으로 급부상하고 있다는
점이다(한국보건산업진흥원, 2010 보건산업백서; 281). 아래 기사에서 보
여지듯이 화장품 업계는 10대 시장을 새롭게 개척 가능한 블루
오션으로 보고 10대들의 관심을 끌 수 있는 각종 제품들을 앞다
투어 생산하고 있다.

10대 전용 시장에 군침 흘리는 화장품 업계, 왜?

현재 10대 전용 화장품 시장은 존슨앤존슨이 시장점유율
25%를 웃돌며 1위를 차지한 가운데 나머지 업체들이 2위 자리
를 놓고 경쟁이 치열하다. 업체 간 대형마트 입점 경쟁이 불붙
고 있으며, 물량공세와 할인경쟁도 갈수록 점입가경이다. 아모
레퍼시픽(아리따움)과 LG생활건강(뷰티플렉스) 등 독자적 유통
망을 갖춘 화장품 대기업들은 별도로 판매망을 확대하며 공세
수위를 높이고 있다. 경쟁이 치열해질수록 스킨·로션 등 기본
라인에서부터 트러블 케어, 메이크업 라인까지 10대 전용 화장
품 종류도 다양해지고 있다.

화장품 업계가 이처럼 10대 전용 화장품에 주목하는 이유는
이 시장이 성장성이 높은 블루오션이기 때문이다. 저가 브랜드
숍 화장품이 늘어나면서 자연스럽게 화장하는 청소년들이 증가
하고, 생활환경 및 식습관의 변화, 스트레스 증가로 여드름 등과
같은 피부 트러블 발생빈도가 가중되면서 화장품을 만지는 10
대가 많아졌기 때문이다.

정금주 아모레퍼시픽 틴클리어 브랜드 과장은 "주니어 화장
품 시장은 연간 2000억원대 규모인 데다 매년 20% 이상씩 성장

하는 블루오션"이라면서 "과열 경쟁 양상을 보이는 성인화장품 시장과 비교해도 성장성과 수익성이 뚜렷하다"고 말했다.

실제 LG생활건강 '나나스비'의 경우 출시 2년 된 올해 누적 매출이 300억 원을 기록했다. 올 한해 매출 증가율도 전년 대비 60%에 달할 것으로 LG생활건강 측은 점치고 있다. 외모에 대한 관심이 20대 이하로 빠르게 낮아지고 있다는 점도 화장품업체들이 10대 화장품시장에 주목하는 이유 중 하나다. LG생활건강 관계자는 "10대 전용 화장품 시장이 지금 당장의 수익 규모는 작지만 향후엔 높은 수익성이 기대되는 분야"라면서 "현재도 많은 업체들이 시장진입을 준비하고 있는 것으로 알고 있다"고 말했다. _ 헤럴드 경제, 2010.09.15, 황혜진 기자 / hhj6386@heraldm.com

요즘 여중·고생들의 화장

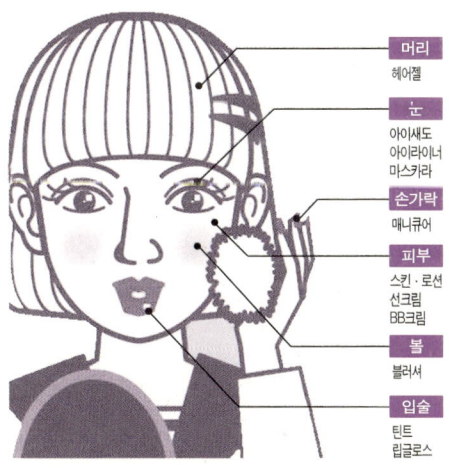

초·중·고생들의 화장은 기초 메이크업, 눈화장을 지나 색조화장까지 점점 세밀해지고 있다. 10대들의 화장이 늘고 있는 추세다 보니 화장품업계에서는 10대 전용 화장품을 앞다투어 출시하고 있다.

_ http://tendozinzza.wo.tc/2128

2) 존재감과 나르시시즘

　나르시시즘은 존재감을 인정받고 싶은 개개인의 욕구에 의해 더욱 촉진된다고 할 수 있다. 국어 어휘 목록에 있었지만 별로 사용될 일이 없던 단어 '존재감'이 최근 들어 신문기사 주제로까지 등장할 정도로 부각된 이면에는 자신을 드러내고 싶고, 관심받고 싶은 나르시시스틱한 집단 정서가 자리 잡고 있다. 존재감의 좀 더 극적인 형태인 '미친 존재감'은 방송 등에서 별다른 분량을 차지하지 않으면서도 외모, 스타일 등으로 한눈에 알아볼 수 있는 사람을 지칭하는 말로 널리 공감을 얻기 시작했다. 사극 드라마 〈동이〉에서 열띤 극중 분위기와는 동떨어지게 무표정으로 일관하는 궁녀 역 엑스트라 배우를 네티즌이 발견해 "티벳궁녀의 미친 존재감"이라 부르기 시작했고 사소한 역할이지만 맥락과 맞지 않게 강한 인상을 주는 사람이나 사물을 지칭하는 말로 순식간에 확산되었다. 〈무한도전〉의 만년 2등 캐릭터 정형돈 등 미친 존재감 찾기는 전 국민이 열광하는 놀이가 되었다.

　승자독식의 경쟁사회에서 1등이 될 수 없는 대다수 일반인들도 자신의 가치를 발견하고 싶은 시대적 정서가 사람들을 미친 존재감에 열광하도록 만들었다. 없는 듯하지만 자신의 존재를 강하게 드러내 보이고 싶은 욕망은 누구나 가지고 있기 때문이다. 소셜미디어에 대한 많은 연구들은 대부분의 사용자들이 존재감을 위해 SNS에 글과 사진을 올린다는 결과를 보여주고 있다.

아래 기사에서 보듯이 2030세대 대학생과 직장인 783명을 대상으로 '존재감에 대한 생각'이라는 주제로 설문조사를 진행한 결과 친구와 동료에게 자신의 존재감을 드러내고 싶어 하고 대인관계와 사교성으로 존재감을 키우는 것으로 나타났다.

조직에서 존재감 때문에 가장 상처 받은 적이 있느냐는 질문에는 다양한 답변이 쏟아졌다. '자신 없이 조직이 잘 굴러갈 때'와 '친구들이 하나 둘씩 떨어져 나갈 때', '친한 사람들에게 무시당할 때'가 각각 23%를 차지했다. 그 외 '연인에게 인정받지 못할 때'라고 응답한 이들이 10.3%였으며 '가족 간 대화가 단절될 때'가 9.2%, 기타가 11.5%였다.

주변에 비춰지는 자신의 존재감은 응답자의 39.1%가 적당한 존재감이 있는 '보통형'이라고 답했으며, 존재감이 조금씩 커지는 '상승중인형'은 31.0%였다. 다음으로 다소 존재감이 없는 '그럭저럭형'은 13.8%로 나타났으며 존재감이 매우 크다고 생각하는 '만땅충전형'이 9.2%, 선혀 존재감이 없는 '투명인간형'(5.7%), 기타(1.2%) 순이었다.

그렇다면 존재감을 가장 드러내고 싶은 대상은 누구일까? 이에 대해 '친구나 동료'라고 선택한 이들이 34.5%로 가장 많았고 '선배나 상사'(28.7%)가 뒤를 이었다. '부모님과 가족'이라고 응답한 이들은 24.1%였으며, '후배나 후임'(6.9%), 기타(5.8%)였다.

내 존재감을 드러낼 수 있는 최고의 플러스 조건으로 다섯 명 중 두 명(40.2%)은 '좋은 직업과 직장'을 1순위로 꼽아 좋은 직업과 직장이 존재감을 과시할 수 있는 생각을 엿볼 수 있었다. 다음으로 '좋은 인간관계'(27.5%)와 '뛰어난 능력(스킬)'(14.9%)이 뒤를 이었으며 '뛰어난 외모와 언변'이 9.2%, '부와 가족의 배경'(5.7%), '뛰어난 리더십'(2.5%) 등의 순이었다.

한편 주변에 존재감 있는 사람들에 대한 생각에 대해서는 '다소 부러운 편'이라는 의견이 전체 54%로 가장 많았고 '매우 부럽고 가깝게 지내고 싶다'는 32.2%가 응답해 존재감 있는 사람들에게 대부분 호감을 가지고 있는 것으로 파악됐다.

_ 파이낸셜뉴스, 2011.08.11.

6.
소셜미디어에 비친
나르시시즘의 양상

1) 외모과시

　나르시시스트들의 가장 큰 관심사는 남의 이목을 끌고 남보다 독특하거나 우월하다는 것을 인정받는데 있다. 소셜미디어는 나르시시즘을 표현하는 가장 손쉬운 매체이다. 앞서 논의했듯이 나르시시즘적 성향이 강한 사람일수록 페이스북과 같은 소셜미디어를 더 자주 방문하고 더 오래 머무른다는 지적을 하고 있다.

　나르시시즘적인 성향이 문화 산물, 그 중에서도 특히 소셜미디어 속에서 실제로 어떤 형태로 나타나는지 살펴보면 크게 외모과시, 소비의 과시 그리고 자신의 중요성이나 라이프스타일, 감정상태 등을 과장되게 강조하는 허세문화의 부상 등이 관찰된다. 흥미로운 것은 문화 속에 실제로 구현된 나르시시즘은 매우 정형화된 양상을 띠고 있어 남과 다른 특별함의 추구는 오히려 집단적으로 형성된 기준을 준수하면서 바람직하다고 인지된 자화상이나 라이프스타일을 크게 벗어나지 않는다는 것이다.

　물론 이런 기준들을 설정한 것은 각종 광고물들, 텔레비전에 출연해 이상적 얼굴 비율과 눈·코·입 형태를 반복 진술하는 성형외과 전문의들, 연일 미디어의 관심을 받는 부자들과 셀레브리티들의 라이프스타일이다. 포토샵이나 각종 사진보정 소프트웨어를 총동원해서 만들어 내는 잡티 하나 없는 피부, 비현실적으로 큰 눈, 45도 정도로 기울인 V라인 각도 등은 완벽한 외모 사진을 구성하는 기본적인 요소들이다. 남보다 외모가 뛰어나기를 원하면서도 다양성이 극도로 결여된 동질적인 이미지들을 반복하는 것은 나르시시즘의 또 다른 측면이다. 우월하기를 원하지만 튀거나 남달라서 사회적 승인을 잃는 것은 두려워하는 심리가 공존하는 것이다.

2) 소비의 과시

베블렌은 남과 다른 귀한 것, 특별한 것을 구매할 수 있는 능력을 입증함으로서 지위를 암시할 수 있기 때문에 사람들이 과시적 소비를 한다고 이야기 한다. 베블렌으로부터 많은 영향을 받은 부르디외(Bourdieu)는 인간은 의식적으로 또는 무의식적으로 자기 자신을 남과 구분 짓고자 하는 속성이 있으며 구분짓기의 실천적 기제로서 '취향'과 '소비패턴'을 꼽았다. 비슷한 취향을 공유하는 사람들은 그들만의 문화적 아비투스(habitus)를 형성하면서 다른 사람들과 자신들을 차별화한다. 특히 교육적, 경제적 수준이 높은 집단일수록 자신들의 아비투스를 배타적인 것으로 만들어 이른바 지배적 위치를 유지하고, 재생산하고자 한다. 소셜미디어에는 특권석 소수만 누릴 수 있는 값비싼 소비재를 나도 소유할 수 있으며 지배적 권력을 가진 사람들이 속해 있는 아비투스에 동참할 수 있는 '고급취향'을 가지고 있다는 것을 처절할 정도로 적나라하게 드러내 보이는 수많은 실천 행위들이 모여 나르시시즘적 징후를 형성하고 있다.

온라인상에서 이루어지는 소비 과시의 중요한 방법은 명품구매 후기쓰기이다. 값비싼 럭셔리 명품을 획득했다는 것을 알리는 글쓰기 방식은 상당히 정형화된 모습을 보여주는데 최근 다수의 소셜미디어 사용자들이 널리 선택하는 과시의 방법 중 하나는 영수증 인증샷의 제시이다. 상품 자체를 보여주는 것만으로는 만족하지 못하고 브랜드 명과 액수가 선명하게 찍힌 사진을 올리는 것은 거짓과 눈속임이 난무하는 온라인 세계에서 자신의 소비 수준에 신뢰도를 부여하려는 안전장치라고 할 수 있다. 파리에서 구매한 명품 가방 영수증과 현지 가격 정보를 포스팅한 블로거를 예로 들어 보자. 이 블로거의 영수증 사진에서는 중층적 과시가 일어난다. 우선 사진을 올린 블로거는 자신이 이 제품을 파리에서 구매했다고 밝히면서 유로화로 결제된 영수증을 첨부하고 있다. 단순히 가장 비싸다는 명품브랜드를 소비하는 수준을 넘어서서 현지까지 가서 쇼핑을 할 만큼 라이프스타일 자체도 화려하다는 것을 은근하게 과시하는 것이다. 사진 아래 설명에서는 이 상품에 관심 있는 사람들을 위해 최근 가격동향을 친절하게 제공하고 있다. '텍스리펀 전 가격'이라는 사진 캡션은 게시자가 해외 쇼핑에 제법 일가견이 있다는 전문성도 은근히 드러내 보인다. 아는 사람은 알아듣고 끄덕이게 되며 모르는 사람은 갸우뚱하게 만드는 일종의 구분짓기가 일어나는 것이다. 그리고 바로 이 가격정보 제공으로 인해 게시자는 자기 과시라는 비난으로부터 면제되며 경제력과 취향, 타인을 배려하는 마음까지 갖춘 스스로가 생각해도 만족스러운 네티즌으로 완성되는 것이다.

3) 허세문화

'허세(虛勢)'는 대중문화의 새로운 키워드로 떠오르고 있다. 허세는 '자뻑, 거울공주'보다 심한 정도의 나르시시즘을 상징하는 어휘인데 허세라는 것을 솔직히 인정함으로써 오히려 역설적인 재미를 주는 부분도 있다. 허세문화는 외모나 소비 등과 같이 물질적이고 가시적인 과시와는 대조적으로 주로 감성적인 측면에서 과도한 자아도취나 자신감을 표현하는 양상까지 포함한다. 허세문화는 진지하기 보다는 유희의 의미가 더 강한 형태로 출발했으나 점차 하이클래스 라이프스타일의 소유자임을 과시하는 쪽으로 범위를 넓혀가고 있다. 우아한 브런치, 와인, 고급 레스토랑, 미술관, 값비싼 뮤지컬이나 오페라 등 이른바 상류사회 고급문화의 한 부분을 누리고 있다는 것을 강조하는 허세문화는 돈 만으로는 구매할 수 없는 것들—시간, 여유, 감각, 문화적 소양 등—에 대한 소비를 과시한다고 할 수 있다. 여행의 경우도 남들이 많이 가는 곳보다 잘 가지 않는 곳, 웬만해선 따라하기 쉽지 않은 럭셔리 여행, 크루즈 여행 등 허세를 실천하는 이들은 남과는 구분되는 라이프스타일을 누리는 것에서 자기만족을 찾는다.

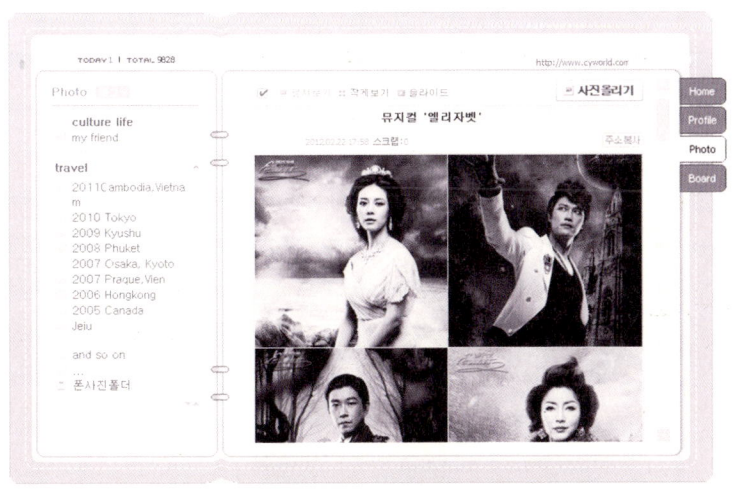

값비싼 고급문화를 향유했음을 드러내는 싸이월드 포스팅

허세문화 역시 뉴스거리가 될 정도로 우리 사회에서 대중적인 주제가 되었으며 '허세닷컴'이라는 사이트가 등장할 정도로 사람들의 감수성에 어필하는 우리 시대의 문화 키워드가 되었다. 아래는 허세를 소재로 한 뉴스 기사이다.

자신의 취향이나 감정을 인터넷에서 과도하게 화려하고 도취적인 글과 이미지로 표현하는 것을 일컫는 말.

'실속 없이 겉으로만 드러나 보이는 기세'라는 '허세(虛勢)'의 사전적 의미와 일맥상통하지만 인터넷에서의 허세는 주로 자신의 취향이나 감수성의 남다름을 나타내고자 한다는 점에서 일반적 의미의 허세와 구분된다.

허세를 부리는 사람들은 '아픈 마음의 상처, 남들 같은 주말과 공휴일의 혜택도 누릴 수 없는 바쁜 일상' 속에서 '갑자기 찾아든 휴식은 앙드레 가뇽의 연주와 커피를 음미하며 보내고', '손가락이 부르트고 감각마저 무뎌져 버리는' 어려운 도전 앞에서 '절대 지고 싶지 않다는 내면의 열망'을 발견하는 간지 나고 성찰적인 인간형이다.

'사람들이 계속해서 자신의 사진을 찍어대는 것을 참을 수 없기에' 헐리우드가 아닌 한국에서 태어난 것에 감사해 한다. 즐겨 읽는 신문은 '뉴욕 헤럴드 트리뷴'.

허세와 싸이월드는 떼어서 생각할 수 없다. 미니홈피는 사람들 마음 속 깊이 독한 상처처럼 똬리 튼 자신도 몰랐던 허세의 욕망을 끄집어내 만인 앞에 드러낼 수 있게 한 욕망의 판도라 상자이며, 벗어날 수 없는 덫과 같은 미니홈피의 좁은 프레임 속에서 허세 문화를 키우고 확산시킨 허세의 모태이다. '허세 근석', '허세 려원'이라는 허세의 아이콘이 발굴된 곳이기도 하다.

인터넷에선 우아한 패밀리 레스토랑의 풍성한 식탁과 삼청동 까페의 벨기에식 와플 사진을 찍어 올리는 등의 '취향의 허세'를 흔히 볼 수 있다. 이별, 실연, 낙심 등의 사적 감정을 인류 차원의 고민으로 승화시키는 '감정의 허세', 미니홈피 대문에

'힘 내 넌 할 수 있잖아!'류의 문구를 써 놓는 '자신감의 허세'도 흔하다.

미국 학자 베블렌은 유한계급이 경제력을 통해 다른 사람과 자신을 구별하기 위해 사치스러운 '과시소비'를 한다고 보았다. 인터넷은 이 같은 과시 욕망의 발현을 전 국민에 평준화시킨 '디지털 과시'의 장을 제공했다.

* 생활 속 한 마디

A: 사람들은 왜 이다지도 쉽게 서로에게 상처를 줄까? 지구별 어딘가에 스쳐 지나가는 인연일지라도 한번 서로 다독여줄 평화의 씨앗 하나는 마음에 품을 수 없을까?

B: 업무 실수로 상사한테 한마디 들은 거 갖고 이러는 건 손발이 오그라드는 허세예요. _ etnews. 2010. 8. 13

이처럼 남에게 보여주고 인정받는 것에 열중함으로써 개인이 가지고 있는 SNS는 일상의 이벤트나 추억—비록 비루한 것이라 할지라도—을 기록하고 저장하기 위한 공간이 아니라 타인의 시선을 의식한 인공 추억 만들기와 의사 이벤트(pseudo-event)[105]가 넘쳐나는 곳이 된다. 사회적 동의가 구축되어 있는 이상적인 일상에 자신을 맞추면서 만족감과 자부심을 느끼는 몰입은 타인과 나의 경계가 허물어지는 디지털시대가 개인들에게 가져다주는 독특한 경험이라고 할 수 있다.

나르시시즘은 그리스로마 신화에 등장할 정도로 보편적인 인간의 심리적 속성이다. 그러나 겸손과 겸허함을 강조하는 기독교문화, 유교문화의 영향으로 동서양을 막론하고 나르시시스트적인 사고나 행위는 바람직하지 않은 것으로 간주되어 왔다. 그러나 최근 디지털 기술과 인간의 나르시시즘적 본능이 만나면서 그 어느 때보다 적극적인 자기애적 표현과 사고방식이 사회

전반에 걸쳐 표출되고 있다. 정교한 디지털 카메라, 마법적인 보정을 할 수 있는 각종 소프트웨어들, 가능한 자아(posssible self)로 정체성을 만들어 갈 수 있는 소셜미디어 플랫폼들은 문화 전반에 걸쳐 이상적인 자기 드러내기를 그 어느 때 보다 촉진시키고 있다. 기술적 기반과 신자유주의 시대 경쟁우위를 유지해야 한다는 시대적 강박관념, 물질적 풍요 속에서 자라나 우주 중심은 나라는 가치관이 맞물려 역사상 유례를 찾아볼 수 없는 자기애적 문화가 형성되고 있는 것이다.

Notes

80_ Twenge, J. M. and Campbell, W. K. (2006), *The Narcissism Epidemic: Living in the Age of Entitlement*, Free Press.

81_ 실제로 그 행사 직후 이 블로거는 동일한 명분을 위해 애견 스카프를 만들어 판매하는 행사를 진행하였다.

82_ Twenge, J. M. and Campbell, W. K. (2009), *The Narcissism Epidemic*, New York: Free Press.

83_ Pecora, V. (2002), "The Culture of Surveillance," *Qualitative Sociology*, 25(3): 345-360.

84_ Mehdizadeh, B. (2010), "Self-Presentatino 2.0: Narcissism nd Self-Esteem on Facebook," *Cyberpsychology, Behavior, and Social Networking* 13(4): 357-365.

85_ Lash, C. (1977), *The Culture of Narcissism*, New York: Norton and Company

86_ Goffman, E (1959), *The Presentation of Self in Everyday Life*, Doubleday.

87_ Bagwell, L. and Bernheim, D. (1996), "Veblen Effets in a Theory of Conspicuous Consumption," *The American Economic Review*, 86(3): 349-373.

88 Solomon, M.R (1994), *Consumer Behavior*, Boston: MA Allyn and Bacon.

89_ Pecora, V. (2002), "The Culture of Surveillance," *Qualitative Sociology* 25(3): 348-358.

90_ 프레이밍은 '틀짓기' 라고 번역할 수 있으며 다양한 측면을 가진 현실을 어떤 방식으로 의미화 하는가와 연관된 용어이다. 노조파업을 정당한 노동자 권리 라고 프레이밍 할 수도 있고, 시민들에게 불편을 주는 질서침해 행위라고 프레이밍할 수도 있는 것이다.

91_ Pecora, V. (2002), "The Culture of Surveillance," *Qualitative Sociology* 25: 3, 345-358.

92_ HS AD Communication 전략연구소 (2011), 『2010 소비자트렌드 키워드 43』.

93_ Twenge, J. M. (2006), *Generation Me: Why Today's Young Americans Are More Confident, Assertive, Entitled-and More Miserable Than Ever Before*, New York: Free Press.

94_ Elliott, A. and Lemert, C. (2006), *The New Individualism: The Emotional Costs of Globalization*, London: Routledge.

95_ 우리나라에서는 2000년에 이미 싸이월드가 서비스를 개시해 소셜미디어의 기원을 열었지만 일반적으로 페이스북을 소셜미디어의 본격적인 출발점으로 받아들이고 있다.

96_ Seligman Molly (2011), "Facebook, Friend or Faux," *Journal of Infant, Child and Adolescent Psychology* vol. 10: 415-421.

97_ Buffardi, L. and Campbell, W. (2008), "Narcissism and Social Networking Web Sites," *Personality and Social Psychology Bulletin* 34(10), 1303-1314.

98_ Kaplan, A. and Haenlein, M. (2010), "Users of the world, unite! The challenges and opportunities of Social Media," *Business Horizons* 53(1): 59-68.

99_ Paradise, A. (2012), "Picture Perfect? College Students' Experiences and Attitudes Regarding Their Photo-Related Behaviors on Facebook," *Cutting Edge Technologies in Higher Education*, 5: 261-292.

100_ Markus, H. and Nurius, P. (1986), "Possible Selves," *American Psychologist*, 41(9): 954-969.

101_ Naaman, N. and Boase, J. (2009), "Study: 80% of Twitter Users Are All About Me," (http://marshable.com/2009/09/meformers)

102_ San Diego Social Media Symposium, 2012.

103_ 앞의 책.

104_ 1955년부터 1975년까지 베트남에서 지속된 내전 형태의 전쟁으로 냉전의 맥락 속에서 이데올로기 대립으로 빚어진 전쟁이다. 우리나라 한국전쟁처럼 남북 대결의 양상을 띠는데 공산주의자들의 북베트남과 남베트남의 사회주의자들이 남베트남의 친미적 독재정부와 대립하였다. 인도차이나 반도가 공산주의 진영으로 넘어갈 것을 두려워 한 미국과 미국의 동맹국들이 남베트남을 지원하기 위해 개입하였고, 이에 맞서 중국과 북한도 북베트남 지원을 위해 비공식적으로 군인들을 국제전의 양상을 띠게 되었다. 우리나라도 이 전쟁에 군인들을 파견하였고 5천여 명의 전사자가 발생하였다.

105_ 미국의 학자 다니엘 부스틴(Daniel Boorstein)이 만든 조어로 대중매체의 관심을 끌기 위해 인위적으로 만들어낸 사건들을 지칭한다. 기자회견, 각종 시위 등 뉴스가치를 충족시키는 사건들을 만들어 뉴스거리를 제공해 정치인이나 정당에 대해 알리는 것을 목적으로 한다. 반드시 부정적인 것은 아니지만 부스틴은 의사사건이 지나치게 범람하는 환경에 대해서는 우려를 표명했다. 확대해서 적용한다면 사람들의 관심과 이목을 끌기 위해 연출하는 모든 이벤트는 의사사건으로 분류할 수 있다.

참고문헌

데이비드 커크패트릭 저, 임정민 · 임정진 역, 『페이스북 이펙트』, 에이콘출판.

랭던 위너 저, 강정인 역(2000), 『자율적 테크놀로지와 정치철학』, 아카넷.

로저 피들러 저, 이민규 역(1999), 『미디어 모포시스』, 커뮤니케이션북스.

마크 트레메인 저, 이동훈 역(2008), 『블로그와 시민권 그리고 미디어의 미래』, 커뮤니케이션북스.

마크 포스터 저, 김성기 역(1995), 『뉴미디어의 철학』, 민음사.

손대현 편저(2004), 『엔터테인먼트 산업』, 김영사.

손은정(2012), "성인기 여성의 성형의도에 영향을 미치는 요인들: 생애주기별 비교", 한국심리학회지, 24(1): 149-173.

앨빈 토플러 · 하이디 토플러 저, 김중웅 역(2006), 『부의 미래』, 청림출판.

양정혜(2004), "뮤직비디오 제작의 관행이 텍스트 구성에 미치는 영향: 제작진과의 인터뷰를 중심으로", 한국방송학보, 18(2): 134-168.

양정혜(2005), "유희와 통제력: 광고가 구성하는 디지털 사회의 이미지", 프로그램/텍스트(방송동향과 분석) 12: 91-109.

유선영 · 박용규 · 이상길 외(2007), 『한국의 미디어 사회문화사』, 한국언론재단.

이동연(2010), 『문화자본의 시대』, 문화과학사.

제러미 리프킨(2005), 『노동의 종말』, 민음사.

조영수 · 김영한(2011), 『스타오디션 30초의 승부』, 한국경제신문사.

진 트웬지 · 키스 캠벨(2010), 이남석 편역, 『나는 왜 나를 사랑하는가』, 옥당.

최남수(2010), 『오 마이 트위터 라이프』, 필맥.

한국문화사회학회(2012), 『문화사회학』, 살림.

한병철(2010), 『피로사회』, 문학과지성사.

HS AD Communication 전략연구소(2011), 『2010 소비자트렌드 키워드 43』.

Abercrombie, Nick and Brian Longhurst (1998), *Audiences: A Sociological Theory of Performance and Imagination*, London: Sage.

Altheide, D. L. (2002), *Creating Fear: News and the Construction of Crisis*, New York: Aldine de Gruyter.

Anthony Elliott (2011), "I Want to Look Like That!: Cosmetic Surgery and Celebrity Culture," *Cultrual Sociology* 2011 5:463.

Arty, Skye (2009), "A Lesson From American Idol on Becoming a Famous Singer: 4 Myths to Avoid in Attaining Music Stardom," (http://www.skyelabmusic.com/ Music_Production.html)

Aslama, Minna and Mervi Pantti (2006), "Talking Along: Reality-TV, Emotions and Authenticity," *European Journal of Cultural Studies* 9(2): 167-184.

Associated Press. (2007), 'College Students Think They' re So Special,' from (http://www.msnbc.msn.com/id/17349066/).

Baglow, R. (1994), *The Crisis the Self in the Age of Information*, New York: Routledge.

Bagwell, L. and Bernheim, D. (1996), "Veblen Effets in a Theory of Conspicuous Consumption," *The American Economic Review* 86(3): 349-373.

Bakardjieva, Maria (2005), *Internet Society: The Internet in Everyday Life*, London: Sage Publications.

Band, Simon (2009), 'Television, Cynicism, and You: SUSAN BOYLE IS A FAKE!' 20 April; at: (televisedrevolution.com/wordpress/2009/04/20/ television-cynicism-and-you-susan-boyle-is-a-fake/)

Baudrillard, Jean (1994), *Simulacra and Simulation, Ann Arbor*, MI: The University of Michigan Press.

Bell, Daniel (1973), "Post Industrial Society," in F. Webster et al. *The Information Society Reader*, London: Routledge.

_____ (1976), *The Coming of Post-industrial Society*, New York: Basic Books.
_____ (2001), *An introduction to Cybercultures*, London and New York : Routledge.

Bergman, S. M., Fearrington, M.E., Davenport, S.W. and Bergman, J. Z. (2011). "Millennials, narcissism and social networking: What narcissists do on social networking sites and why," *Personality and Individual Difference* Vol. 50: 706-711.

Best, J. (1997), "Victimization and the victim industry," *Society* 34(4): 9-17.

Bijker, W. E. (2006), Why and how technology matters, in R. E. Goodin and C. Tilley (eds) *Oxford Handbook of Contextual Political Analysis*, Oxford

University Press.

Blum, V. (2003), *Flesh Wounds: The Culture of Cosmetic Surgery*, Berkeley: University of California Press.

Bourdieu, P. (1984), *Distinction: A Social Critique of the Judgement of Taste*, Harvard University Press.

Bracken, P. (2002), *Trauma: Culture, Meaning and Philosophy*, London: Whurr Publishers.

Buffardi, L. and Campbell, W (2008), "Narcissism and Social Networking Web Sites," *Personality and Social Psychology Bulletine* 34(10): 1303-1314.

Bull, Micheal (2001), "The world According to Sound: Investigating the World of Walkman Users," *New Media and Society* 3(2): 179-97.

Burchell, BJ., Dat, D., Hudson, M., Lapido, D., Mankelow, R., Nolan, J., Reed, H. (1999) *Job Insecurity and Work Intensification*, New York: Joseph Rowntree Foundation.

Campbee-Kelly, M. and Aspray, W. (1996) *Computer: A History of Information Machine*, NY: Basic Books.

Campbell, W. K., Bosson, J. M., Goheen, T. W., Lakey, C. E. and Kernis, M. H. (2007). "Do Narcissists Dislike Themselves 'Deep Down Inside?'," *Psychological Science* 18: 227-229.

Campbell, W. K., Rudich, E. and Sedikides, C. (2002), "Narcissism, Self-esteem, and the Positivity of Self-views: Two portraits of self love," *Personality and Social Psychology Bulletin* 28: 358-368.

Carter, Bill (February 20, 2007), "For Fox's Rivals, 'American Idol' Remains a 'Schoolyard Bully,'" *The New York Times*, Archived from the original on April 25 2008, Retrieved March 13, 2008.

Castell, M. (2010), *The Rise of the Network Society: The Information Age: Economy, Society, and Culture*, Blackwell Publishing.

Chriss, J. J. (1999), (ed.) *Counselling and the Therapeutic State*, New York: Aldine de Gruyter.

Cohen, Richard, Henry Fairle and Christopher Lasch (1979), 'The Me Decade: Narcissism in America,' Washington, DC: National Public Radio, 21 June.

Coser, Lewis (1956), *the Function of Social Conflict*, New York: the Free Press.

Culnan, M. J. and Bies, R. J. (2003), "Consumer Privacy: Balancing Economic and Justice Considerations," *Journal of Social Issues* 59(2): 323-342.

Döing. N. (2002), "Personal home on the Web: A review of research," *Journal of Computer-Mediated Communication*, 7(3). from (http://www.ascusc.org/jcmc.vol7/issue3/doering.html).

Davernport, T. (2001), *The Attention Economy: Understanding the New Currency of Business*, Havard University Press.

Dowell, Ben (2008), 'John Sergeant on Strictly: Capturing the Popular Vote,' 19 November, at: (www.guardian.co.uk/media/2008/nov/19/strictlycomedancingrealityte).

Du Gay, P. and Pryke, M. (2002), *Cultural Economy: Cultural Analysis and Commercial Life*, London: SAGE.

Eccleston, K., Hayes, D. and Furedi, F. (2005), "Knowing Me, Knowing You: The Rise of the Therapeutic Professionalism in the Education of Adults," *Studies in the Education of Adults* 37(2): 182-200.

Elliott, A. and Lemert, C. (2006), *The New Individualism: The Emotional Costs of Globalization*, London: Routledge.

Ellison N., Heino R. and Gibbs J. (2006), "Managing impressions online: self-presentation processes in the online dating environment," *Journal of Computer Mediated Communication*, 11:415-41.

Enli, G. S. (2009), "Mass Communication Tapping into Participatory Culture: Exploring Strictly Come Dancing and Britain's Got Talent," *European Journal of Communication* 24(4): 481-493.

Erik Barnouw, (1990), *Tube of Plenty: The Evolution of American Televisio*, New York: Oxford University Press.

Evans, J. and Hesmondhagh, D. (2005), *Understanding Media: Inside Celebrity*, Milton Keynes: Open University Press.

Ferguson, M. and Golding, P.(eds.) (1997), *Cultural Studies in Question*, London : Sage.

Fevre, R. W. (2000), *The Demoralization of Western Culture: Social Theory and the Dilemmas of Modern Living*, London: Continuum.

Friedman, M. and Friedman, R. (1980), *Free to Choose: A Personal Statement*, Hughto Mifflin Harcourt.

Fukuyama, F. (1992), *The End of History and the last Man*, London: Penguin.

_____ (1995), *Trust: The Social Virtues and The Creation of Prosperity*, London: Hamilton.

Furedi, F. (2002), *Culture of Fear: Risk Taking and the Morality of Law Expectation*, 2nd ed, London: Centre for Policy Stusies.

Furedi, F. (2004), *Therapy Culture: Cultivating Vulnerability in an Uncertain Age*, Routledge.

Galloway, Ann (2004), "Intimations of Everyday Life: Ubiquitous Computing and the City," *Cultural Studies*, 18: 384-408.

Garth, J. (1976), *Film the Democratic Art: A Social History of American Film*, Focal Press.

Gere, C. (2002), *Digital Culture*, London: Reaktion Books.

Giddens, A. (1991), *Modernity and Self-Identity: Self and Society in the late Modern Age*, Cambridge: Polity Press.

Gitlin, T. (1981), *Inside Prime Time*, New York: Pantheon Books.

Goffman, E. (1959), *The Presentation of Self in Everyday Life*, Doubleday.

Golding, P. (1977), "Media Professionalism in the Third World: the Transfer of an Ideology," in J. Curran et. al. (eds.) *Mass Communication and Society*, London: Edward Arnolds.

Gordon, S. L. (1989), "Institutional and impulsive orientations in selectively appropriating emotions to self," in D. D. Franks & D. McCarthy (eds.), *The sociology of Emotions: Original Essays Research Papers*, JAI Press, Inc.

Gow, J. (1992), "Music Video as Communication: Popular Fomulas and Emerging Genres," *Journal of Popular Culture* 26(2): 41-70.

Graft, H. (1989), "Critical Literacy vs. Cultural Literacy," *Interchange* 20(1); 46-52.

Gray, C. H. and Mentor, S. (1995), "The Cyborg Body Politics and the New World Order," in Gabriel Braham JR. & Driscoll, M. (eds.). *Prosthetic Territories: Politics and Hypertechnologies*, Boulder, San Francisco & Oxford : Westview Press.

Grossberg, L. (1998), *Media Making*, Thousand Oaks: Sage.

Haddon, L. (1988), "The Home computer; The Making of a Consumer Electronic," *Science as Culture* 2:7-51.

Hall, S. (1982), "The Rediscovery of Ideology: Return of the Repressed in Media Studies," in M. Gurevitch, T. Bennett, J. Curran and J. Wollacott (eds.) *Media, Culture, Society*, London: Sage.

Haney, P. and Durlak, J. A. (1998), "Changing Self Esteem in Children and Adolescents: A Meta-analytic review," *Journal of Clinical and Child Psychology* 27: 423-433.

Harvey, D. (2007), *A Brief History of Neoliberalism*, Oxford University Press.

Herbert Simon and Allen Newell (1972), *Human Problem Solving*, Prentice-Hall.

Herman, E. and Chomsky, N (1988), *Manufacturing Consent: the Political Economy of Mass Media*, Pantheon Books.

Hesmondahalgh, D. (2002), *Culture Industries*, London: Sage.

Holmes, Su (2004), " 'Reality Goes Pop!' :Reality TV, Popular Music and Narratives of Stardom in Pop Idol(UK)," *Television and New Media* 5(2): 147-72.

Hughes, R. (1993), *Culture of Complaint: the Frying of America*, Oxford University Press.

Hutchison, Fred (2004), "Narcissism and the Culture War," *Renew America*, 8 February.

Illouz, E. (2005), *Cold Intimacies*, Cambridge: Polity Press.

Jenkis, Henry (2006), *Convergence Culture: Where Old and New Media Collide*, New York: New York University Press.

Julie Reid (2007), "Mythological Representation in Popular Culture Today," *South Africa Journal for Communication Theory and Research* 33(2): 80-98.

Kaplan, A. and Haenlein, M. (2010), "Users of the world, unite! The challenges and opportunities of Social Media," *Business Horizons* 53(1): 59-68.

Kraft, M. E. and Vig, N. J.(eds.) (1988), *Technology and Politics*, Durham and London: Duke University Press.

Lamb, S. (1996), *The Trouble with Blame: Victims, Perpetrators, and Responsibility*, Cambridge, MA: Harvard University Press.

Langdon Winner (2000), "Technology, Knowledge and Society," Speech delivered at 2011 Technology Conference.

Lash, C. (1979), *The culture of narcissism: American Life in an Age of Diminishing Expectations*, New York: Norton.

Lister, M. et. al. (2009), *New Media A Critical Introduction*, Routledge.

Livingstone, S. and Lunt, P. (2004), *Talk on Television: Audience Participation and Public Debate*, London: Routledge.

Mackay, H. and Gillespie, G. (1992), "Extending the Social Shaping of Technology Approach: Ideology and Appropriation," *Social Studies of Science* 22(4): 685-716.

Manovich, Lev (2001), *The Language of New Media*, Cambridge: MIT Press.

Marcuse, B., Machilek, F. and Schutz (2006), "Personality in Cyberspace: Personal Web Sites as Media for Personality Expression and Impression," *Journal of Personality and Social Psychology* 90(6): 1014-1031.

Markus, H. and Nurius, P. (1986), "Possible Selves," *American Psychologist* 41(9): 954-969.

Marshall, P. D. (2004), *New Media Cultures*, London : Arnold.

Marshall, P. D. (2006), "New Media-New Self: the Changing Power of Celebrity," in Marshall P. D.(ed.) *The Celebrity Culture Reader*, London and New York: Routledge.

McKenzy, D. and Wackman, J. (1999), *The Social Shaping of Technology* 2nd edition, London: Open University Press.

McKinney, B., Kelly, L. and Duran, R. (2012), "Narcissism or Openness?: College Students' Use of Facebook and Twitter," *Communication Research Report* 29(2): 108-118.

McLuhan, M. and Powers, B. (1992), *The Global Village: Transformations in World Life and Media in 21st Century*, New York: Oxford University Press.

Mehdizadeh, B. (2010), "Self-Presentatino 2.0: Narcissism 9nd Self-Esteem on Facebook," *Cyberpsychology, Behavior, and Social Networking* 13(4): 357-365.

Menon, M. K. and Sharland, A. (2011), "Narcissism, Exploitative Attitudes, and Academic Dishonesty: Am Exploratory Investigation of Reality Versus Myth," *Journal of Education for Business* 86: 50-55.

Menser, M. and Arnowitz, S. (1999). "On Cultural Studies, Science, and Technology," *European Journal of Cultural Studies* 2: 163-180.

Moskowitz, E. (2001), *In Therapy We Trust: America's Obsession with Self-Fulfillment*, Baltimore: Johns Hopkins University Press.

Naaman, N. and Boase, J. (2009), "Study: 80% of Twitter Users Are All About Me," (http://marshable.com/2009/09/meformers)

Nafatad. H. E., Blakar R. M., Carlquist E., Phelps J. M. and Rand-Hendriksen K. (2007), "Ideology and Power: the Influence of Current No- liberalism in Society," *Journal of Community Applied Social Psychol* 17:313-27.

Nolan, J. L. (1998), *The Therapeutic State: Justifying Government at Century's End*, New York: New York University Press.

Ostrow, Adam (2009), "Susan Boyle: The Biggest YouTube Sensation Ever?," 17 April; at: (http://mashable.com/2009/04/17/susan-boyle/).

Palley, Thomas I. (2005), "From Keynesianism to Neoliberalism: Shifting Paradigms" in Alfredo Saad-Filho and Deborah Johnston: *Neoliberalism? A Critical Reader*, London: Pluto Press.

Papacharissi, Z. (2002), "The Self Online: The Utility of Personal Homepages," *Journal of Broadcasting & Electronic Media* 46: 346-368.

Papacharissi, Z. (2002), "The Presentation of Self in Virtual Life: Characteristics of Personal Home pages," *Journalism and Mass Communication Quarterly* 79: 643-660.

Paradise, A. (2012), "Picture Perfect? College Students' Experience and Attitudes Regarding their Photo-Related Behaviors on Facebook," in Wankel, L. Wankel, C (eds). *Misbehavior Online in Higher Education (Cutting-edge Technologies in Higher Education vol. 5)*, Emerald Grouping Publishing.

Pashler H. (1998), *The Psychology of Attention*, Cambridge, MA: MIT Press.

Pecora, V. (2002), "The Culture of Surveillance," *Qualitative Sociology* 25(3).

Poster, M. (1990). *The Mode of Information: Poststructuralism and Social Context*.

Pryor, Fiona (2008), "John Sergeant Dances through Divide," *BBC News*, Nov. 17. 2008.

Quiggin, John (2006). "Blogs, Wikis ad Creative Innovation," *International Journal of Cultural Studies* 9: 481-96.

Raymond Williams (2003), *Television: Technology and Cultural Forum*, London: Routledge.

Reed, L. (2000), "Domesticating the Personal Computer: the Mainstreaming of a New Technology and the Cultural Management of a Widespread Technophobia," *Critical Studies in Mass Communication* 17(2): 159-185.

Reid. J. (2007), "Mythological Representation in Popular Culture Today," *Communicatio* 33(2): 80-98.

Richardson, Heather Cox (1997), *The Greatest Nation of the Earth: Republican Economic Policies during the Civil War*, Harvard University Press.

Richardson, Ingrid (2007), Pocket technospaces: the bodily incorporation of mobile media, *Continuum* 21(2): 205-15.

Roberts, B. W. and Helson, R. (1997). "Changes in Culture, Changes in Personality: The influence of Individualism in a Longitudinal Study of Women," *Journal of Personality and Social Psychology* 72: 641-651.

Rojek, C. (2004), *Celebrity*, London: Reaction Books.

Rosen, C. (2005), "The Age of Egocasting," *The New Atlantis* 7: 51-72.

_____ (2007), "Virtual friendship and the new narcissism," *The New Atlantis* Vol. 17.

Roszak, T. (1986), *From Satori to Silicon Valley: San Francisco and the American Counterculture*, Lexikos Publishing.

_____ (1986), *The Cult of Information*, Cambridge: Lutter worth Press.

_____ (1988), "The home computer: The making of a consumer electronic," *Science as Culture* 2: 7-51.

Ryan, B.(1992), *Making Capital from Culture*, New York: Walter de Gruyter.

Scott, F. E. (2001), "Reconsidering a Therapeutic Role for the State: Anti-modernist Governance and the Reunification of the Self," (http://online.sfsu.edu/-fscottapsa.htm).

Seligman, M. (1990), "Why is There So much Depression Today? The Waxing of the Individual and the Waning of the Commons," in Ingram R. E (ed). *Contemporary Psychological Approaches to Depression: Theory, Research, and Treatment.* New York: Plenum Press 1990;1-9.

_____ (2011), "Facebook, Friend or Faux," *Journal of Infant, Child and Adolescent Psychology* vol. 10: 415-421.

Sennett, R. (2006), *The Culture of New Capitalism*, Yale University Press.

Silver, David (2004), "Internet/Cyberculture/Digital Culture/New Media/Fill-in-the-Blanks Studies," *New Media and Society* 6: 55-64.

Solomon, M. R. (1994), *Consumer Behavior*, Boston: MA Allyn and Bacon.

Tait, S. (2007), "Television and the Domestication of Cosmetic Surgery," *Feminist Media Studies* 7(2): 119-135.

Taylor, C. (1992), *The Malaise of Modernity*, Harvard University Press.

Thoits, P. A. (1989), "The Sociology of Emotions," *Annual Review of Sociology* 15. 317-342.

Toffler, A. (1984), *Future Shock*, Randomhouse Publishing Group.

Treacher, A. (1989), "Be your own person, dependence/independence, 1950-1985," in B. Richards (ed.) *The Crises of the Self: Further Essays on Psychoanalysis and Politics*, London: Free Association Books.

Trzeniewski, K. H., Donnellan, M. B. and Robins, R. W. (2008), "Do Today's Young People Really Think They are So Extraordinary? An Examination of Secular Changes in Narcissim and Self-enhancement," *Psychological Science* 19: 181-188.

Turrow, J. (1991), *Media Industries, White Plains*, NY: Longman.

Twenge J. M, and Campbell W. K (2009), *The Narcissism Epidemic: Living in the Age of Entitlement*, New York: Free Press.

Twenge, J. M. (2006), *Generation Me: Why Today's Young Americans Are More Confident, Assertive, Entitled-and More Miserable Than Ever Before*, New

York: the Free Press.

_____ (2009), "Generational Changes and Their Impace in the Classroom: Teaching Generation Me," *Medical Education* 43: 398-405.

Vazire, S. and Gosling, S. D. (2004), "e-Perceptions: Personality Impressions Based on Personal Web sites," *Journal of Personality and Social Psychology* 87, 123-132

Vebeln, T. (2005), *Conspicuous Consumption*, London: Penguin Books.

Whitty, M. T. (2007), "The Art of Selling One' s self on an online dating site: the BAR approach," in M. Whitty, A. Baker and J. Inman (eds). *Online matchmaking*, Houndmills, U.K: Palgrave Macmillan.

Williams, R. (1980), *Problems in Materialism and Culture*, London: Verso.

Williams, R. and Edge, D. (1996), "The Social Shaping of Technology," *Research and Policy* Vol. 25: 856-899.

색인

디지털 신자유주의를 살다
감수성, 정체성 그리고 신화

초판1쇄 발행 • 2012년 6월 30일
　　2쇄 발행 • 2012년 9월 17일

지은이 • 양정혜
펴낸이 • 이재호
펴낸곳 • 리북
등　록 • 1995년 12월 21일 제13-663호
주　소 • 서울시 마포구 독막로3길(서교동) 33 서연빌딩 2층
전　화 • 02-322-6435
팩　스 • 02-322-6752
www.leebook.com

정　가 • 15,000원

ISBN 978-89-97496-06-8